Enjeux environnementaux

L'OUEST SAHARIEN

L'Ouest saharien est une revue pluridisciplinaire internationale proposant des analyses rigoureuses sur les dynamiques sociales, politiques, culturelles, économiques, qui traversent un espace allant des Suds marocain et algérien aux fleuves Sénégal et Niger, incluant le Sahara Occidental, la Mauritanie, le Mali et le Niger.

L'Ouest saharien a pour objectifs de ranimer l'intérêt et de stimuler la recherche sur cet espace, ainsi que de créer des liens entre toutes celles et tous ceux qui s'y intéressent. Elle se veut indépendante et ouverte non seulement aux scientifiques et aux chercheurs de tous pays, mais aussi aux témoins, grands journalistes, écrivains…

L'Ouest saharien se compose, d'une part, de cahiers pluridisciplinaires, comprenant des contributions variées ainsi que des dossiers thématiques et des notes de lecture et, d'autre part, de hors séries, mettant à la disposition des lecteurs des documents et des travaux inédits ou des rééditions d'ouvrages introuvables.

L'OUEST SAHARIEN
Cahiers d'études pluridisciplinaires
Volume 9, 2019

ENJEUX ENVIRONNEMENTAUX

5-7, rue de l'École-Polytechnique ; 75005 Paris

http://www.editions-harmattan.fr

ISBN : 978-2-343-18914-7

EAN : 9782343189147

COMITÉ DE LECTURE INTERNATIONAL

L'Ouest saharien
0
500 km
Marrakech
MAROC
Béchar
Wargla
Agadir
Ouarzazate
Goulimime
Tan-Tan
Tindouf
Adrar
ISLAS CANARIAS
(ESP)
El Aaiun
Smara
ALGERIE
Bir Moghrein
SAHARA
OCCIDENTAL
Taoudenni
Zouerat
Tamenghest
(Tamanrasset)
MAURITANIE
Bordj Mokhtar
Nouadhibou
Atar
Chinguetti
Timiawine
Akjoujt
MALI
Tidjikja
Nouakchott
Kidal
NIGER
Ayoun el 'Atrous
Néma
Tombouctou
Agadez
Gao
SENEGAL
Dakar
Kayes
Tahoua

L'OUEST SAHARIEN

Fondateurs : Pierre Boilley, Ali Omar Yara, Emmanuel Martinoli.
Co-responsables de la rédaction : Sébastien Boulay, Emmanuel Martinoli.

Modalités de publication

Les cahiers pluridisciplinaires acceptent des propositions de numéros thématiques et d'articles originaux, et ce dans trois langues : français, espagnol, anglais.
La revue est dotée d'un comité éditorial ainsi que d'un comité de lecture international, rassemblant des spécialistes de cette région, issus de différentes disciplines et maîtrisant une ou plusieurs de ces trois langues. Les textes sont soumis à une double évaluation anonyme, réalisée par des membres du comité de lecture ou, à défaut, par des experts extérieurs.
Les propositions d'articles originaux ne doivent pas dépasser 45 000 signes, espaces et bibliographie compris. Ils doivent être transmis en format Word, Times New Roman, interligne simple.
Les propositions de numéros thématiques doivent nous parvenir sous la forme d'un argumentaire d'une page (en format Word) et peuvent soit proposer une liste d'auteurs envisagés (sous réserve ensuite de l'acceptation de leurs textes après évaluation), soit apparaître sous la forme d'un appel à contributions ouvert.
Les comptes rendus d'ouvrages (papier ou PDF) doivent comprendre entre 6 000 et 8 000 caractères (espaces et notes compris).
La revue est particulièrement intéressée par des articles basés sur des recherches récentes ou en cours. Propositions à envoyer à : secretariat.ouestsaharien@gmail.com

Secrétariat, correspondance : UMR CEPED, Université Paris Descartes, 45 rue des Saints-Pères 75006 Paris
secretariat.ouestsaharien@gmail.com

I. Déjà parus dans les Cahiers de *L'Ouest saharien* :

Volume 1, *État des lieux et matériaux de recherche*, 1998, 203 p.
Volume 2, *Histoire et sociétés maures*, 2000, 269 p.
Volume 3, *Fragments*, 2002, 224 p.
Volume 4, *Regards sur la Mauritanie*, 2004, 240 p.
Volume 5, *La Mauritanie avant le pétrole*, 2005, 210 p.
Volume 6, *Oued Noun, Mythes et réalités*, 2006, 188 p.
Volume 7, *Mythes, conflits et décolonisation au Sahel*, 2009, 206 p.
Volume 8, *La résistance sahraouie à Gdaïm Izig*, 2012, 203 p.

II. Déjà parus dans les Hors séries de *L'Ouest saharien* :

Hors série 1, Ali Omar Yara, *Genèse politique de la société sahraouie*, 2001, 234 p.
Hors série 2, Christelle Jus, *Tracer une ligne dans le sable, Soudan français-Mauritanie, une géopolitique coloniale (1880-1963)*, 2003, 262 p.
Hors série 3, Annaïg Abjean, Zahra Julien, *Sahraouis : Exils-Identité*, 2004, 237 p.
Hors série 4, Patrick Adam, *De Smara à Smara, Sur les traces de Michel Vieuchange*, 2006, 204 p.
Hors série 5, Jean Clauzel, *Notes sur la faune sauvage de l'Adagh (Adrar des Iforas), 1948-1958, Le temps des tournées*, 2006, 170 p.
Hors série 6, Till Philip Koltermann, Ulrich Rebstock et Marcus Plehn, *Pages d'histoire de la côte mauritanienne*, 2006, 102 p.
Hors série 7, *Sahara Occidental, Une colonie en mutation*, Actes du colloque de Paris X Nanterre, 24.11.07, 2008, 155 p.
Hors série 8, Elisabeth Peltier, *Malgré tout Dakhla existe… Chronique d'un campement sahraoui*, 2008, 240 p.
Hors série 9/1, Sophie Caratini (dir.), *Du rapport colonial au rapport de développement, La question du pouvoir en Afrique du Nord et de l'Ouest*, 2009, 250 p.
Hors série 9/2, Sophie Caratini (dir.), *Du rapport colonial au rapport de développement, Affirmations identitaires et enjeux de pouvoir*, 2009, 250 p.
Hors série 10, Ali Omar Yara, *Le siècle guerrier franco-sahraoui (1910-2010)*, 2010, 168 p.

Mise en page : Emmanuel Martinoli
Relecture orthographique : Yvonne Lafitte
Graphie de couverture : Mathieu Roger, Graphiste maquettiste, Direction de la communication et de l'édition, Pôle graphisme, Université Paris Descartes
Photographies de couverture : Pêche de village à Ejar le 14 mars 2019. Abreuvement d'un troupeau de chameaux à Mesgoul le 2 avril 2019. Photos prises dans le Guidimakha, Mauritanie. (© Charlotte Secco).

SOMMAIRE

ENJEUX ENVIRONNEMENTAUX page

ÉDITORIAL

Cette nouvelle livraison des cahiers pluridisciplinaires de L'Ouest saharien signe un nouveau départ pour cette revue fondée il y a plus de vingt ans par Pierre Boilley, Emmanuel Martinoli et Ali Omar Yara. Comité éditorial et comité de lecture international renouvelés, nouveau format et couverture entièrement repensée devraient être à même de consolider cette aventure éditoriale menée aux côtés d'une maison d'édition dont l'engagement et l'intérêt pour les recherches sahariennes ne se sont jamais démentis.

Poursuivre cette aventure nous est apparu comme une évidence, tant les études académiques sur le Sahara nécessitent un espace d'expression commun et plurilingue, tant cette région du monde connaît des bouleversements politiques, économiques, sociodémographiques importants qui requièrent des analyses de qualité. Si l'on peut constater un intérêt des jeunes chercheurs et chercheuses pour cette région, leur nombre reste toutefois limité, y compris au sein même des pays concernés. Dans ces différents territoires, il est important que les jeunes chercheurs et chercheuses (master, doctorant·e·s et post-doctorant·e·s) disposent d'un tel outil de divulgation de leurs travaux, ainsi qu'un support d'expression suffisamment indépendant pour traiter de sujets considérés comme sensibles aux échelles nationales, qu'il s'agisse par exemple de droits humains, de risques environnementaux ou de questions de sexualité.

Un autre intérêt de cette revue réside dans sa large focale, allant du Sud marocain au Sénégal, de l'Atlantique au Niger, qui donne au comparatisme tout son intérêt. Si chacune de ces régions a en effet connu une trajectoire politique singulière depuis le mouvement de décolonisation des décennies 1950, 1960 et 1970, les histoires nationales ne peuvent se comprendre qu'à l'aune de leur contexte spatio-temporel régional (et bien sûr international). On connaît par ailleurs l'arbitraire des frontières coloniales : ces populations ouest-sahariennes se trouvent aujourd'hui dispersées sur les territoires de différents États. Dans un monde hyperconnecté, auquel les populations sahariennes et sahéliennes n'échappent pas, les productions culturelles, les informations de nature journalistique, les savoirs mais aussi et surtout les hommes et les femmes circulent abondamment au-delà des frontières.

Cette focale délibérément large fait de ces cahiers un observatoire privilégié des enjeux qui traversent ce vaste espace, offrant la possibilité de les traiter dans des numéros thématiques comme dans ce numéro où la question environnementale est à l'honneur. Y sont traitées aussi bien la problématique de la conservation des espèces marines menacées dans le Parc National du Banc d'Arguin (Mauritanie) que la question de la gestion de l'eau douce dans cette même aire protégée, aujourd'hui menacée de pollution par l'orpaillage à Chami, ville nouvelle située à mi-chemin entre

Nouakchott et Nouadhibou et qui symbolise cette ruée vers l'or de ces dernières années, encouragée par l'État mauritanien en mal de rentrées fiscales.

Ce dossier spécial aborde également les compétitions à l'œuvre autour des ressources naturelles de la région, à travers l'exemple de l'enjeu des hydrocarbures sahariens dans les relations tumultueuses entre l'Algérie et la France (1954-1971) et celui de la bataille juridique et politique au sujet de la légalité des accords de pêche Union européenne-Maroc concernant les ressources halieutiques du Sahara Occidental, territoire non autonome selon les Nations unies. La crise climatique est aussi traitée dans sa dimension patrimoniale : commercialisation des paysages dans le cadre d'une économie touristique en cours de relance en Adrar mauritanien, valorisation d'huiles extraites du fruit du *Balanites aegyptiaca*, arbre ô combien emblématique du Sahel mauritanien, et conservation des savoirs botaniques sur les principales essences végétales du Sahara Occidental. Enfin, la question environnementale sera abordée sous l'angle du changement climatique et de ses impacts sur la sécurité alimentaire des agro-pasteurs du Guidimakha mauritanien.

Outre des numéros thématiques, la revue continuera d'accueillir des textes en « varia » - ici un texte sur la poésie sahraouie en langue espagnole, un autre sur le rôle de l'Instance Équité et Réconciliation du Maroc, notamment à l'égard des disparus sahraouis, ainsi que des comptes rendus de lecture qui permettent d'enrichir le débat critique sur les recherches en cours.

Malgré ses ambitions très larges, le principal défi de cette revue sera de trouver des auteur·e·s en mesure de traiter du Mali, du Niger et du Sud algérien, la revue ayant consacré jusque-là l'essentiel de ses publications à la Mauritanie, au Sahara Occidental et au Sud marocain. Ce défi n'est pas simple, compte tenu des difficultés que nous rencontrons aujourd'hui pour nous rendre sur ces terrains, qui sont soit en conflit, soit rendus difficiles d'accès par les consignes sécuritaires des États concernés et des chancelleries occidentales.

Il revient donc à chacun·e d'entre nous d'inviter nos collègues, qu'il s'agisse de professionnel·le·s confirmé·e·s ou de jeunes chercheur·e·s, à nous proposer des textes et des projets de dossiers thématiques pour faire vivre la recherche sur cette région du monde. L'avenir de *L'Ouest saharien* reposera sur la communauté académique internationale et sur sa capacité à se saisir de cet outil de partage de travaux de recherche et de débats.

Paris, le 21 octobre 2019

Sébastien Boulay et Emmanuel Martinoli

GUIDIMAKHA : LA GESTION DES RESSOURCES NATURELLES AU CŒUR D'ENJEUX POLITIQUES, ALIMENTAIRES ET SÉCURITAIRES

CHARLOTTE SECCO

Master Expertise Population & Développement, Université Paris Descartes, Faculté des sciences humaines et sociales de la Sorbonne.

Résumé

Le Guidimakha est une région située au sud de la Mauritanie, enclavée entre le Mali et le Sénégal. Ce territoire est au carrefour entre le désert et le Sahel. L'ensemble des terres arables du pays ne représente que 1 % de la superficie de la Mauritanie. Le Guidimakha a un potentiel agro-sylvo-pastoral relativement élevé par rapport au reste du pays. Cependant, les conditions climatiques se détériorent et affectent les capacités productives de la région. La production agroalimentaire nationale ne couvre que 30 % de la consommation du pays (GRDR, Groupe de Recherche et de Réalisation pour le Développement Rural 2017)[1]. La dépendance à l'importation est un facteur important de l'insécurité alimentaire. La gestion des ressources naturelles est désormais primordiale dans cette région afin d'optimiser au maximum, et de manière durable, son potentiel productif. La question environnementale est désormais au cœur de nombreux projets de développement ayant comme objectif la gestion durable des ressources naturelles qui constitue, pour les acteurs du développement, l'un des leviers de la réduction de la vulnérabilité alimentaire des ménages.

[1] Résultat d'une étude sur les politiques agricoles au Sahel publiée en octobre 2017 dans le cadre du projet de Dialogue Politique Concerté sur la Sécurité Alimentaire (DIAPOCO-SA).

Mots-clés : développement rural, agriculture, élevage, changement climatique, résilience.

Abstract

Guidimakha is a region in southern Mauritania, isolated between Mali and Senegal. This territory is at the crossroads between the desert and the Sahel. All the country's arable land represents only 1% of Mauritania's area. Compared to the rest of the country, Guidimakha has a relatively high agro-sylvo-pastoral potential. However, weather conditions are deteriorating, and this affects the productive capacity of the region. National agri-food production covers only 30% of the country's consumption (GRDR, Groupe de Recherche et de Réalisation pour le Développement Rural 2017). Import dependency is an important factor of food insecurity. In this region, the management of natural resources is now essential in order to maximize the productive potential. The environmental issue is at the main point of many development projects. Their purpose is sustainable management of natural resources which is, for development actors, one of the levers for the reduction of household food vulnerability.

Keywords : rural development, agriculture, livestock, climate change, resilience.

Introduction

Le Guidimakha a pour réputation d'être le grenier de la Mauritanie. Cependant, il apparaît que la région n'en a plus que la réputation et non la capacité. Selon l'analyse du Groupe d'experts Intergouvernemental sur l'Évolution du Climat (GIEC), la Mauritanie fait partie de l'une des six régions du monde les plus impactées par le changement climatique (Alliance Mondiale contre le Changement Climatique Mauritanie AMCC 2016). En effet, il ne s'agit plus de variabilités climatiques propres à la région sahélienne, caractérisées par des variations météorologiques moyennes entre années ou entre décennies.

Pour définir ce qu'est le changement climatique, reprenons la définition donnée par l'AMCC [2]. Les changements climatiques sont « attribués directement ou indirectement à une activité humaine altérant la composition

[2] L'AMCC est un programme du Gouvernement mauritanien et de l'UE dont l'objectif est d'accroître la résilience des populations aux effets du changement climatique ainsi que d'assurer la sécurité alimentaire des régions vulnérables.

de l'atmosphère mondiale et qui vient s'ajouter à la variabilité naturelle du climat observée au cours de périodes comparables. » (AMCC 2016). La Mauritanie a déjà un potentiel agricole très faible avec seulement 1 % de terres arables sur l'étendue de son territoire (CNUCED 2009). Le contexte climatique aggrave encore la faible capacité productive de la région.

Le Guidimakha a des avantages relatifs en matière d'agriculture. La région connaît l'une des pluviométries les plus avantageuses du pays avec une moyenne de 500 mm d'eau tombée par an[3]. Ces conditions sont favorables à l'agriculture et à l'élevage. Au nord, la zone saharo-sahélienne qui s'étend sur 61 % du territoire est propice à l'élevage. Plus au sud, la zone sahélienne qui s'étend sur 39 % du territoire est également propice à l'élevage ainsi qu'à l'agriculture.

Ces deux types d'activités se déclinent sous plusieurs formes. Les pasteurs pratiquent majoritairement la transhumance saisonnière et non annuelle, les nomades ne représentant plus que 5 % de la population aujourd'hui contre 70 % en 1965[4]. La majorité des ménages du Guidimakha a des troupeaux dont l'usage peut être alimentaire (les bêtes ne sont pas, ou rarement, vendues) ou commercial. La pratique s'est généralisée et ne concerne plus seulement les populations de tradition pastorale. Les agriculteurs pratiquent les cultures pluviales (*dieri*) et les cultures de décrue (*walo*). Du maraîchage et des activités forestières sont également pratiqués dans la région.

Malgré ces caractéristiques favorables aux activités primaires, les dynamiques environnementales perturbent ce paradigme. En effet, la mauvaise répartition pluviométrique nuit à la culture de *dieri* et l'invasion d'ennemis des cultures se fait de plus en plus menaçante. La récente migration des dromadaires au sud du pays témoigne des changements météorologiques et constitue également une nouvelle menace pour l'agriculture. L'élevage est également atteint. Les pâturages diminuent en raison de la sécheresse. La gestion des ressources naturelles est une problématique très actuelle et remet la question foncière[5] et les rapports

[3] Sélibaby, moyenne 1994-2017 : 548 mm.

[4] Jusqu'au XIXe siècle, la Mauritanie était à 90 % rurale et à 70 % nomade. Depuis 1965, la population a triplé. Selon l'Office National de la Statistique (ONS), la population est aujourd'hui à 50 % rurale et à 95 % sédentaire. La tendance s'est donc inversée pour des raisons climatiques mais également socio-économiques. La colonisation a majoritairement encouragé la sédentarisation. Ce phénomène s'est accentué en raison des mauvaises conditions pluviométriques des années 1970. La population totale augmente tandis que la population nomade diminue. Malgré tout, la mobilité humaine reste au centre des dynamiques rurales.

[5] La question foncière est très complexe en Mauritanie, les différentes législations (étatiques, coutumières et religieuses) étant parfois contradictoires. L'État mauritanien a modifié à plusieurs reprises la législation sur le foncier. L'Ordonnance n° 83.127 du 5 juin 1983

sociaux de domination sur le devant de la scène. En effet, la cohabitation de ces deux systèmes d'activités est de plus en plus conflictuelle.

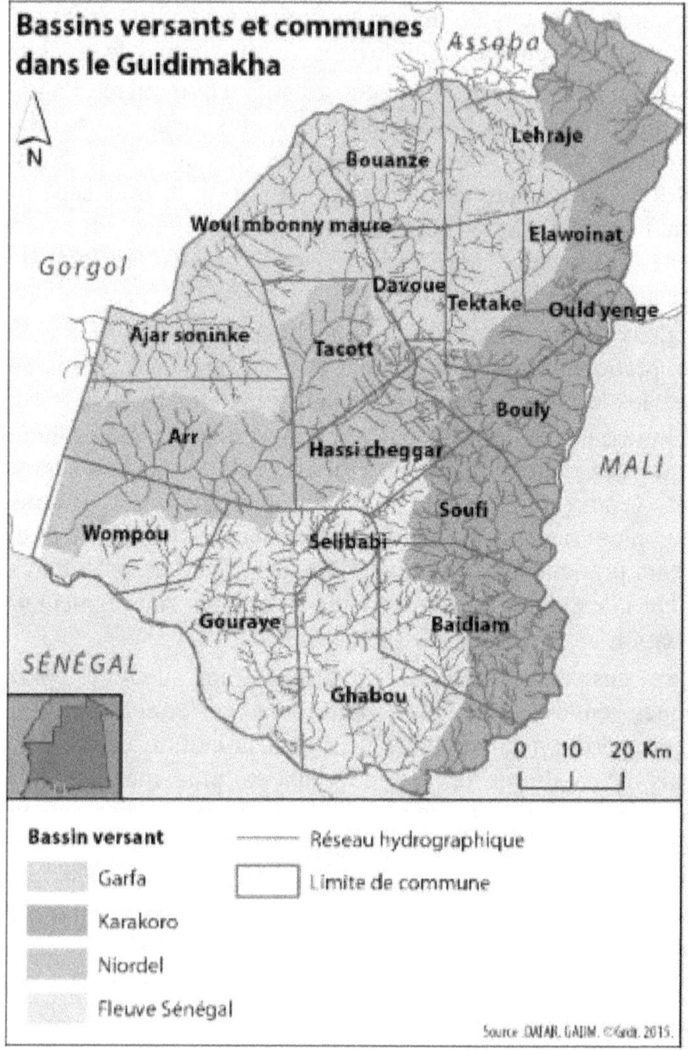

On parle énormément d'agropastoralisme pour décrire l'activité de la région mais ce terme est à prendre avec précaution. La région se compose à la fois d'agropasteurs et de pasteurs-agriculteurs. Il ne s'agit pas d'une interdépendance ni d'une équivalence des pratiques mais de possession : beaucoup de *Guidimakhankés* possèdent une part d'activité d'élevage et une

portant sur la réorganisation foncière et domaniale a remis en cause la gouvernance locale « coutumière » des ressources.

part d'agriculture à proportions variées. L'association agropastorale semble résulter des dynamiques d'adaptation rurale des pasteurs d'origine comme des agriculteurs. Cette notion recouvre donc une certaine réalité et cette facilité de langage est justifiée par la complexité de préciser chaque contexte. Cependant, la fusion de ces deux termes ainsi que l'homogénéisation des activités qu'ils désignent, sont à nuancer car ils cachent d'autres réalités.

Méthodologie

Cet article s'inscrit dans la continuité d'une étude (Secco 2019) menée pour le GRDR de février à mai 2019, précédée d'une phase de documentation. L'objectif de cette étude était de déterminer les pratiques résilientes des ménages qui permettent d'assurer une bonne sécurité alimentaire ainsi que d'identifier les facteurs de vulnérabilité alimentaire.

Nous entendons par résilience la « capacité d'une personne, d'un foyer, d'une communauté, d'un pays ou d'une région à résister, s'adapter et se remettre rapidement en cas de tensions et de chocs tels que violences, conflits, sécheresses ou autres catastrophes naturelles, sans compromettre son développement sur le long terme. » (UE 2013). Dans notre contexte d'étude, nous nous intéressons essentiellement à la capacité d'adaptation à l'échelle des foyers tout en tenant compte du fait que celle-ci est corrélée au contexte politique, social et environnemental.

La sécurité alimentaire suppose que « toutes les personnes, à tout moment, disposent d'un accès physique, économique et social à une alimentation suffisante, nutritive et saine qui satisfasse leurs besoins nutritionnels et leurs préférences alimentaires pour leur permettre d'avoir une vie saine et active. » (FAO 1996). Le Score de Consommation Alimentaire (SCA) donne une indication sur le niveau de sécurité alimentaire d'un ménage[6]. Cependant, il faut préciser que les indicateurs quantitatifs présentent quelques limites. Un score n'a guère de sens sans l'explication de sa mesure et de son contexte de production. Les indicateurs quantitatifs font office de scientificité et d'objectivité là où le qualitatif s'intéresse aux réalités des pratiques. Une mesure quantitative fixe une réalité mouvante. Or la sécurité alimentaire est intéressante à appréhender dans ses dynamiques.

Différents matériaux quantitatifs et qualitatifs ont donc été utilisés dans notre étude. En effet, ce travail venait en complément d'une étude quantitative. L'enquête quantitative a été faite par un questionnaire qui a été

---

[6] Basé sur les groupes d'aliments consommés et leur fréquence de consommation par le ménage sur les sept derniers jours, le SCA reflète la quantité (kcal) et la qualité (nutriments-importance nutritionnelle) de l'alimentation du ménage.

soumis à plus de quatre mille ménages de la région, dans plus de cent localités. L'étude qualitative s'est concentrée, pour sa part, sur une dizaine de ménages dans sept localités différentes.

Ce premier travail quantitatif a permis de dessiner un portrait global provisoire de la situation agricole, pastorale et alimentaire de la région. Certaines caractéristiques ont été relevées afin d'être approfondies. La faible importance des variables référées à l'agriculture a mis en évidence la nécessité d'approfondir spécifiquement la question. Les données statistiques ne permettent pas de retracer la dynamique de ces activités ni les raisons de ces évolutions. Afin d'apporter des éléments de compréhension de ces systèmes d'activités, une nouvelle démarche méthodologique a été entreprise, l'enquête ethnographique de terrain, afin de proposer une analyse socio-anthropologique.

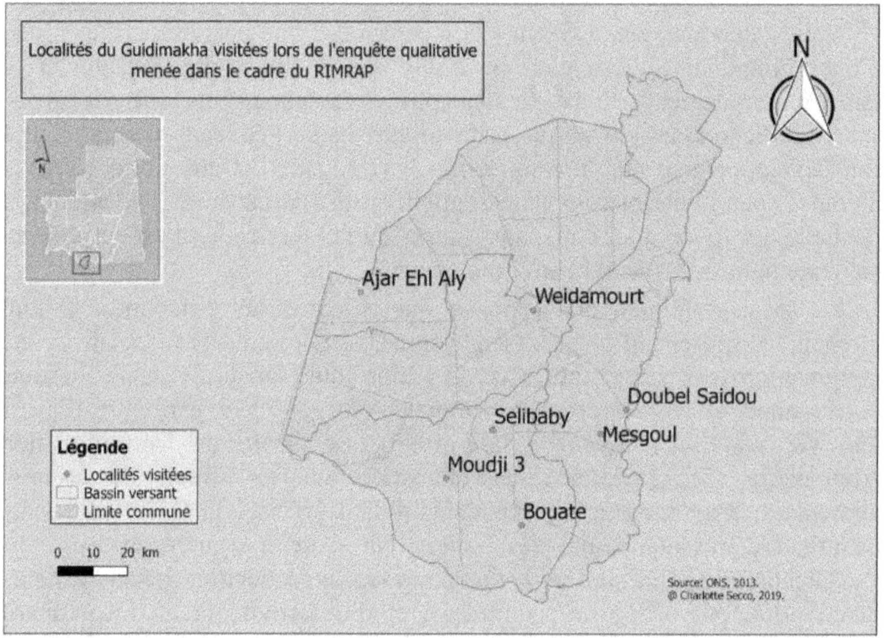

Des entretiens ont été menés auprès de divers habitants. Nous avons discuté et vécu avec différents ménages dont un membre était désigné comme notre principal interlocuteur. Il arrivait régulièrement que d'autres membres de la famille ou du village interviennent dans la discussion. Nous avons également rencontré des élus locaux et acteurs de projets de développement. Ces discussions ont été menées dans plusieurs langues : français, *hassaniyya*, peulh et soninké, avec l'aide d'un traducteur.

L'observation est venue compléter les données recueillies lors des entretiens. Celle-ci a été fortement limitée par la période de l'enquête. En effet, entre la fin et le début des travaux agricoles d'une année sur l'autre, durant les mois de mars à juin, il y a une période de soudure[7]. À l'époque donnée, les champs sont ouverts aux troupeaux et beaucoup de pasteurs sont déjà partis en transhumance. C'est une forte période migratoire, au cours de laquelle les hommes partent en ville chercher une activité génératrice de revenus.

Cette analyse abordera plusieurs points et s'appuiera sur des cas précis. Dans un premier temps, nous interrogerons le changement de contexte de la région et l'évolution des différents systèmes d'activités et d'alimentation engendrée. Nous nous demanderons ainsi en quoi et dans quelle mesure la sortie du tout agricole et l'entrée dans la multiactivité sont des facteurs de résilience à l'impact du changement climatique sur les modes de vie, de production et de consommation des ménages du Guidimakha. Dans un second temps, nous nous intéresserons au rôle et aux acteurs du développement rural dans notre contexte d'étude ainsi qu'aux adaptations et innovations mises en place.

La sortie du tout agricole et l'entrée dans la multiactivité

Le revenu des activités primaires ne constituerait plus, en moyenne, que la moitié du revenu des ménages (GRDR 2018). Cette donnée témoigne de la sortie du tout agricole, soit la fin d'un mode de vie basé essentiellement sur les activités agricoles et pastorales de l'exploitation familiale. Avant la sécheresse des années 1970, l'essentiel de la production agricole et pastorale était destiné à l'autoconsommation et à l'échange non marchand. La prédominance de la monnaie comme moyen d'échange remonte à peu près à cette même période. À la suite de cette catastrophe naturelle, l'État a fait la promotion de la culture irriguée. Puis, en raison de l'échec de cette politique, l'État a décidé de promouvoir l'importation de certains aliments tels que l'huile, le sucre et les céréales. Rendre une société anciennement autosubsistante, donc très peu monétarisée, dépendante des biens à l'importation amène à l'insécurité alimentaire, c'est-à-dire à une perte d'autonomie, de souveraineté alimentaire, avec des termes d'échange fréquemment défavorables ou non maîtrisés par les populations rurales. Les modes de production, de consommation et de vie sont ainsi bouleversés.

[7] Période située entre la fin des récoltes (janvier) et le début des travaux agricoles (juin) de la campagne agraire suivante. Il s'agit de la période la plus chaude de l'année. Il est difficile de prévoir la période de récolte, celle-ci dépendant des conditions météorologiques de l'hivernage (saison des pluies de juin à septembre).

Le difficile maintien des activités primaires et le risque d'insécurité alimentaire

Les modes de vie de la région sont originellement organisés autour des activités primaires. Dans ce contexte climatique, leur maintien est difficile. Cependant, des précautions sont à prendre avec l'expression « sortie du tout agricole ». Il faut en effet distinguer l'abandon des pratiques agropastorales de l'amorcement de nouvelles activités en parallèle. On a ici affaire à une diversification d'activités et non à un abandon. La productivité des activités primaires diminue mais présente encore une certaine rentabilité. L'agriculture et l'élevage sont également les pratiques les plus maîtrisées par les populations de la région, présentant ainsi un certain gage de stabilité et de sûreté. Au-delà de leurs fonctions économiques, ces activités font partie de leur identité culturelle. De plus, un savoir-faire hérité est un savoir-faire maîtrisé. Dans un contexte économique et climatique instable, les personnes rencontrées ont évoqué le fait qu'il vaut toujours mieux continuer de faire ce qu'elles connaissent le mieux.

> *« Quand tu es dans la galère, il vaut mieux faire ce que tu sais faire que de ne rien faire.* » (Ajar, 13/03/19, prise de notes lors d'entretiens, traduits du soninké au français, avec une femme d'une cinquantaine d'années).

Cependant, les activités primaires sont menacées. La répartition pluviométrique rend la culture de *dieri* difficile. Certains agriculteurs ont arrêté ce type de culture tandis que d'autres commencent et abandonnent lorsqu'ils jugent que le climat n'est pas favorable. Les travaux agricoles sont trop pénibles pour y consacrer du temps sans garantie de récoltes réussies. En effet, ils nécessitent une force de travail importante, notamment pour le gardiennage en raison de l'invasion d'ennemis des cultures. Toute la famille, femmes et enfants compris, est réquisitionnée sur certaines périodes.

L'élevage n'est pas exempt des difficultés nouvelles induites par le changement climatique. À l'époque de l'hivernage, il s'agit d'une activité très rentable. Les troupeaux nécessitent peu de soin et de main-d'œuvre. Grâce à une bonne nutrition permise par la quantité et la qualité des pâturages, le lait est disponible en abondance. Mais cette facilité n'est que le résultat de l'hivernage. Dès la soudure et la diminution des pâturages, les vaches ne produisent plus de lait et nécessitent davantage de soins. C'est le temps de la transhumance ; celle-ci a toujours constitué une stratégie d'adaptation de l'homme à son espace. Mais elle évolue. Les pasteurs partent loin, au Mali et même jusqu'en Guinée, ce qui présente un coût humain et financier important. Les hommes doivent partir de plus en plus longtemps et pourvoir à de nombreuses dépenses, notamment les vaccins et les visas nécessaires à la traversée de la frontière. Chaque voyage est l'occasion de la perte, du décès ou encore du vol d'une partie du cheptel. La question transfrontalière est très problématique. Les éleveurs mauritaniens n'ont pas toujours accès aux puisards maliens bien qu'ils en aient payé les droits. Cette interrogation est un aspect de la situation environnementale incertaine entre les pays limitrophes. Ce problème nous a été expliqué par un des fils du chef du village de Doubel Saidou :

> *« On a tellement de documents à fournir avant d'y aller. On dépense beaucoup d'argent au Mali. Même si tu payes tout ce qu'il faut, si les Maliens ne sont pas contents de toi, ils te dégagent.* » (Entretien traduit du peulh le 06/03/2019).

Figure 1 - Photographie prise le 12 février 2019 dans le Karakoro : troupeau de vaches en transhumance vers le Mali (©Secco).

Les activités qui permettent une nourriture d'appoint ou de substitution en période de crises sont également impactées, ce qui révèle le caractère critique de la situation actuelle dans la région.

C'est le cas du maraîchage. Cette pratique a la particularité d'être exclusivement féminine à l'exception du maraîchage commercial[8] qui ne compte que pour 1 % de la pratique dans la région (GRDR 2017). Le maraîchage est très bénéfique à la sécurité alimentaire sur plusieurs points : non seulement il permet de produire soi-même et donc de ne pas acheter des produits alimentaires, mais également de diversifier l'alimentation des ménages. Cependant, les potagers nécessitent des puits réservés exclusivement à cet usage. Or de nombreux villages manquent d'eau et n'ont pas assez de ressources pour subvenir aux besoins vitaux et domestiques et faire du maraîchage. Certaines femmes ont donc arrêté, à grand regret, cette activité au cours des dernières années. L'arrêt du maraîchage est révélateur de l'épuisement des nappes phréatiques et des ressources en eau. À Bota, les femmes nous ont fait visiter certains de leurs jardins qui ont été fermés car

[8] Il s'agit d'une surface de maraîchage importante dont la production est destinée à la vente.

les puits se sont asséchés. Dans tous les villages visités, les enquêtés nous ont demandé s'ils pouvaient obtenir la construction d'un puits pour leur localité.

D'autres activités classiques sont impactées. La Mauritanie a la particularité d'alterner entre périodes de pénurie et d'abondance (Boulay 2010). En effet, certaines saisons sont favorables à la production en abondance de certains produits de brousse et également favorables à des activités de chasse et de pêche. Ces deux activités, ainsi que la cueillette, sont fortement pratiquées dans le Guidimakha. Au contraire de l'agriculture et du pastoralisme, ces trois activités ne nécessitent pas de phénomène de domestication ni de contrôle de la production. Ce sont des pratiques qui exploitent des ressources directement disponibles, de provenance végétale ou animale (à l'état sauvage), sans être transformées par l'homme (Bechchari 2010 : 155). Depuis, ces dernières activités ont disparu ou fortement diminué. La chasse ne se pratique plus, les animaux sauvages ayant disparu avec la déforestation ; la cueillette et la pêche se maintiennent difficilement. Ces activités d'appoint permettaient non seulement une nourriture de substitution mais également de générer des revenus. Leur recul est directement corrélé à la dégradation de l'environnement et participe au risque d'insécurité alimentaire. Les produits de la cueillette ont toujours constitué une nourriture importante en période de pénurie (Chastanet 1991). Or cette ancienne stratégie de résilience perd de son importance, révélant les bouleversements des modes de vie engendrés par les changements environnementaux. Il apparaît que la pénurie prend le pas sur l'abondance. On produit de moins en moins pour acheter de plus en plus.

Ainsi, le système agropastoral est insuffisant à l'alimentation des ménages, autant dans ses capacités productives que génératrices de revenus. On assiste ici à une double dynamique : d'une part, l'autoconsommation n'étant plus possible sur l'année, il faut changer de système d'alimentation. D'autre part, les habitudes alimentaires ayant changé, le système agricole doit également évoluer. Ce changement de système présente un risque d'insécurité alimentaire.

Quatre dimensions permettent d'analyser la sécurité alimentaire : la disponibilité, l'accessibilité, la qualité et la stabilité de ces trois facteurs. Dans un système agricole et pastoral autosuffisant, les produits d'origine végétale et animale sont directement disponibles. Leur accessibilité est donc saisonnière et dépend du calendrier agricole et pastoral. Ce sont des produits de brousse de bonne qualité à la différence des produits transformés d'importation. L'amenuisement des ressources naturelles et le dérèglement des saisons empêchent la stabilité des trois conditions nécessaires à la sécurité alimentaire.

Figure 2 - Photographie prise à Ejar : pêche, 14 mars 2019 (©Secco).

La production agricole est insuffisante par rapport aux besoins nationaux pour plusieurs raisons. La production dépend des conditions météorologiques très variables et le potentiel productif de la région n'est pas optimisé. Le manque de main-d'œuvre et de capacité à sécuriser l'espace de culture sont notamment en cause. La production étant moins localisée, il faut mettre en place des commerces. De nombreuses personnes nous ont parlé de leur difficulté à trouver des points de vente, tous éloignés de leur lieu de vie. L'accessibilité alimentaire est donc à présent davantage financière et physique que saisonnière. Il faut acheter ce qui n'est plus produit. On sort du tout agricole pour entrer dans la multiactivité.

La multiactivité multilocalisée : baromètre entre survie et résilience

C'est dans ce contexte là que les *Guidimakhankés* s'adonnent à de nouvelles activités extra-agropastorales. On parle de multiactivité et de stratégies familiales multilocalisées. Si la mobilité a toujours été structurelle à la majorité de la société, celle-ci connaît une évolution. Les actifs des ménages pratiquent une diversité d'activités (agriculture, élevage, commerce, bâtiment, migration…) dont certaines ont lieu en dehors de leur lieu de résidence et nécessitent des migrations de plus ou moins long terme. Mais ces activités sont-elles vraiment un facteur de résilience face aux risques environnementaux ?

Prenons deux exemples afin d'étayer notre analyse avec un cas de multiactivité réussie et un cas qui s'apparente davantage à de la survie qu'à de la résilience.

À Moudji, village peulh, nous avons été accueillis par une native du village. Sa famille a une bonne situation économique et sociale. Deux de ses frères vivent au village avec une retraite française après avoir travaillé en

France. L'un d'eux est chef du village. Neuf personnes vivent au sein de sa maison dont trois actifs. Ce ménage pratique les cultures de *dieri* et de *walo* ainsi que du maraîchage. La famille possède également des vaches, des chèvres et des poules. Les chèvres et les poules sont destinées à la vente et à l'alimentation du ménage tandis que le troupeau de vaches part en transhumance. L'enquêtée nous a expliqué que sa famille possède un avantage important par rapport au pastoralisme : de tradition pastorale peulhe et native de la région, elle a une très bonne connaissance du territoire et sait où se trouvent les derniers pâturages. Ses vaches seront les dernières à partir au Mali ; le coût de la transhumance sera donc moindre. Ces activités lui permettent six mois d'autoconsommation et génèrent 55 % de ses revenus. La femme qui nous reçoit a également des frères à l'étranger (France, Sénégal, Mali), un fils à Sélibaby qui tient un commerce et un plus jeune qui y étudie. Les revenus des personnes travaillant en dehors du village permettent d'employer des bergers pour la transhumance et des Maliens pour la surveillance des champs. Ce cas illustre la stratégie d'interaction entre les différentes activités : la participation monétaire des migrants permet de développer des activités ; leur absence est comblée par l'apport financier qu'ils génèrent. Nous pouvons catégoriser cette famille comme un ménage d'agropasteurs diversifié et multilocalisé dont la situation est très acceptable.

À Oued Amour, la situation est plus difficile. Nous avons rencontré une famille *hartâni* de dix personnes. Les *harâtîn* (« affranchis » en *hassaniyya*) sont les descendants des esclaves des Maures blancs. Bien que l'esclavage soit aboli en Mauritanie depuis 1981, ces relations de domination restent présentes dans les mœurs. Ce sujet n'a jamais été abordé en ma présence mais on peut se demander si les conditions très précaires de la famille sont liées à un maintien du lien de dépendance sociale. Seuls le père et son fils travaillent. La coupe et la vente du bois constituent 25 % de leurs revenus. Le père travaille également comme ouvrier agricole et dans la fabrication de briques. La famille n'a aucune personne expatriée donc aucun revenu extérieur. Un frère est porté disparu. La multiactivité est ici le fruit des opportunités qui se présentent aléatoirement à la famille et non issue d'une stratégie élaborée sur le long terme. Nous pouvons catégoriser cette famille comme un ménage d'agropasteurs très diversifié dont la situation est très difficile.

Quelle que soit la situation, tous les cas rencontrés démontrent la nécessité de diversifier les activités. Le climat ne permet plus la pérennité des activités primaires, le contexte économique et social ne garantit pas la stabilité des activités génératrices de revenus, et la saisonnalité ne génère des opportunités de travail que de plus en plus rarement. Il existe un fragile équilibre entre ces deux types d'activités, l'agriculture et l'élevage, les unes devant soutenir les autres en fonction du climat le plus perturbé.

> « *Il n'y a pas une activité aujourd'hui sur laquelle tu peux compter pour survivre. Il faut toucher beaucoup d'activités pour peut-être survivre. Il faut être très mobile, toucher à tout. Avec la chance tu peux survivre. Il n'y a pas une activité sûre comme l'élevage, l'agriculture...* » (Femme de Moudji, 27/03/2019, entretien traduit du peulh).

Tout comme l'agriculture et l'élevage, les activités secondaires ne sont pas sûres. Elles ne permettent qu'une protection partielle des risques extérieurs, n'en étant elles-mêmes pas exemptées. Par exemple, certains ménages tiennent des petits commerces. Or la rentabilité du commerce dépend du pouvoir d'achat de la population, lui-même étant lié au contexte économique. D'autres actifs pratiquent les activités primaires en tant que salariés et sont bergers employés ou ouvriers agricoles. Mais le salariat agricole et pastoral dépend de l'appel de main-d'œuvre qui est corrélé aux disponibilités monétaires et au besoin de force de travail. Or ces deux caractères essentiels à la demande de travail sont en très forte baisse en raison de la diminution des rendements agricoles et de la perte des cheptels.

La mobilité fait partie intégrante des stratégies de résilience. Cependant, la migration est un phénomène pluriel dont les différentes expériences n'apportent pas les mêmes résultats. Il faut distinguer les migrants de long terme et les migrants saisonniers. Ces derniers ne représentent pas des catégories homogènes.

Les migrants de long terme, en Europe ou aux États-Unis, apparaissent toujours comme une véritable source de revenus pour la famille. Dans ce cas de figure, les transferts sont généralement réguliers. C'est également le cas des migrants de retour avec une retraite du pays d'accueil. Cependant, la migration longue durée n'est pas toujours synonyme de réussite financière. Plusieurs familles ont des personnes parties dans des pays limitrophes, mais sont sans nouvelles ; c'est le cas du gendre d'une femme rencontrée à Moudji. Le mari de sa fille était parti au Mali huit mois plus tôt et personne n'avait de nouvelles depuis. Plusieurs hypothèses à cette absence : honte de l'échec, abandon, décès. Dans ce cas, la disparition de la personne n'est pas seulement source d'inquiétude : elle représente également une perte importante de main-d'œuvre. En effet, les travaux agricoles sont exigeants et demandent la mobilisation de tous les membres de la famille. C'est pourquoi les migrants doivent apporter leur contribution de manière physique ou financière en engageant de la main-d'œuvre s'ils ne peuvent pas revenir eux-mêmes sur place. C'est le cas à Ajar, grand village d'agriculteurs avec un fort taux d'émigration. De nombreux ouvriers agricoles y travaillent mais la demande de main-d'œuvre extérieure est en baisse en raison de la diminution des surfaces cultivées.

La migration saisonnière est pratique courante. Dans certains villages, elle concerne tous les hommes valides. Dans le village de Mesgoul, que nous avons visité en avril 2019, nous n'avons rencontré que des femmes et des personnes âgées. Tous les hommes étaient partis avec leur charrette trouver une autre activité comme le transport de marchandises. Pour l'essentiel, les travaux agricoles et pastoraux ont lieu à des moments précis. Le reste du temps, les hommes partent trouver une autre activité pour nourrir leur famille. Cette migration ne permet pas toujours des transferts réguliers. Certains migrants saisonniers n'apportent de l'argent à la famille qu'à leur retour et s'ils ont réussi. Le reste de la famille doit vivre des réserves monétaires et alimentaires laissées avant le départ. À Doubel Saidou, notre famille d'accueil attendait le retour d'un de ses fils qui était parti s'adonner à l'orpaillage. Ni sa femme ni sa mère n'ont su nous dire si son entreprise avait été couronnée de succès. Mais la migration saisonnière ne se limite pas à la recherche d'une activité pendant la soudure. Certains préfèrent être engagés comme ouvriers agricoles pendant l'hivernage et le reste de la période des cultures. Il s'agit ici d'un choix complexe : préférer un salaire plutôt que sa propre récolte. Le salaire est sûr, la récolte ne l'est pas.

> *« Dans ma situation de pauvreté, je ne peux pas consacrer tout mon temps [à mon champ]. Ma famille a besoin de manger. [...] Je cultive aussi pour les Soninkés qui me paient à la journée.* » (Père de famille à Oued Amour, entretien traduit du *hassaniyya* le 09/04/19).

Les jeunes tentent des migrations risquées. Nombre d'entre eux partent faire de l'orpaillage dans le nord du pays. Non seulement cette tentative n'est pas toujours couronnée de succès mais elle présente également de nombreux risques. En effet, cette activité est aussi dangereuse pour la santé des orpailleurs que pour l'environnement. D'autres jeunes tentent la migration clandestine. Cette année, cinquante-deux jeunes du Guidimakha sont morts en tentant de gagner les Canaries en pirogue.

Enfin, la migration nécessite un capital de départ. Il faut déjà une certaine assise financière. Le migrant doit partir avec un minimum vital, notamment pour le transport. Cet apport initial peut être obtenu grâce à la vente de bétail, à une cotisation familiale ou issue d'une source de revenu salarial. Certains renoncent à ce stade car le succès de la migration n'est pas garanti. Dans le village de Doubel Saidou, une famille a vendu un nombre important de vaches afin de financer un départ. Cette tentative s'est soldée par un échec. La famille a donc perdu un capital important inutilement. Ce cas n'est pas unique et ces différents exemples agissent comme une forte dissuasion pour les autres personnes qui envisagent un départ.

Un nombre d'activités trop élevé apparaît également comme néfaste dans les capacités de résilience des ménages. Cela signifie s'adonner à des activités de débrouille qui peuvent être illégales et démontre la difficulté de joindre les deux bouts. Beaucoup de ménages vivent au jour le jour, ce qui ne permet pas d'établir des stratégies de long terme.

Or un des éléments centraux de la notion de résilience est de ne pas compromettre son développement sur le long terme. Plusieurs observations faites lors du terrain mettent en doute la durabilité de certaines pratiques. C'est le cas de la coupe de bois excessive. La déforestation augmente dans la région malgré les systèmes de surveillance mis en place. Conscients de l'illégalité et des conséquences néfastes de cette activité forestière, les ménages maintiennent cette pratique qui leur octroie un revenu. La multiactivité apparaît ici comme le baromètre entre résilience et survie. Le choix des activités menées et la manière dont celles-ci sont réalisées sont révélateurs ou non de leur caractère résilient et de la marge de manœuvre des populations dans leur capacité d'agir.

L'enjeu du développement rural

Dimension politique de la question environnementale

Dans un tel contexte, la gestion des ressources naturelles et la sensibilisation aux enjeux environnementaux sont primordiales. C'est l'objectif du développement rural et durable auquel participe l'État mauritanien à travers différents ministères, mais également les ONG et les institutions internationales sur le terrain. Il s'agit d'améliorer les conditions de vie sans compromettre le renouvellement des ressources naturelles. Cependant, les politiques environnementales présentent quelques limites et leur mise en œuvre pose question.

La gestion des ressources naturelles est décentralisée. Les collectivités locales en sont responsables sous la tutelle du ministère du Développement rural et du ministère de l'Environnement. Globalement, il apparaît que les lois relatives à la protection de l'environnement sont peu respectées ou peu restrictives. Les mesures prioritaires d'adaptation mises en place par le gouvernement ont une efficacité moindre. Les principaux textes règlementaires encourageant la sauvegarde des ressources naturelles et leur exploitation rationnelle entre l'élevage et l'agriculture sont complexes à rédiger et peu appliqués pour plusieurs raisons. Les cadres à établir sont difficiles à définir en raison de la spécificité du climat. C'est le cas de l'arbitrage entre l'ouverture des champs au bétail[9] et la divagation animale. La variabilité du climat rend difficile l'établissement de dates fixes car le début et la fin de l'hivernage changent d'une année sur l'autre. La question conflictuelle de l'élevage et de l'agriculture est d'autant plus complexe

[9] Les agriculteurs doivent avoir récolté avant une certaine date fixée à l'avance et ouvrir leurs champs au bétail. Le Guidimakha est traversé par de nombreux couloirs de transhumance et les agriculteurs se doivent de laisser le passage tout comme les éleveurs se doivent d'attendre la date de passage.

qu'elle recouvre des enjeux de pouvoir et des rapports sociaux de domination. Certaines lois sont également peu respectées car le dispositif de surveillance n'est pas ou mal assuré. Dans le Guidimakha, les Associations de Gestion Locale et Collective (AGLC) sont en charge de surveiller le couvert végétal du territoire[10]. Cependant, leurs membres sont bénévoles. Lors de notre séjour à Moudji, nous avons rencontré l'un d'entre eux qui a émis des objections sur leur fonctionnement. Sans rémunération, ils ne peuvent consacrer tout leur temps à ce travail. Ils sont peu nombreux et leur effectif ne peut assurer la surveillance sur toute l'étendue du territoire.

Le programme RIMRAP (2016-2020), Renforcement Institutionnel en Mauritanie pour la Résilience Agricole et Pastorale, intervient pour améliorer et renforcer la capacité organisationnelle du gouvernement en proposant un appui à la bonne gouvernance. L'objectif est de réduire la vulnérabilité agricole et pastorale, d'accroître les capacités d'agir des populations ainsi que d'améliorer l'accès et l'utilisation des ressources. La seconde phase du projet AMCC, lancée durant cette année 2019, doit œuvrer dans ce sens.

Évolution des pratiques : innovation et tradition

Il a été observé lors des différents entretiens que le réchauffement climatique ou du moins son évocation est inconnu dans la région. « Changement climatique », ou toute autre notion y renvoyant, est une dénomination technique qui renvoie à une réalité scientifique complexe à saisir par les populations. Lors de nos visites dans les villages, je demandais à visiter les alentours. C'était l'occasion pour les enquêtés de me montrer les derniers pâturages, les champs ouverts au bétail ou abandonnés, les mares et les marigots ainsi que les puits fonctionnels ou taris. Les changements sont donc perçus et expliqués par les changements de paysage, de calendrier agricole et d'étendues arables. Ces phénomènes sont connus sans pour autant être entendus sous les termes de changement climatique. Cela reste une vision à petite échelle d'un phénomène global.

> *« Les gens exploitent trop. Il y a des gens qui font bien et d'autres qui font mal. On n'y peut rien. On n'a pas la même vision que vous les toobab. »* (Ajar, 14/03/19, prise de notes d'un entretien avec une vieille femme, traduit du soninké au français).

Les populations arrivent à la limite de la compréhension de leur environnement, ce qui nuit à leur capacité d'agir et amène à l'abandon de certaines activités primaires. Des cultures sont abandonnées en raison des mauvaises conditions pluviométriques ou par manque de moyens pour

[10] Créées dans le cadre du Code forestier de 2007 et son décret d'application en 2009, dans les régions pilotes du Guidimakha et du Hodh Gharbi.

assurer leur sécurisation alors que la pression pastorale est en hausse. Sur le terrain, nous avons été étonnés des avis émis par les pasteurs sur la transhumance, leur activité principale et ancrée culturellement. Il apparaît que les pasteurs appréhendent de plus en plus la transhumance. Certains ont mentionné leur désir de vendre l'intégralité de leur troupeau si une meilleure opportunité de travail se présentait. La vente importante de cheptel est un indicateur de la gravité de la situation. En effet, dans la tradition peulhe, il est tabou de vendre ses animaux. Les bovins représentent un capital symbolique. La majorité des éleveurs refuse donc de se séparer de leurs bêtes malgré le capital économique qu'ils pourraient obtenir grâce à leur vente.

C'est ce que nous avons observé à Doubel Saidou et Moudji, deux villages à majorité peulhe. À Doubel Saidou, notre enquêté voulait bien vendre ses vaches, malgré le tabou culturel que cela représente, à l'unique condition d'avoir une opportunité de travail sûre en contrepartie. À Moudji, notre enquêtée refusait de vendre son troupeau car il fait partie de son identité peulhe et la vente ne serait pas acceptée par sa communauté.

> *« Si un Peulh décide de vendre ses vaches, on le traite de fou ! »* (Femme de Moudji, 27/03/2019, entretien traduit du peulh).

Cependant, le maintien de la survie du troupeau n'est pas seulement à analyser de manière culturelle et ne doit pas être considéré comme une pratique « ethnique »[11] irrationnelle. En effet, les stratégies d'élevage chez les pasteurs les désincitent à la vente de bétail pour préserver le capital qu'il constitue. Le maintien d'un troupeau important est une garantie qu'il restera quelques animaux en cas de crises comme le vol, l'épidémie ou la sécheresse. L'histoire et l'actualité leur donnent raison sur ce point (Baroin et Boutrais 2008).

Lors de la présentation des résultats de cette étude, le fait que des pasteurs envisagent de vendre leurs vaches a été mis en doute. C'est un problème récurrent que de traiter avec méfiance les dires des populations bénéficiaires des programmes d'aide. La méfiance des personnels d'ONG et des élus vis-à-vis du discours des populations est compréhensible mais ne doit pas rendre aveugle face aux évolutions en cours. Plusieurs tabous culturels ont perdu de leur rigidité en raison de l'évolution du contexte.

De nombreuses initiatives probantes ont été mises en place dans la région et ont été recensées par une étude (Touyer 2018). Ces initiatives, en plus d'être résilientes, sont porteuses de petits changements sociaux et témoignent des mutations de l'« économie pastorale ».

---

[11] Nous entendons par « ethnie » un groupe défini et encadré par des systèmes de valeurs, des univers d'idées et de valeurs, une langue commune et des logiques collectives établies.

Il existe différents moyens d'échange : le don, la redistribution, le troc et le marché. Ces moyens d'échange coexistent mais dans des proportions différentes à travers les sociétés et les époques. Le changement de proportion des types d'échanges témoigne de l'évolution de la société. La marchandisation du lait est un bon exemple. Culturellement, le lait se donne. Mais aujourd'hui, on prend conscience de la valeur marchande du lait. Ce qui était un tabou culturel se démocratise. Cette année, plusieurs minilaiteries, infrastructures qui permettent de vendre le surplus de lait pendant l'hivernage, ont été implantées dans la région.

D'autres savoirs traditionnels peuvent être mis en valeur dans une économie de marché tout en s'inscrivant dans une perspective durable. À Ajar, les femmes ont toujours cueilli diverses plantes comme le *toogga* et le pain de singe. En plus de servir à l'alimentation, ces produits peuvent être transformés en cosmétiques. Les coopératives du village vendent leur production et génèrent ainsi un revenu grâce à la valorisation et la commercialisation de produits forestiers non ligneux.

La valorisation et la commercialisation de produits forestiers non ligneux a été promue lors d'une formation donnée par le GRDR dans le cadre du RIMRAP. Grâce à divers ateliers, des villageois ont été formés à la transformation du *doum* en aliment pour le bétail et en galette. Ces formations participent à la mobilité des savoirs essentiels et sont censées renforcer les compétences des acteurs. Toutes les femmes rencontrées ont évoqué leur désir d'apprentissage et de s'investir personnellement dans de nouvelles activités. Elles ont majoritairement apprécié les entretiens que nous avons pu avoir et les réflexions menées alors autour de leur situation :

> *« Merci de nous poser toutes ces questions, ça nous aide à réfléchir. »* (Présidente de la coopérative de Bota, entretien traduit de l'*hassaniyya* au français, 26/03/19).

Cependant, la diffusion des initiatives probantes et leur reproduction ne sont pas toujours évidentes. Par exemple, l'agroécologie fait l'objet d'une campagne de diffusion dans la région. Ce type de culture doit encore se faire accepter après des décennies de promotion des produits chimiques et des produits d'importation. Son succès résidera dans la dimension collective des initiatives initiées. Les populations doivent être incluses et investies dans ce type de projet et en tirer des bénéfices concrets. C'est la clef de tout projet de développement rural.

Conclusion

L'enjeu de la mobilisation des ressources naturelles : la sécurité (alimentaire)

Le changement climatique initie des bouleversements sociaux, économiques et politiques. La sécurité alimentaire apparaît comme un combat[12] : celui de la lutte pour la mobilisation des ressources. En effet, dans un cadre où les ressources viennent à manquer, les propriétaires fonciers détiennent un pouvoir important. Le cheptel national s'agrandit en grande partie grâce aux investissements des hommes d'affaires dans le bétail, indépendamment de l'état des ressources. En découlent naturellement des conflits autant internes que transfrontaliers. Les conflits entre éleveurs et agriculteurs sont courants dans la région et chaque année la problématique de la transhumance vers le Mali se pose.

L'agriculture et l'élevage sont essentiels non seulement pour la sécurité alimentaire mais également pour la sécurité tout court. Cette problématique est une question cruciale, en témoignent les différents projets internationaux au Sahel comme le PRAPS, le Projet Régional d'Appui au Pastoralisme au Sahel, financé par la Banque mondiale.

D'un point de vue économique, si les agriculteurs et les pasteurs abandonnent leurs pratiques, il faudra leur trouver une autre activité principale. La multiactivité est déjà complexe et le chômage important. Le PIB serait également impacté car l'agriculture et l'élevage en représentent respectivement 27 % et 14 %. Le pays serait également encore plus dépendant des biens importés, ce qui augmenterait encore davantage le secteur informel très actif dans l'importation de riz par exemple (Carcasses et Ourabah 2019). Bien que la pratique de l'élevage et le maintien de troupeaux importants soient très critiqués dans la région, les besoins en viande sont couverts par la production locale et la viande demeure accessible financièrement à la majeure partie de la population. Sans l'élevage, la dépendance à l'importation concernerait un nouveau secteur fondamental. Pour l'instant, l'essentiel des activités primaires se maintient. Si les personnes rencontrées parlent d'abandonner l'élevage et l'agriculture, elles ne passent que rarement à l'acte. Cependant, ce sont des tendances qui méritent d'être surveillées et pas seulement traitées avec méfiance. Les jeunes marquent un désintérêt de plus en plus grand vis-à-vis de l'agriculture et de l'élevage et peuvent tomber dans des activités dangereuses.

[12] Selon Jean-Pierre Olivier de Sardan (1995), le développement est un lieu d'affrontement, une arène où plusieurs acteurs ou groupes d'acteurs défendent différents intérêts. Tout projet comporte ainsi des enjeux autour desquels chacun va vouloir tirer profit à titre personnel ou collectif.

Le pastoralisme est également au cœur de questions politiques et sécuritaires. C'est une activité qui occupe de grands espaces. Si les terres sont délaissées, elles sont ouvertes au grand banditisme déjà très présent au Sahel. D'un autre côté, si les agriculteurs et les pasteurs se sentent délaissés, ils pourraient, hypothétiquement, abandonner leurs activités et tomber eux-mêmes dans le banditisme. Il est nécessaire d'assurer la sécurité et l'accès aux ressources naturelles leur permettant de vivre de leur activité agropastorale.

Il ne faut pas oublier l'importance de distinguer comment sont les choses et comment elles sont vues. La perception est fondamentale en matière de vulnérabilité (Castel 1981). En effet, pour intervenir sur des questions de sécurité alimentaire, il ne faut pas seulement limiter les situations de crise mais également répondre aux attentes et aux angoisses des hommes (Arditi *et al.* 2011).

La gestion des ressources naturelles s'inscrit dans un cercle vicieux décisif à suivre rigoureusement.

Bibliographie

AMCC,

2016, *Prévenir les effets du changement climatique*, Mauritanie, 93 p.

ARDITI C., JANIN P. et MARIE A.,

2011, *La lutte contre l'insécurité alimentaire au Mali. Réalité et faux-semblants,* Karthala, Paris, 384 p.

BAROIN C. et BOUTRAIS J.,

2008, « Le lien au bétail », *Journal des Africanistes*, 78, 1-2, pp. 7-217.

BONTE P. et IZARD M.,

2010, *Dictionnaire de l'ethnologie et de l'anthropologie*, PUF Paris, 4e éd., 842 p.

BOULAY S.,

2010, « Faire face à l'abondance alimentaire au Sahara : l'exemple de la consommation du Mulet jaune sur le littoral mauritanien », *Awal*, 42, pp. 7-25.

CARCASSES R. et OURABAH A.,

2019, *Comprendre la « résilience agropastorale » au Guidimakha à l'aune de l'examen des modalités d'approvisionnement en céréales*, Rapport d'étude, Mauritanie, 37 p.

CASTEL R.,

1981, *La gestion des risques*, Éditions de Minuit, Paris, 220 p.

CHASTANET M.,

1991, « La cueillette de plantes alimentaires en pays soninké (Sénégal) depuis la fin du XIXe siècle : histoire et devenir d'un savoir-faire », *in* DUPRÉ G. (éd.), *Savoirs paysans et développement*, Karthala-ORSTOM, Paris, pp. 253-287.

CNUCED,

2009, *Examen de la politique d'investissement de la Mauritanie*, Etats-Unis, 124 p.

GRDR,

2011, *Gestion du foncier, des ressources naturelles et sécurité alimentaire, Mauritanie*, 29 p.

2017, *Identification des déterminants de la vulnérabilité alimentaire des ménages d'agropasteurs et de leur relation avec les activités agro-pastorales dans le Guidimakha, Mauritanie*, 23 p.

2017, *Les politiques publiques en matière de sécurité alimentaire dans les pays du Sahel, Mauritanie*, 80 p.

2018, *Analyse de l'enquête sur le profil socio-économique et la sécurité alimentaire des ménages du Guidimakha, Mauritanie*, 81 p.

MINISTÈRE DES AFFAIRES ÉCONOMIQUES ET DU DÉVELOPPEMENT,

2006, *Cadre stratégique de lutte contre la pauvreté, Mauritanie*, 195 p.

OLIVIER DE SARDAN J.-P.,

1995, *Anthropologie et développement. Essai en socio-anthropologie du changement social*, Karthala, Paris, 221 p.

SECCO C.,

2019, *Comprendre la résilience agropastorale au Guidimakha à l'aune du suivi socio-économique de ménages représentatifs*, Mémoire de Master 1, Université Paris Descartes, Paris, 103 p.

TOUYER R.,

2018, *Capitalisation des initiatives agropastorales (IAP) probantes au Guidimakha, Mauritanie*, 26 p.

PROJET « *TOOGGA* » : UNE EXPÉRIENCE DE VALORISATION DE PRODUITS NATURELS DANS LA RÉGION DU SAHEL MAURITANIEN

MOHAMED BABA

Université Clermont-Auvergne-CNRS-SIGMA, Institut de Chimie de Clermont-Ferrand, France.
E-mail : mohamed.baba@uca.fr

Résumé

Cet article présente une expérience de valorisation de produits naturels issus de fruits produits en Mauritanie. Il s'agit de la datte du désert (fruits du *Balanites aegyptiaca*). Ce fruit oléagineux, jusque-là négligé, a été pressé pour en extraire de l'huile. L'huile ainsi obtenue sert de base pour toute une ligne de produits cosmétiques (savon, shampooing, baumes...). Pour mener à bien cette valorisation, une équipe de scientifiques et de techniciens mauritaniens a créé une entreprise (Toogga Sàrl) et l'a adossée à des coopératives de femmes cueilleuses (Badely). Les coopératives s'occupent de l'approvisionnement en matières premières et l'entreprise se charge de leur transformation en produits finis. L'article décrit la genèse de ce projet et sa mise en place et en décrit les aspects économique, environnemental et social.

Mots-clés : valorisation, *Balanites*, dattes du désert, coopérative, Sahel.

Abstract

This article presents an experience of valorization of natural products made from fruits grown in Mauritania, more precisely desert date (fruits of *Balanites aegyptiaca*). This oleaginous fruit, hitherto neglected, is pressed to extract oil. This oil is used as an ingredient for a whole range of cosmetics (soaps, shampoos, balms...). To carry out this valorization, a team of Mauritanian scientists and technicians created a company (Toogga Sàrl) and backed it up with women gatherers' cooperatives (Badely). The cooperatives take care of the supply of raw materials and the company takes care of their transformation into end products. The article describes the genesis of this project and its implementation and it presents its economic, environmental and social aspects.

Keywords: valorization, *Balanites*, desert dates, cooperative, Sahel.

Introduction

Le dattier du désert, de son nom scientifique *Balanites aegyptiaca*, *teychet* en *hassaniyya*, est un épineux largement répandu dans la bande sahélo-saharienne. Doté d'un triple système racinaire particulièrement efficace (aérien pour capter la rosée, horizontal pour absorber l'humidité dans un rayon de 20 mètres autour de son tronc et racine pivot qui peut plonger jusqu'à 8 à 10 mètres dans le sol), il a développé des stratégies de survie et d'adaptation qui font de lui le rempart le plus indiqué pour lutter contre l'avancée du désert. L'arbre est peu exigeant en eau et s'accommode des sols les plus pauvres et dégradés. Capable de perdre toutes ses feuilles tout en continuant à faire de la photosynthèse par ses épines, il est muni d'un arsenal de défense chimique contre la plupart des insectes, champignons et autres ennemis de la végétation. Sa racine pivot lui permet de se régénérer après le passage des plus féroces feux de brousse. Son bois, peu attaqué par les termites, est particulièrement prisé de l'artisan maure, car léger et très dur. Il sert, notamment, à fabriquer la structure des selles (*rwâhel*, sg. *râhla*) et de nombreux autres objets ou outils de la vie bédouine tels les manches, les piquets...

Le fruit du *Balanites* porte différents noms en Mauritanie : « *sump* » en wolof, « *murtoké* » en pulaar, « *séxéné* » en soninké et « *toogga* » en *hassaniyya*. Les Français l'ont appelé « *datte du désert* » pour sa ressemblance avec la datte du palmier dattier (*Phoenix dactylifera*). En Égypte et au Soudan, on l'appelle « *laloube* ». Le fruit est une drupe oblongue d'environ 3 cm de longueur sur 1 cm de rayon. Il est composé d'une fine enveloppe externe appelée épicarpe, de la pulpe sucrée-amère (mésocarpe) et un noyau ligneux très résistant (endocarpe). Àl'intérieur de ce noyau se loge une amande ou fève qui constitue la véritable graine. Les habitants du Sahel consomment le fruit pour sa pulpe en le suçant comme une friandise. Il est réputé avoir des vertus médicinales contre le diabète, l'hypertension artérielle et bien d'autres affections de la peau et du cuir chevelu. La fève est oléagineuse. Elle présente un taux de matières grasses situé entre 45 et 50 %, ce qui la classe dans la catégorie des fruits les plus riches en matières grasse, au même niveau que la noix ou la noisette.

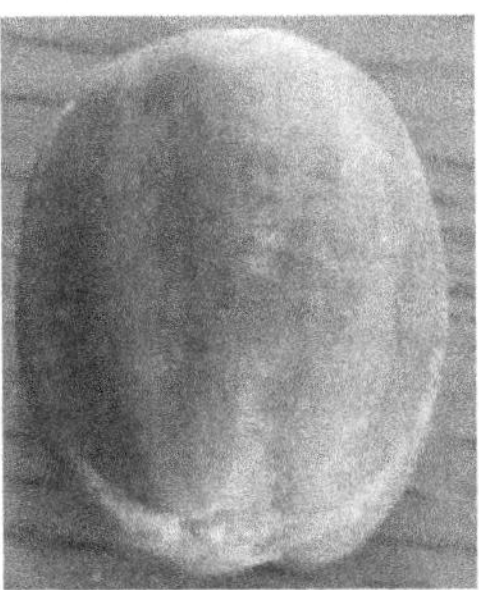

Le dattier du désert commence à fructifier dès sa cinquième année et produit pendant 25 ans. Il peut donner en moyenne 150 kg de fruits par an. Certains individus peuvent vivre plus que centenaire.

Les ruminants, notamment les caprins, raffolent des feuilles du dattier du désert mais surtout de son fruit, *toogga*. Les chèvres passent la journée à en glaner et le soir, de retour dans l'enclos, elles les ruminent et en recrachent les noyaux.

Les noyaux trouvent une utilisation anecdotique dans certains jeux de société tels « *krour* » dans lesquels ils jouent le rôle de billes qui doivent être distribuées dans une succession de cavités pratiquées dans un bac à sable. On s'en sert aussi comme pions dans le jeu de dames local appelé « *dhamet* ». Mais, en saison de disette, les noyaux sont utilisés comme source de nourriture. Ils sont bouillis dans une grande marmite, suffisamment longtemps pour provoquer leur ouverture sous l'action de la chaleur et l'accès aux fèves qu'ils contiennent. Ces fèves, lixiviées par l'eau chaude, perdent leur amertume et deviennent une source appréciable de protéines et de matières grasses. C'est cette utilisation qui est à l'origine de l'adage populaire en milieu maure qui dit que « *toogga est le fruit aux deux vertus* » : il nourrit le troupeau tout aussi bien que le berger (*toogga oum nav'ayn*).

En milieu soninké, dans le Gorgol et le Guidimakha, les femmes extraient de l'huile des fèves de *toogga*. La méthode traditionnelle consiste à faire bouillir les fèves préalablement écrasées. Après une ébullition prolongée, les fèves exsudent l'huile qui surnage à la surface de l'eau. Il ne reste plus alors aux femmes qu'à récupérer l'huile grâce à une écumoire. Une autre technique de production de l'huile de *toogga* consiste à placer la poudre de fève dans un couscoussier qui sera exposé à la vapeur d'eau pour provoquer le gonflement des vésicules oléifères. La poudre ainsi préparée est, par la suite, placée dans un linge puis passée dans une presse manuelle pour en extraire un mélange d'huile et d'eau qui sera séparé par décantation.

L'huile de *toogga*, préparée selon ces méthodes traditionnelles, est utilisée pour l'alimentation mais aussi pour les soins du corps. Dans les sociétés soninkés, elle rentre dans la composition des différents onguents et liniments qui servent à préparer la nouvelle mariée à son aventure nuptiale.

Le dattier du désert (appelé *teychet* en *hassaniyya*) est connu pour être un pourvoyeur de savon. Les racines de cet arbre, une fois broyées et mélangées avec de l'eau, fournissent une belle mousse aux propriétés détergentes avérées. En fait, il s'agit là de la manifestation de la présence d'une famille de molécules chimiques bien connues appelées les saponines. Présentes dans les racines, elles se retrouvent dans l'ensemble des organes de l'arbre à des pourcentages variables. Ce sont des métabolites secondaires ; elles ont des propriétés tensioactives remarquables et très recherchées. Les saponines sont des précurseurs de synthèse pour d'autres molécules d'une très grande valeur ajoutée tels les anabolisants et la pilule abortive (pilule du lendemain). Ce sont les saponines qui donnent à la fève du fruit son goût particulièrement amer.

La population du *Balanites* se compte par dizaines de millions d'individus rien qu'en Mauritanie. Avec le *Calotropis procera* (*toorja*), le dattier du désert est l'un des rares végétaux dont le nombre augmente malgré la dégradation du couvert végétal. La raison de la prolifération de *toorja* est sa toxicité qui le maintient hors de portée des prédateurs éventuels alors que pour le *Balanites*, c'est sa capacité d'adaptation exceptionnelle au climat aride qui lui permet de résister et de prospérer alors que d'autres espèces périclitent.

La genèse du projet « *Toogga* »

L'idée de valoriser le fruit *toogga* est venue de l'observation de ce que les Marocains ont réussi à faire de l'argan. Il y a une vingtaine d'années, l'arganier (*Argania spinosa L.*) était dans une situation très similaire à celle où se trouve le *Balanites* de nos jours. Livré aux chèvres et redouté pour ses très agressives épines, il était, au mieux, une source de bois d'œuvre ou de quelques recettes de médecine traditionnelle. Aujourd'hui, l'huile d'argan marocaine est vendue de par le monde, les arganeraies se régénèrent et des centaines de coopératives féminines du Sous marocain tirent des revenus substantiels de l'exploitation de cette ressource renouvelable. C'est d'une telle carrière qu'un groupe de scientifiques mauritaniens a rêvé pour le dattier du désert et son huile de *toogga*.

Cela a démarré en 2013, à l'université de Clermont-Ferrand en France. Après avoir fabriqué une presse expérimentale et pressé de l'huile à partir de fruits du *Balanites* provenant de Mauritanie, l'équipe a procédé à une analyse détaillée de cette matière grasse avant d'en étudier la stabilité thermique et sa tenue à la lumière. La stabilité thermique d'une huile ou d'une matière grasse en général, traduit l'aptitude de cette dernière à supporter la chaleur. Cela est important à deux titres : au niveau du stockage et au niveau de la longévité. Plus l'huile est thermiquement stable, plus sa durée d'utilisation et de conservation sera longue. C'est aussi la stabilité thermique qui décidera de l'utilisation d'une huile. Une huile thermiquement très stable aura un point de fumée très élevé. Le point de fumée correspond à la température à partir de laquelle l'huile commence à émettre de la fumée, donc à brûler. L'étude a montré que l'huile de *toogga* avait un point de fumée supérieur à ceux de la plupart des huiles disponibles sur le marché. Elle peut donc être utilisée, par exemple, pour la friture sans subir d'altération importante.

La stabilité photochimique traduit la sensibilité de l'huile à la lumière. Certaines huiles se dégradent facilement suite à une exposition à la lumière du soleil, ce qui n'est pas le cas de l'huile de *toogga* qui se trouve ainsi exemptée de l'obligation d'être stockée à l'abri de la lumière.

Les résultats de cette étude ont été publiés (Gardette et Baba 2013) et montrent une composition de l'huile de *toogga* intermédiaire entre l'huile d'argan et l'huile d'olive et une stabilité exceptionnelle vis-à-vis de la chaleur et de la lumière.

L'équipe du projet *toogga* est la première à avoir étudié dans le détail l'huile de dattes du désert provenant d'arbres issus de la Mauritanie. Mais cette huile a déjà été étudiée par différentes équipes scientifiques de par le monde (Mohamed *et alii* 2002). Outre l'huile, d'autres parties du fruit ont été étudiées par d'autres équipes. L'étude la plus aboutie du fruit du dattier a été menée en Israël par Chapagain et son collaborateur (Chapagain et Wiesman 2005). Elle avait porté sur les saponines issues de la datte du désert.

Vertus et propriétés de l'huile de toogga

Le dattier du désert est l'une des plus vieilles sources de cosmétiques et de soins au monde. On prétend (Sprague 1913) que des noyaux de *toogga* et une préparation à base de son huile ont été découverts parmi les effets funéraires de certains pharaons égyptiens. Le nom de l'arbre (*Balanites aegyptiaca*) est là pour entretenir cette légende.

De nombreuses revues bibliographiques et articles originaux ont été consacrés aux vertus, réelles ou supposées, de l'huile de *toogga*. L'une des plus récentes a été publiée par Al Ashaal (Al Ashaal *et alii* 2010). Cette étude, après avoir établi la composition chimique de l'huile de *toogga*, a montré son activité antivirale (efficace contre le virus de l'herpès simplex), antibactérienne (efficace contre les bactéries de type Gram+ et Gram-), anthelminthique (efficace contre les vers hépatiques), antifongique (contre les champignons notamment du cuir chevelu) et anticancéreuse (efficace contre le carcinome pulmonaire, hépatique et cérébral). Cette activité biologique remarquable explique les nombreux usages traditionnels de cette huile chez les tradithérapeutes.

Du point de vue de la nutrition humaine, il existe une version alimentaire de l'huile de *toogga*. Cette huile de *toogga* alimentaire est obtenue à partir de fèves torréfiées avant d'être pressées. La torréfaction donne à cette huile un léger goût de noisette qui en fait la particularité. C'est une huile de table riche en oméga 6 et 9 (75 % d'acides oléique et linoléique) qui sont des acides gras insaturés qui aident à réguler la tension artérielle (contre l'hypertension) et à limiter le taux de glycémie (contre le diabète de type II). Les acides gras insaturés sont fortement recommandés par les nutritionnistes par opposition aux acides gras saturés qui se retrouvent dans de nombreuses autres matières grasses de grande consommation telle l'huile de palme mais aussi la plupart des beurres d'origine animale largement utilisés dans la cuisine sahélienne (*dhen*).

Les produits dérivés

L'huile représente environ 50 % de la fève mais seulement 5 % du fruit entier. Mais, pour paraphraser les Français quand ils parlent du cochon, « tout est bon dans le *toogga* » ! Un rapport très bien documenté, produit par l'Organisation des Nations unies pour le Développement Industriel (UNIDO) en 1983 (UNIDO 1983), fournit la liste des produits et sous-produits qui peuvent être obtenus à partir de la datte du désert. Une vraie industrie est potentiellement envisageable sur la base du fruit de cet arbre sahélien rustique et largement répandu dans cette région. Pourtant, trente-cinq ans après la parution de cette revue, peu de produits ont atteint le stade industriel. Seul le laboratoire de cosmétiques français, Pierre Fabre, sous sa marque Klorane, a lancé une ligne de produits de beauté à base d'huile de dattier du désert.

La pulpe (mésocarpe)

Il s'agit de la chair du fruit. Elle est essentiellement constituée de sucres réducteurs (glucose et fructose) et de saponines. Les sucres peuvent être fermentés pour produire de l'éthanol utilisable en chimie industrielle ou comme agrocarburant. Les saponines, qui représentent environ 8 % de la pulpe, peuvent être extraites et vendues aux laboratoires spécialisés. Ce sont des composés de très haute valeur ajoutée qui rentrent dans la chaîne de fabrication de produits chimiques de grande consommation. On peut citer les stéroïdes qui sont à la base de la fabrication des anabolisants. Grâce à sa grande richesse en sucres, la pulpe de *toogga* peut être utilisée directement comme additif pour augmenter l'appétabilité des aliments de bétail ou de volaille. La pulpe représente 50 % du fruit.

La coque du noyau

C'est l'enveloppe en bois dur qui entoure et protège la fève. Elle représente 25 % du fruit. Elle peut être utilisée comme combustible à la place du bois ou du charbon de bois. Après broyage, elle peut être granulée et vendue sous forme de pellets pour les chaudières à granulés.

La fève

La fève est le véritable réservoir à nutriments du fruit. La plante y stocke l'essentiel de ses métabolites secondaires nécessaires pour affronter la longue période de dormance que la graine pourrait être amenée à subir en attendant les prochaines pluies. Elle contient de l'huile (environ 50 %), des protéines végétales (environ 35 %), des saponines (4 %), des sels minéraux, des antioxydants, des fibres…

Nous avons décrit, plus haut, l'huile qui pourrait être tirée de la fève. Après l'extraction de l'huile (extraction mécanique à froid), il reste un résidu solide appelé tourteau. Ce tourteau est composé à 50 % de protéines et 4 % de saponines. Le reste est partagé entre de l'huile qui n'a pas été extraite, de l'humidité, des fibres et des sels minéraux.

Là aussi, comme pour la pulpe, il est possible d'extraire les saponines. Mais l'utilisation la plus prometteuse et la plus facile est l'utilisation de ce tourteau comme additif en nutrition animale. Une batterie de tests (UNIDO 1983) effectués aussi bien sur des caprins que sur des gallinacés a montré que le tourteau de la datte du désert est plus bénéfique, en termes de gain de poids, que le tourteau de coton réputé être l'une des meilleures sources de protéines sur le marché.

Il faut enfin préciser que la fève peut être consommée directement en alimentation humaine et remplacer avantageusement la graine d'arachide.Pour cette utilisation directe, il faut débarrasser préalablement la fève de son amertume due essentiellement aux saponines. Pour adoucir les fèves de *toogga*, il convient de les tremper dans un excès d'eau[1] maintenue à 60° C pendant 48 heures avec renouvellement de l'eau toutes les 12 heures.

Cette opération pourrait être conduite par un chauffage de l'eau directement au soleil. Débarrassée de son amertume, la fève de *toogga* peut être torréfiée comme la graine d'arachide et consommée directement pour constituer une source appréciable de protéines végétales. On peut aussi la piler pour en faire du beurre de *toogga* aussi délicieux que le beurre de cacahuètes mondialement connu.

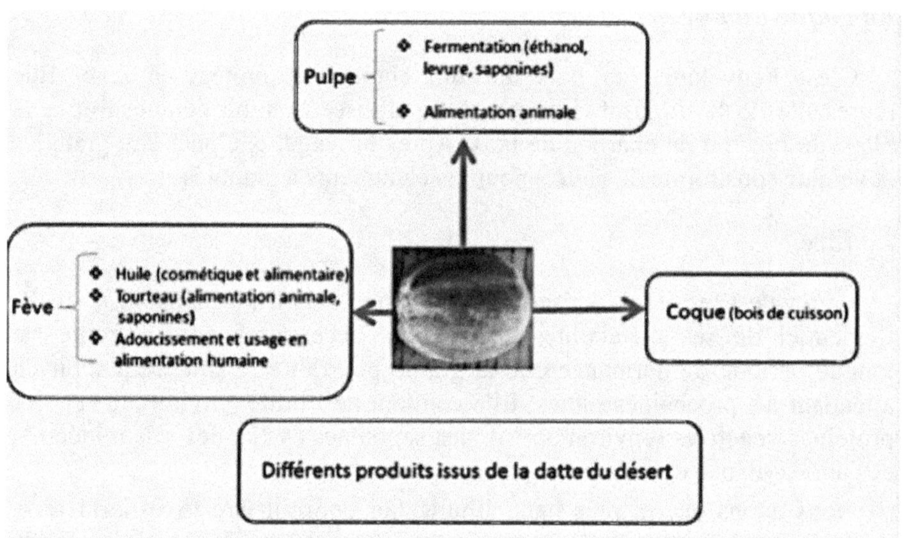

La mise en place du projet

Il est donc maintenant établi qu'il serait possible de développer, outre la production de l'huile dont l'industrialisation est balbutiante, toute une industrie à partir de la datte du désert. Le schéma, ci-dessus, résume les différents usages et produits qu'il serait envisageable de tirer de ce fruit. À cela il convient d'ajouter tous les autres bénéfices de l'arbre : les feuilles, consommées par les animaux d'élevage, la fixation des dunes, l'habitat qu'il fournit à la biodiversité, le bois d'œuvre, l'ombre qu'il procure aux voyageurs et aux animaux, etc.

Le rapport de l'UNIDO, cité plus haut, donne l'exemple du Soudan. La production annuelle potentielle de dattes du désert (*laloub*) au Soudan est

[1] Plonger les fèves dans une certaine quantité d'eau supérieure à leur volume propre.

estimée à 400 000 tonnes. Si cette production est entièrement transformée selon le schéma de valorisation décrit dans cet article, elle correspondrait à des rentrées nettes de devises de 25 millions de dollars par an (UNIDO 1983).

Une fois les études scientifiques réalisées et le procédé d'extraction de l'huile établi et expérimenté en France, l'idée était de créer une unité de production d'huile en Mauritanie. Le schéma adopté par les animateurs du projet *toogga* était de mettre en place des coopératives de femmes cueilleuses auxquelles seraient confiées toutes les tâches de ramassage et de préparation des fruits. Ces tâches sont de trois types : cueillette (respectueuse de l'intégrité de l'arbre), dépulpage et concassage (extraction de la fève).

La première coopérative fut créée à Badely, lieu-dit situé près d'Aleg (sud de la Mauritanie) en 2013. Elle regroupe 35 femmes, toutes mères de familles nombreuses, le plus souvent élevant seules leurs enfants.

En même temps que se créait la première coopérative, l'équipe déposait les statuts d'une entreprise privée appelée « Toogga Sàrl » et enregistrait la marque « Toogga » en France et aux USA. Le schéma adopté est simple : les membres de la coopérative travaillent et produisent les fèves de *toogga* que l'entreprise « Toogga Sàrl » s'engage à leur acheter à un prix équitable et rémunérateur. Un contrat d'exclusivité mutuelle a été signé entre les deux structures.

Il a été choisi de ne pas créer d'autres liens juridiques entre « Toogga Sàrl » et la coopérative de Badely. La justification de ce choix était double :

- *faire comprendre aux membres de la coopérative qu'elles n'étaient pas salariées de « Toogga Sàrl » et que les seules rentrées d'argent auxquelles elles devraient s'attendre seraient liées à leur travail et donc écarter toute idée d'assistanat ;*
- *laisser la coopérative profiter de son statut social lui permettant d'être éligible aux différents programmes de coopération multilatérale impliquant la possibilité de subventions.*

Du côté de l'entreprise « Toogga Sàrl »

« Toogga Sàrl » créa, dès 2013, une huilerie dotée d'une presse à vis permettant de presser jusqu'à 15 kg de fèves par heure. L'extraction de l'huile se fait à froid ce qui préserve toutes ses vertus nutritives. À côté de cette huilerie, l'entreprise installa un laboratoire de cosmétiques. Il s'agit de fabriquer du savon, du shampooing, des baumes et des beurres de corps à partir de l'huile de *toogga*. Il s'agit aussi de purifier et de conditionner l'huile de *toogga* à destination du marché national et des marchés internationaux.

Pour accompagner son lancement, « Toogga Sàrl » a largement utilisé les réseaux sociaux mais aussi toutes les manifestations de promotion des produits fabriqués en Mauritanie. En jouant sur l'idée qu'il s'agissait d'un produit traditionnel qu'une équipe de scientifiques mauritaniens était en train de promouvoir et de positionner sur les étals des marchés internationaux, l'équipe de « Toogga Sàrl » n'a pas eu beaucoup de mal à convaincre les Mauritaniens des bienfaits de son huile. Une stratégie marketing a été élaborée basée sur une entrée du marché national par la porte des dermatologues. L'idée était de faire tester l'huile de *toogga* par les spécialistes des maladies de la peau pour asseoir les allégations thérapeutiques des médecins traditionnels sur des avis émanant des spécialistes de la médecine moderne. Très vite, les dermatologues ont commencé à prescrire l'huile de *toogga* contre les différents types de dermatoses, de teignes, d'eczémas…

L'image du produit du terroir mauritanien sera accentuée par le choix du logo de la marque. Ce choix avait porté sur un motif ancestral venu de la civilisation amazigh et attaché à la ville de Walata. Même si la plupart des Mauritaniens rechignent à accepter leur ascendance amazigh, les motifs de Walata continuent à leur parler et ils ne trouvent aucun mal à s'y identifier.

Au niveau international, « Toogga Sàrl » a profité de la présence de certains membres de son équipe à l'étranger pour ouvrir deux antennes, une à Washington et la seconde à Clermont-Ferrand, en France. Deux concours internationaux ont été remportés par la marque, grâce aux réseaux sociaux, un au Green Festival de Washington (2016) et le second au Forum Afrique organisé par le Ministère français de la Coopération en 2013. Un troisième trophée a été remporté à Nouakchott lors des éliminatoires de Startup Weekend.

En 2016, après avoir lancé son site de vente sur internet, « Toogga Sàrl » ouvrait sa première boutique physique près d'un grand rond-point de la capitale Nouakchott (Rond-point des Dauphins). De nombreux produits sont proposés à la vente dans cette première boutique *Toogga* : savons et shampooings solides fabriqués selon la technique dite de saponification à froid qui préserve toutes les qualités des matières premières, des baumes, des huiles cosmétiques (*toogga*, baobab, *voondi* et *neem*), de la gomme arabique torréfiée et non torréfiée, des fleurs d'hibiscus, de la poudre de pulpe de baobab. Outre la vente en boutique, les produits *Toogga* sont présents sur les rayons des pharmacies (parapharmacies) et sur les étals de marchés à thème organisés, à raison de deux fois par mois, dans certaines galeries spécialisées de la capitale (Galerie Zein Art et Galerie Sinaa). Certaines auberges et hôtels de tourisme commencent à s'approvisionner en produits *Toogga*, notamment pour des savonnettes à usage unique. La clientèle qui utilise le plus de produits *Toogga* est composée, essentiellement, d'expatriés ou de Mauritaniens qui souhaitent offrir des présents typiques de la Mauritanie à des hôtes ou visiteurs étrangers. Une seule filière d'exportation a été mise en place vers la Tunisie. Les volumes restent, cependant, modestes. Tous produits confondus, *Toogga* a dû réaliser un chiffre d'affaires annuel de dix millions d'ouguiya-s (anciennes) sur les trois premières années. L'entreprise fait travailler quatre salariés.

La difficulté principale rencontrée par les produits *Toogga* réside dans leurs prix, relativement élevés pour le consommateur moyen en Mauritanie. L'entreprise positionne ses produits sur le segment de luxe et du haut de gamme. Elle vise, à ce titre, la clientèle étrangère qui servirait de prescripteur pour la classe moyenne supérieure mauritanienne. Les produits *Toogga* se positionnent aussi sur le segment du « bio », du « naturel » et des « soins pour le corps et les cheveux ». En 2018, *Toogga* a fait certifier « bio », par le laboratoire Ecocert, son huile phare, à savoir l'huile de dattes dans ses deux versions, cosmétique et alimentaire.

Ce positionnement ambitieux se conjugue avec la nouveauté des produits pour expliquer la lenteur du décollage des produits *Toogga*. Ajouter à cela le fait que les consommateurs moyens peinent à accepter d'acheter aussi chers des produits issus de fruits supposés librement et gratuitement accessibles.

Du côté de la coopérative de Badely

Les animateurs du projet *Toogga* ont, plus d'une fois, été amenés à répondre à la question suivante : « Pourquoi une seule coopérative et pourquoi à Badely ? ». En effet, dès le lancement et la médiatisation du projet, de nombreuses demandes de création de coopératives, émanant de différentes régions du pays, ont été exprimées. La réponse à la première partie de la question était que l'équipe souhaitait concentrer ses efforts sur une seule coopérative pour démontrer la pertinence de la démarche et rendre encore plus visibles ses effets. Ouvrir plusieurs coopératives éparpillerait les efforts et diluerait les effets.

Á la question du choix de l'emplacement de la coopérative, la réponse était que la réussite du lancement du projet tenait beaucoup à la confiance entre les membres des différentes équipes. Or les membres fondateurs du projet sont issus de la région du Brakna, et plus particulièrement d'Aleg, et ils ont choisi de commencer avec un groupe de femmes qu'ils connaissent plus particulièrement.

Cette première coopérative est composée presque entièrement de la même famille. Il s'agit de trois sœurs et deux générations de leur descendance. La famille appartient à la communauté des *Haratin*, anciens esclaves ou descendants d'esclaves.

Quelque temps après le lancement des premières actions de communication par « Toogga Sàrl », au moins deux organismes de coopération multilatérale manifestaient leur intérêt pour le projet et leur disposition à aider la coopérative. Il s'agit du Programme des Nations unies pour le Développement (PNUD), soit deux de ses programmes, à savoir l'Initiative Pauvreté et Environnement (IPE) et le GEF Small Grants Programme, d'une part, et la Fondation Africaine de Développement aux États-Unis (USADF), d'autre part.

Encouragés par l'existence de débouchés potentiels qu'offre « Toogga Sàrl » aux produits de la coopérative, ces organismes ont mis en place un consortium pour soutenir cette dernière. Le consortium a mobilisé 130 000 dollars de subvention. « Toogga Sàrl » participe à ce consortium en sa qualité de client mais aussi par les premiers investissements en matériel et en formation des femmes cueilleuses. En effet, l'une des étapes les plus pénibles et dangereuses est le concassage qui consiste à briser la coque ligneuse du noyau de la datte pour en extraire la fève. La méthode traditionnelle consiste à casser le noyau entre deux pierres au risque de blessures aux doigts. La solution trouvée par « Toogga Sàrl » était une concasseuse manuelle qui ressemble à un casse-noix. Ce choix a été adopté pour sa simplicité et la robustesse des petites machines qu'il nécessite.

La subvention a servi à clôturer le champ que les membres de la coopérative possédaient mais qui était ouvert à tous les animaux en divagation, à construire un bâtiment de production, à apporter eau et électricité (solaire) à ce bâtiment, à achalander la boutique communautaire, à acheter deux charrettes pour les déplacements et assurer des rudiments de formation à la gestion au profit des membres de la coopérative.

L'objectif poursuivi par ces organismes est de rendre la coopérative autonome et ses membres capables de gérer leurs affaires au bout des 18 mois que dure leur intervention. L'idée était aussi de les doter de moyens de production leur permettant d'assurer des revenus par la vente à « Toogga Sàrl » mais aussi par des activités de maraîchage et de petit élevage.

En 2016, la coopérative de Badely a vendu plus de 500 kg de fèves à « Toogga Sàrl », ce qui correspond à un volume de 5 tonnes de fruits et un chiffre d'affaires de trois millions d'ouguiya-s.

Le projet a également reçu, sous forme d'offre de collaboration, l'appui de la Coopération allemande (GIZ) qui a en charge le développement de filières de Produits Forestiers Non Ligneux (PFNL) dans le sud-est de la Mauritanie.

Perspectives de développement

Le projet *toogga* revêt plusieurs aspects : économique, social, environnemental et scientifique.

Au niveau économique, il ambitionne de créer de la valeur ajoutée et de développer le « *made in Mauritania* ». Créer de la valeur ajoutée en développant des lignes de produits à partir de fruits jusque-là négligés ou peu utilisés. Traditionnellement, quand on veut se moquer de quelqu'un ou répondre à une personne qui se moque de vous en ricanant, on lui dit « *toogga !* » pour dire « *je vous remplirai votre bouche de toogga* ». Cela traduit l'estime dans laquelle les Mauritaniens tiennent ce fruit. On dit « *toogga !* » dans ce cas pour ne pas utiliser un mot plus cru. Développer le « *made in Mauritania* » en mettant sur le marché national et international des produits issus du terroir mauritanien et en lesquels les Mauritaniens pourront se reconnaître pourra contribuer à faire rentrer des devises étrangères.

Sur le plan social, le but est de créer des sources de revenus accessibles aux plus démunis et notamment aux femmes issues des communautés des *Haratin*. L'accomplissement de cet objectif est rendu possible par le fait que les arbres (*teychet*) sont présents un peu partout sur le territoire et le travail permettant de les exploiter ne demande pas de qualifications particulières. Se posera, sûrement par la suite, le problème de la propriété des arbres et celui du foncier. Pour le moment, l'accès à la ressource est libre.

L'aspect environnemental du projet réside en la prise de conscience, par les populations, du fait que la nature immédiate doit être préservée, car elle constitue une source de revenus durables et accessibles. L'idée ici est de remplacer la corvée de ramassage de bois mort ou celle de la coupe de bois par le plaisir de cueillir des fruits qui seront transformés et qui deviendront une source de revenus. D'un autre côté, quand le projet se développera et quand le peuplement d'arbres sauvages actuel deviendra insuffisant pour le pourvoir en fruits, viendra le temps où il faudra planter des arbres et donc reboiser des superficies supplémentaires. Cet effort de reboisement participera à la lutte contre la désertification au Sahel.

Quant à l'aspect scientifique, il s'agit d'analyser et de fournir des informations sur des plantes pas toujours bien connues ni bien documentées et notamment peu étudiées dans l'optique d'une valorisation aux retombées locales. Les plantes du Sahel sont examinées en tant que plantes exotiques alors que le projet ambitionne de les observer avec, dans le viseur, les bénéfices que peuvent en tirer les populations locales.

Ainsi, le projet *Toogga* ambitionne-t-il de valoriser d'autres filières tels le baobab, le *neem*, la graine de pastèque (*vundi*) et le jujube.

Pour que le projet soit viable et pour qu'il s'inscrive dans la durée, ses initiateurs ont jugé indispensable de se focaliser sur le moyen de le faire passer à une échelle industrielle. Cette échelle ne pourra pas concerner toutes les filières ni tous les produits mais doit se centrer sur un produit qui pourra être fabriqué en quantité industrielle et assurer la pérennité du projet. Le choix a été porté sur l'aliment du bétail.

D'un côté, il y a une plante verte invasive, d'une croissance extrêmement rapide et qui constitue un fléau pour la riziculture dans toute la vallée du fleuve Sénégal. Cette plante c'est le *typha* (*Typha australis*) qui connaît un développement catastrophique depuis que le barrage anti-sel de Diama a été mis en service par l'Organisation de la Mise en Valeur du fleuve Sénégal (OMVS) en 1988. Elle bouche les canaux d'irrigation et est à l'origine de la prolifération de nombre de maladies hydriques. De l'autre côté, il y a des Produits Forestiers Non Ligneux (PFNL) dont *toogga*, *voondi*, le baobab, le *doum*, très riches en lipides et en protéines, qui sont largement sous-exploités malgré leur abondance et la facilité de les cueillir. Au milieu, il y a un cheptel de plus de 17 millions de têtes rien que du côté mauritanien du fleuve Sénégal (Programme EMEL 2012, programme d'intervention d'urgence déployé par le Gouvernement mauritanien pour atténuer les effets de la sécheresse de 2012), livré aux caprices de la météorologie et à la raréfaction des pâturages. Il y a, notamment, cette période de soudure qui peut s'étaler sur six mois de l'année et au cours de laquelle la supplémentation en aliments concentrés devient la seule alternative, pour l'éleveur sahélien, de sauver une partie de son bétail.

Partant de ce constat, « Toogga Sàrl » a acquis un matériel pilote (broyeur, granulateur) qui lui a permis de mettre au point, d'expérimenter et de mener les essais *in vivo* des formulations pour un aliment de bétail de grande qualité et bon marché. Dans sa première mouture, cet aliment de bétail sera fabriqué à partir de *typha* et de *toogga*. Le *toogga* peut être utilisé sous sa forme de fruit entier ou seulement sous forme de tourteau. Les études et les expérimentations menées sur cet aliment ont conduit au dépôt d'une demande de brevet auprès de l'Office Africain de la Propriété Intellectuelle (OAPI) qui regroupe onze pays et qui englobe toute l'Afrique de l'Ouest. Le brevet a été obtenu en 2018 et court sur une période de 20 ans.

L'équipe a élaboré un business plan et cherche actuellement à réunir des investisseurs pour construire une première unité de fabrication d'aliments de bétail dans les environs de Rosso. L'usine projetée aurait une capacité de production de 25 000 tonnes par an et emploierait directement une quinzaine de personnes. Les besoins en *toogga*-fruit sont chiffrés à 3 000 tonnes par an. Elle pourra prélever jusqu'à 30 000 tonnes de *typha* par an. Les emplois créés par la fourniture de l'usine en matières premières se chiffrent en centaines de personnes entre cueilleuses de *toogga* et coupeurs de *typha*.

Conclusion

De plus en plus, on lie la pauvreté à la dégradation de l'environnement. Les « pauvres » n'auraient pas d'autres choix que de couper les quelques arbres qui subsistent à dix kilomètres à la ronde de leur domicile pour faire bouillir leur marmite. Nous avons essayé de montrer, dans cet article, qu'une interaction vertueuse pourrait être enclenchée entre les populations pauvres et leur environnement, ce dernier répondant, durablement, aux besoins vitaux des premiers qui le lui rendent en le préservant.

Le « Projet *Toogga* » vise à valoriser aux yeux des mères de famille des arbres qu'elles ont toujours côtoyés sans jamais penser qu'ils pourraient devenir, pour elles, une importante source de revenus. Il s'agit du dattier du désert, du baobab, du *neem*, de l'Acacia senegal. Le projet vise également à valoriser des plantes annuelles comme la pastèque.

Le projet consiste en une articulation intelligente entre des structures sociales telles des coopératives et une entreprise privée. Les premières exploitent les végétaux de façon durable et la seconde en transforme les produits et leur trouve des débouchés commerciaux sur les marchés nationaux et internationaux.

Références bibliographiques

AL ASHAAL H. A., FARGHALY A. A., ABD EL AZIZ M. M., ALI M. A.,

2010, « Phytochemical investigation and medicinal evaluation of fixed oil of Balanites aegyptiaca fruits (Balantiaceae) », *Journal of Ethnopharmacology*, 127 (2), pp. 495–501.

CHAPAGAIN B.P., WIESMAN Z.,

2005, « Variation in diosgenin level in seed kernel among different provenances of Balanites aegyptiaca Del (Zygophyllaceae) and its correlation with oil content », *Afric. J. Biotechnol*, 4, pp. 1209-1213.

GARDETTE J.-L., BABA M.,

2013, « FTIR and DSC studies of the thermal and photochemical stability of Balanites aegyptiaca oil (Toogga oil) », *Chemistry and Physics of Lipids*, 170-171, pp. 1-7.

MOHAMED A. M., WOLF W., SPIEß W. E. L.,

2002, « Physical, morphological and chemical characteristics, oil recovery and fatty acid composition of Balanites aegyptiaca Del. kernels », Plant Foods Hum. Nutr., 57 (2), pp. 179-189.

NYAM K. L., TAN C. P., LAI O. M., LONG K., CHE MAN Y. B.,

2009, « Physicochemical properties and bioactive compounds of selected seed oils », *LWT- Food Science and Technology*, 42 (8), pp. 1396-1403.

SPRAGUE T. A.,

1913, « Manduro : a new oil-yielding tree from Portuguese East Africa (Balanites Maughamii, Sprague), *Bulletin of Miscellaneous Information (Royal Botanic Gardens, Kew),* 4, pp. 131-141.

UNIDO,

1983, « Technical report/10.494 ; Balanites aegyptiaca : An unutilized raw material potential ready for agro-industrial exploitation », *TF/INT/77/021*, pp. 1-100.

(Photographies et illustrations ©Mohamed Baba)

RESSOURCES HYDRAULIQUES AU PARC NATIONAL DU BANC D'ARGUIN, MAURITANIE : ENJEUX SOCIAUX DE LA GESTION DE L'EAU ET PROBLÉMATIQUE DU RISQUE

MARGAUX BENCHEHIDA

Master Expertise Population & Développement, Université Paris Descartes, Faculté des sciences humaines et sociales de la Sorbonne.

Résumé

Le Parc National du Banc d'Arguin en Mauritanie est une vaste zone protégée entre terre et mer. La partie terrestre est à l'image d'une bonne partie du pays : désertique. La question des ressources en eau est donc cruciale ici comme sur tout le territoire national. Dans cette enquête, il s'agissait, grâce aux outils que mettent à notre disposition les sciences sociales, d'une part, de documenter au mieux tous les enjeux sociaux autour de la gestion de l'eau dans cette zone et, d'autre part, d'identifier les problématiques principales de gestion de l'eau, les risques qui pèsent sur la ressource et leur perception par les divers acteurs concernés. Nous avons ainsi pu faire ressortir la diversité des usages dans la zone, à la fois domestiques, pastoraux et industriels, mais également la vaine succession des projets d'amélioration de l'accès à l'eau sur ce territoire. Par ailleurs, les risques les plus importants ont été soulignés, et notamment ceux liés au changement climatique, à l'orpaillage dont les alentours du Parc sont le théâtre, et à l'industrie minière voisine. Les niveaux de connaissance de ces divers risques et la manière dont s'en sont saisis les acteurs sont très fluctuants et conduisent à une diversité de situations qu'il est intéressant d'observer.

Mots-clés : Parc National, Banc d'Arguin, gestion de l'eau, usages, raréfaction des ressources, mines.

Abstract

The National Park of the Banc d'Arguin in Mauritania is a wide protected area between land and sea. The continental part of it is much alike the rest of the country: arid. The issue of hydraulic resources is crucial here, just like in all the territory. In this study, thanks to the tools and methods that social sciences put at our disposal, we've tried to document at best all the social issues around the management of water resources in this area; and to identify all the problems that interfered in this management, as well as the risks threatening the resources and their perception by all the actors involved. We can see here the diversity of the uses of water in the area, that are domestic, pastoral, industrial, but also the succession of unfinished projects to ameliorate the access to water for the population. On the other hand, we have underlined the most threatening issues on water such as climate change, artisanal mining that take place all around the Park, and industrial mining at a direct proximity from the Park. The level of knowledge about these risks and the way people involved reacted and took actions against those are very inconsistent and lead to a diversity of situations that are interesting to look at.

Keywords : National Park, Banc d'Arguin, water management, uses, scarcity of resources, mines.

Introduction

C'est sur les côtes de la Mauritanie, pays-carrefour entre le Maghreb et l'Afrique subsaharienne, que se trouve le Parc National du Banc d'Arguin, plus grande aire protégée d'Afrique de l'Ouest avec une superficie de 12 000 km^2. Le PNBA a été fondé en 1976 sur décision du président de la République Islamique de Mauritanie (RIM), Moktar Ould Daddah, à la suite d'une demande d'un célèbre naturaliste français, Théodore Monod.

En effet, ce territoire se trouve être le lieu de villégiature privilégié de nombreuses espèces d'oiseaux migrateurs, qui viennent d'Europe y prendre leurs quartiers d'hiver. Côté mer, de nombreuses espèces protégées y évoluent, comme les sélaciens (raies et requins), les tortues marines, les mammifères marins, mais aussi nombre de poissons de toutes sortes. La flore du Parc n'est pas en reste et constitue également un grand objet de recherche pour les scientifiques. La création de ce Parc allait dans le sens de la nécessité de protéger et de conserver toute cette incroyable biodiversité, ainsi que tous les patrimoines à la fois matériels et immatériels du PNBA. Cette vocation s'est concrétisée par le biais, d'abord d'une inscription sur la liste des Zones humides d'importance internationale (convention RAMSAR) en 1982, puis par un classement au patrimoine mondial de l'UNESCO en 1989.

Par ailleurs résident sur ces terres deux communautés : l'une qui vit principalement des activités de pêche artisanale, les Imraguen ; l'autre constituée de pasteurs nomades, entité mobile et plus fluctuante mais bien présente sur le territoire du Parc et ses alentours (Cheikh 2002). La population totale est estimée à presque 2 000 habitants (enquête ménages, PNBA 2010). À noter qu'il existe un phénomène de migrations saisonnières, lié notamment au calendrier de la pêche, qui fait varier plus ou moins fortement le chiffre précédemment avancé. On dénombre neuf villages fixes[1] sur le territoire du Parc où résident majoritairement les Imraguen, le long de la côte. Les pasteurs nomades, quant à eux, occupent plutôt la partie continentale du Parc. Enfin, on observe un phénomène de « fixation » autour de l'axe routier Nouakchott-Nouadhibou assez important, qui mène à la formation de villages très récents de pasteurs qui se sédentarisent. C'est donc une zone de fortes mutations sociodémographiques ces dernières années, et ce phénomène se poursuivra sans nul doute en raison notamment du développement à grande vitesse de la nouvelle ville de Chami (Sall 2016).

Ces populations font l'objet de projets de développement communautaire qui se veulent durables. En accord avec la mission confiée au PNBA dans la loi 2000-24, il existe donc un double souci au sein de l'institution : celui de concilier la préservation du milieu maritime et celle de la biodiversité avec le développement des populations locales.

L'une des grandes problématiques pour ces populations est l'accès à l'eau[2]. Cette préoccupation, majeure dans le monde entier, constitue l'un des plus grands défis à l'échelle de l'humanité. Conformément à l'objectif 6 des Objectifs du Développement Durable (ODD)[3], il s'agit de pouvoir garantir à chacun un accès à une eau propre à la consommation humaine de manière pérenne, et ce quelle que soit la situation hydrogéologique de la région. C'est pourquoi a été adoptée en 2010 par l'Assemblée générale des Nations unies la résolution « Le droit de l'homme à l'eau et à l'assainissement », qui souligne l'importance primordiale d'un accès équitable à l'eau potable ainsi

[1] Mamghar, Awguej (déserté aujourd'hui), R'Gueyba, Teichott, Tessot, Iwik, Ten Alloul, Arkeiss, Agadir.

[2] Anthonioz, 1967 : 698, « La vie des Imraguens a été entièrement dominée, tout au long des siècles, par deux problèmes : l'eau et le poisson ».

[3] Objectif 6 : Garantir l'accès de tous à l'eau et à l'assainissement et assurer une gestion durable des ressources en eau.

qu'à l'assainissement. Cette priorité accordée à la question de l'accès à l'eau est illustrée notamment par la mise en place en 2005-2015 de la décennie internationale d'action « L'eau, source de vie », qui a permis de débloquer des fonds encore plus importants, de mettre en place de nouvelles actions et de garantir un accès à l'eau potable à plus de 1,3 milliard de personnes (ONU).

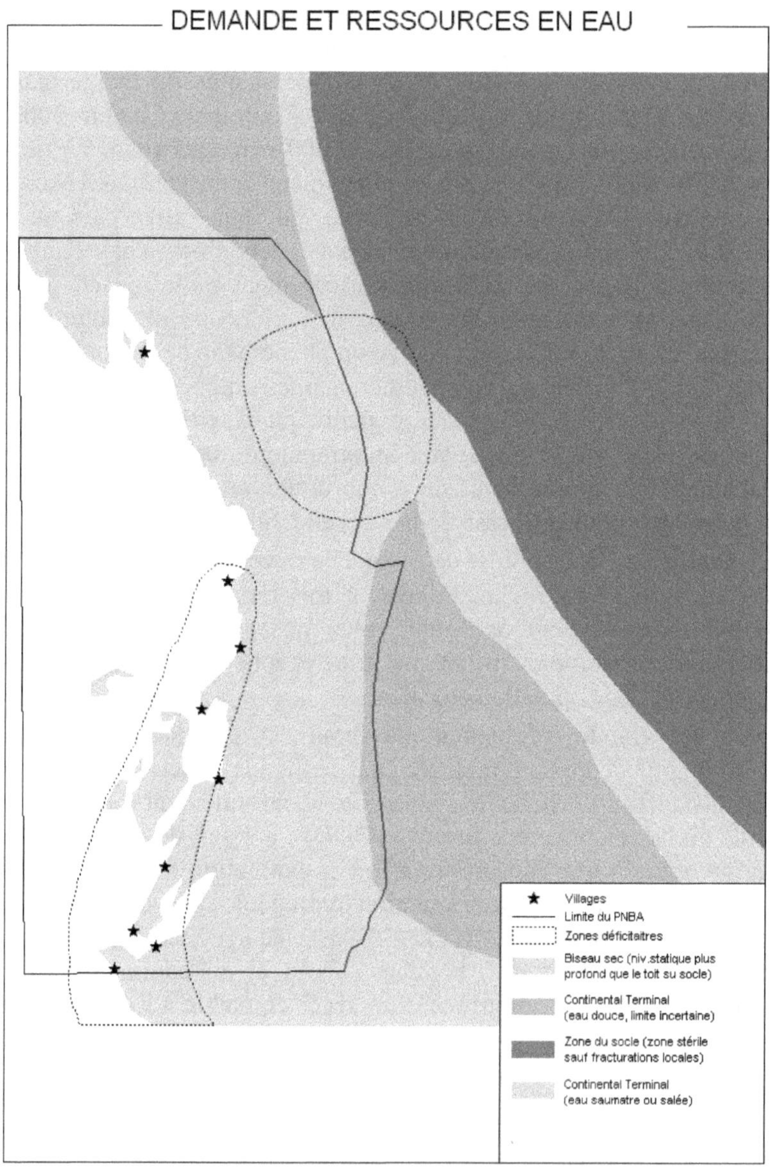

Figure 1 - Situation hydrogéologique du PNBA
(Source : Caillot 2007)

Le PNBA, quant à lui, se situe dans une zone désertique à la pluviométrie faible et irrégulière. Les seules ressources permanentes en eau sont souterraines, mais elles se trouvent être très souvent salées (notamment sur la partie littorale). En revanche, on trouve à la lisière est du Parc un aquifère d'eau douce. C'est là que puisent les forages alimentant la ville de Chami, entre autres. Par ailleurs, il existe des ressources temporaires constituées par les eaux pluviales emmagasinées, qui sont exploitées par les populations *via* les « *oglats* » (puits temporaires), dont la profondeur est moindre et la durée d'utilisation réduite (deux à trois mois, quand la pluviométrie le permet). Il convient toutefois de noter, qu'à la suite des grandes périodes de sécheresse de ces dernières décennies, ces dits puits se font de plus en plus rares, si ce n'est inexistants, et sont de moins en moins propres à la consommation humaine.

Il s'agit donc d'un territoire aux ressources en eau à la fois limitées et menacées. Comment dès lors garantir un accès décent à l'eau potable à tous les habitants, dans une zone où la situation économique des ménages est bien souvent précaire (PNBA, enquête ménages 2010) ? Comment partager cette ressource entre tous ces utilisateurs ? Quels enjeux sociaux soulève cette question de l'eau au Parc National du Banc d'Arguin ? Quelles sont les menaces qui pèsent sur les ressources hydrauliques et dans quelle mesure les acteurs concernés sont-ils impliqués dans la gestion de ces risques ? Ce sont là toutes les questions que nous avons abordées lors de notre enquête.

Méthode

Cette enquête a été réalisée avec l'appui du Conseil Scientifique du Banc d'Arguin (CSBA) et de l'administration du Parc. Par ressources hydrauliques, nous entendons ici ressources en eau douce, destinées aux consommations humaines, pastorales, domestiques ou encore industrielles. Il s'agissait donc, dans un premier temps, de documenter au mieux tous les enjeux sociaux autour de l'eau : types d'usages et modes de consommation, modes d'approvisionnement, modes de gestion, stratégies d'adaptation, conflits, etc. Par ailleurs, il a été question de mettre en lumière les risques liés à cette ressource non renouvelable, et de savoir dans quelle mesure les différents acteurs concernés se sont saisis, ou non, de ce sujet.

Pour ce faire, des outils tant qualitatifs que quantitatifs ont été mobilisés lors de cette enquête qui s'est étendue sur un peu moins de trois mois. Une phase de documentation, de récolte de données de cadrage et de prises de contacts a d'abord été réalisée.

Nous avons rencontré et réalisé des entretiens avec divers types d'acteurs, que l'on peut distinguer en trois catégories : populations du Parc, équipes du PNBA et acteurs extérieurs au PNBA. Cette dernière catégorie regroupe des individus d'horizons très différents : universitaires, chercheurs, membres de ministères et d'administrations, membres d'OSC et d'ONG, membres d'agences de coopération internationale, etc. La méthode d'entretien retenue fut celle de l'entretien semi-directif. Un guide d'entretien a été réalisé en amont, mais il a évolué au fil des rencontres et des connaissances accumulées.

Ces entretiens ont bien évidemment été renforcés par des observations de terrain, tant dans l'enceinte même du Parc au cours de deux missions, qui nous ont permis de visiter tous les villages du Parc et d'avoir une vision d'ensemble du territoire, qu'au siège du PNBA à Chami, lieu à partir duquel nous avons pu visiter les forages alentours et rencontrer certains habitants de la zone. Enfin, nous avons eu la possibilité de faire une visite de deux jours du site de Tasiast à la fin de l'enquête. Ce site héberge une mine d'or à ciel ouvert exploitée par le géant canadien Kinross. Nous reviendrons par la suite sur l'intérêt de cette dernière visite.

L'analyse qui a résulté de cette enquête sera structurée en plusieurs points. Premièrement, nous aborderons la question des utilisateurs et des usages de l'eau dans le Parc, l'évolution de ces usages et des modes d'approvisionnement, avant de faire un point sur la situation actuelle. Puis, nous nous intéresserons à la question des menaces qui pèsent sur cette ressource, en discutant des problématiques majeures de la région : changement climatique et raréfaction de la ressource, mutations socio-démographiques, pollution liée à l'activité aurifère.

Usages et usagers de l'eau dans le Parc

Les utilisateurs de l'eau dans le Parc sont divers : familles résidentes, pêcheurs, saisonniers, pasteurs nomades, agents du PNBA, garde-côtes, touristes dans une moindre mesure. En périphérie, l'on peut ajouter les populations installées le long de l'axe Nouakchott-Nouadhibou, les populations de la ville de Chami, les industries extractives et les opérateurs de l'extraction artisanale. Tous consomment, d'une manière ou d'une autre, l'eau disponible sur et en marge du territoire du PNBA.

Les usages que nous avons pu relever à la fois lors de nos observations et de nos entretiens sont bien entendu variés : ils sont domestiques (boisson principalement, cuisine, vaisselle, lessive, ablutions et hygiène, si les quantités disponibles sont suffisantes, abreuvement du petit bétail : cela représente, environ, entre 3 et 15 l par jour par personne en fonction des villages…), pastoraux (abreuver les troupeaux principalement), artisanaux et industriels (exploitation minière principalement). Cette diversité des usages va de pair avec une disparité des besoins de quantité d'eau : l'industrie consomme des quantités énormes d'eau (le site minier de Tasiast par exemple a consommé, en 2016, 3 millions de m^3 d'eau, et consomme actuellement en moyenne 10 000 m^3 d'eau par jour), là où les populations sont très économes par nécessité. Ainsi, la plupart des habitants des villages rencontrés lors de notre enquête insistent fortement sur la notion d'économie de l'eau et disent tous veiller de très près sur leur consommation : certains disent même, lors des entretiens, qu'un même fût de 200 l peut servir pendant deux mois à une famille de quelques individus. En effet, dans ces lieux désertiques où l'accès à l'eau s'avère difficile, chacun est tenu d'économiser tant que possible les ressources.

D'après l'OMS, la quantité minimale d'eau nécessaire par jour par personne, pour boire et satisfaire ses besoins d'hygiène, est de 20 l. C'est également sur cette estimation que se base le Gouvernement mauritanien dans sa politique nationale et le PNBA pour sa politique locale. Cependant, d'après les diverses estimations réalisées ces dernières années, et également en se basant sur les dires des habitants eux-mêmes, la consommation journalière est bien en deçà de ces recommandations. En effet, le caractère rare de la ressource pousse les populations à être plus qu'économes, et à ne consommer que quelques litres par jour. Ces comportements sont d'autant plus renforcés par le coût de l'eau, qui peut varier du simple au double selon les villages et les modes d'approvisionnement.

Bien entendu, cette consommation évolue peu à peu, en même temps que la disponibilité de la ressource. À noter que l'on observe aussi un fort écart générationnel, très souvent indiqué lors des entretiens menés[4], entre les plus anciens qui ont connu de grandes périodes de pénurie et disent ainsi connaître la valeur de l'eau qu'ils ne gaspillent pas, et les plus jeunes, qui seraient moins conscients de ces problèmes de pénuries.

Historique et situation actuelle de l'approvisionnement en eau

La frise suivante retrace l'évolution des projets pour l'adduction en eau potable au sein du Parc, par le PNBA et par des acteurs extérieurs, nombreux et variés. Nous l'avons complétée au fur et à mesure de notre enquête, grâce, entre autres, à la documentation interne du PNBA, aux travaux scientifiques déjà réalisés sur la zone, ceux des différents acteurs qui sont intervenus sur

---

[4] « *Tu vois, dans le temps, les gens ne gâtaient pas l'eau, parce que tu ne voyais même pas quelqu'un qui va envoyer un enfant pour prendre de l'eau, il n'y a que les personnes âgées qui vont partir vers l'eau. Et les gens buvaient deux fois par jour, le matin et l'après-midi, ou le soir, deux fois par jour. Et moi-même je l'ai vu, on ne lavait pas les mains, quand les gens mangeaient, ils prenaient un peu d'eau de mer, ils faisaient les ablutions avec l'eau de mer (rires).* » (Entretien réalisé à Iwik en mars 2018).

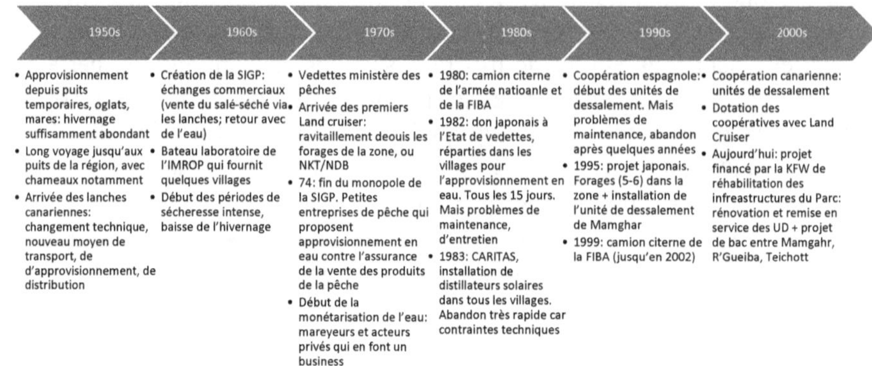

ces projets, mais également grâce aux dires de nos enquêtés (cadres PNBA, habitants du Parc, membres des ministères, etc.).

On note donc une succession de projets non pérennes. Cela s'explique en grande majorité par le manque d'entretien, de maintenance, de suivi, de fonds alloués à ces tâches (difficultés d'approvisionnement en pièces, difficultés de transport, difficultés techniques), manque de formation, etc. Le plus grand défi est donc de parvenir à construire des infrastructures qui soient durables, avec une maintenance relativement aisée, organisée, et qui prennent en compte les difficultés du terrain.

À l'heure actuelle, comme nous l'avons indiqué précédemment, les ressources liées à la pluviométrie sont quasi nulles et il est impossible pour les populations d'utiliser les *oglats* et mares du territoire. De plus, de nombreux habitants du Parc sont nés, ont vécu ou vivent une partie de l'année dans des centres urbains tels que Nouakchott, Nouadhibou et Chami.

Ils sont donc parfois plus habitués à une qualité d'eau supérieure à celle qu'offrent mares et *oglats*, et leurs exigences en matière de qualité de l'eau évoluent. Les changements techniques et sociodémographiques dont le Parc a été le théâtre depuis sa création ont modifié les perceptions et les attentes des populations vis-à-vis de l'eau. Elles sont également plus sensibilisées au lien entre santé et eau, notamment par le biais de tous les divers projets qui se sont succédé sur le territoire et qui ont certainement amené de nouvelles connaissances aux habitants, ce qui les conduit à rechercher une eau toujours plus qualitative, et à laisser de côté les méthodes traditionnelles de recueil de l'eau de pluie. Ainsi, la situation présente dans le Parc est la suivante : dans nombre de villages, beaucoup se fournissent encore par le biais des mareyeurs, acteurs privés, qui lorsqu'ils viennent acheter les produits de la pêche, apportent avec eux des produits à vendre aux habitants. Mais ces commerçants vendent l'eau à prix d'or, puisqu'ils profitent de la rareté de la ressource et du besoin vital des habitants en eau, et toutes les familles ne sont donc pas en mesure de se fournir auprès d'eux. Certaines coopératives dans le Parc possèdent leur propre véhicule qui leur permet de s'approvisionner elles-mêmes depuis les villes ou les sondages des environs.

À Mamghar, une unité de dessalement fonctionnelle met de l'eau à disposition des populations, à un prix très abordable comparé à celui des fûts achetés à Nouakchott ou à Nouadhibou, dont les prix peuvent grimper jusqu'à 250, 300 MRU (ouguiya-s mauritaniennes) selon les dires des habitants. Cependant, les gens sont réticents quant à l'utilisation de cette eau qui se trouve être encore trop salée (méfiance par rapport à la santé, problème de goût, etc.). Cette eau sert donc principalement aux autres usages domestiques. À R'gueiba, une unité de dessalement est en cours d'installation. Des problèmes de calibrage ont retardé sa mise en service, mais elle devrait être fonctionnelle d'ici à la fin de cette année. Une borne fontaine est déjà installée au cœur du village. Par ailleurs, un bac va être mis en service entre Mamghar, R'gueiba et Teichott, ce qui facilitera l'accès à l'eau ainsi qu'à d'autres denrées pour ces deux derniers villages enclavés (financement KFW). À Ten Alloul se trouve également une unité de dessalement fonctionnelle récente (financement KFW). Celle-ci dessert deux bornes fontaines, l'une à Ten Alloul, l'autre à Iwik. Cette eau, de bonne qualité et appréciée par les populations, est pour l'instant mise à disposition gratuitement. Toutefois, il a été prévu, en concertation avec les comités villageois, de la rendre payante afin de pouvoir rémunérer des habitants qui joueraient le rôle de fontainiers. Actuellement, la borne fontaine de Ten Alloul étant en libre accès, beaucoup de gens d'autres villages viennent se fournir là-bas : ils viennent en pick-up remplir bâches et fûts, ce qui leur évite parfois de très longs trajets jusqu'aux sondages. En effet, jusqu'à très récemment, l'approvisionnement en eau se faisait en majeure partie depuis les sondages situés autour de la route, seuls points d'eau potable disponible en permanence dans la région. Mais ces trajets s'avéraient longs, coûteux (gasoil) et surtout devaient être répétés très fréquemment. L'arrivée de points d'eau plus proches des habitants, directement dans les villages, constitue donc une avancée. D'autres unités de dessalement devraient être réhabilitées et installées sur le territoire.

Par ailleurs, plusieurs sondages se trouvent autour de Chami qui alimentent donc à la fois la ville même, l'industrie aurifère et les activités d'orpaillage, certains habitants du Parc qui viennent toujours y chercher leur eau, et les familles installées le long de la route Nouakchott-Nouadibhou.

Les modes de distribution sont principalement les voitures, soit des coopératives ou des villageois eux-mêmes (moins coûteux), soit des mareyeurs. Les bâches, réservoirs souples gardés en extérieur et de contenance variable, les fûts de 200 l et les bidons sont les principaux contenants utilisés pour le stockage de l'eau. Des citernes ont été installées dans les villages mais ne sont pas utilisées, car elles se trouvent être non adaptées aux besoins des utilisateurs. Par exemple, il est ressorti de certains entretiens que leur contenance est beaucoup trop importante comparée aux quantités d'eau disponibles à la consommation ; par ailleurs, chaque famille aime à stocker ses réserves individuellement. On peut en effet supposer que, dans un lieu où la disponibilité de la ressource est plus que limitée, les enjeux sociaux et de pouvoir autour de la détention de celle-ci sont grands.

Maintenant que nous nous sommes intéressés aux enjeux sociaux liés à l'eau et à sa gestion au sein du Parc National du Banc d'Arguin, nous allons nous pencher sur la question des risques qui peuvent peser sur cette ressource non renouvelable, mais surtout sur les connaissances, reconnaissances et actions que ces risques entraînent (ou non) de la part des acteurs concernés.

Les sciences sociales n'ont pas vocation à mesurer ces risques mais à évaluer la façon dont ils sont collectivement formulés et pris en compte par les différents acteurs, et ceci à différentes échelles spatio-temporelles. D'ailleurs, la sociologie du risque a connu un essor ces dernières années. Elle est définie par Bourdin (2003 : 1) comme : « *une théorie générale, une interrogation de phénomènes sociaux contemporains à travers la catégorie de risque, une description de ce qui est reconnu comme risque par les autorités politiques, les organisations sociales ou les individus et des conséquences qu'entraîne cette reconnaissance. Elle forme un ensemble complexe et parfois disparate* ». Elle permet donc de comprendre quelles sont les préoccupations des différents acteurs concernés par les ressources hydrauliques de cette zone, et la manière dont ils se saisissent ou non du sujet. Les préoccupations, bien évidemment, varient selon les caractéristiques des individus : situation géographique, statut, situation économique…

Ainsi, d'après notre enquête, les populations sur la côte sont principalement inquiètes concernant la pérennité de leur accès à l'eau (changement climatique, prix et régularité), et par la qualité de l'eau dessalée. Sur la partie continentale du Parc et en marge de celui-ci, les questionnements des habitants concernent majoritairement les liens entre eau consommée et santé (notamment des enfants, quelle eau leur faire boire, etc.), mais les sondages étant accessibles, les inquiétudes concernant l'accès à l'eau sont limitées. À Chami même, les populations s'inquiètent des problèmes de coupures et de raccordements, d'adduction en eau potable au sein des foyers, mais également des questions de santé (produits chimiques dans l'eau notamment). Ces problèmes d'accès, de pollution et de dégradation impactent donc fortement les populations qui sont en première ligne. Toutefois, d'autres acteurs sont concernés par ces problématiques. Il s'agit ainsi pour nous de nous intéresser à tous les acteurs en présence :

populations, autorités locales, industriels, autorités nationales, société civile ou ONG internationales…

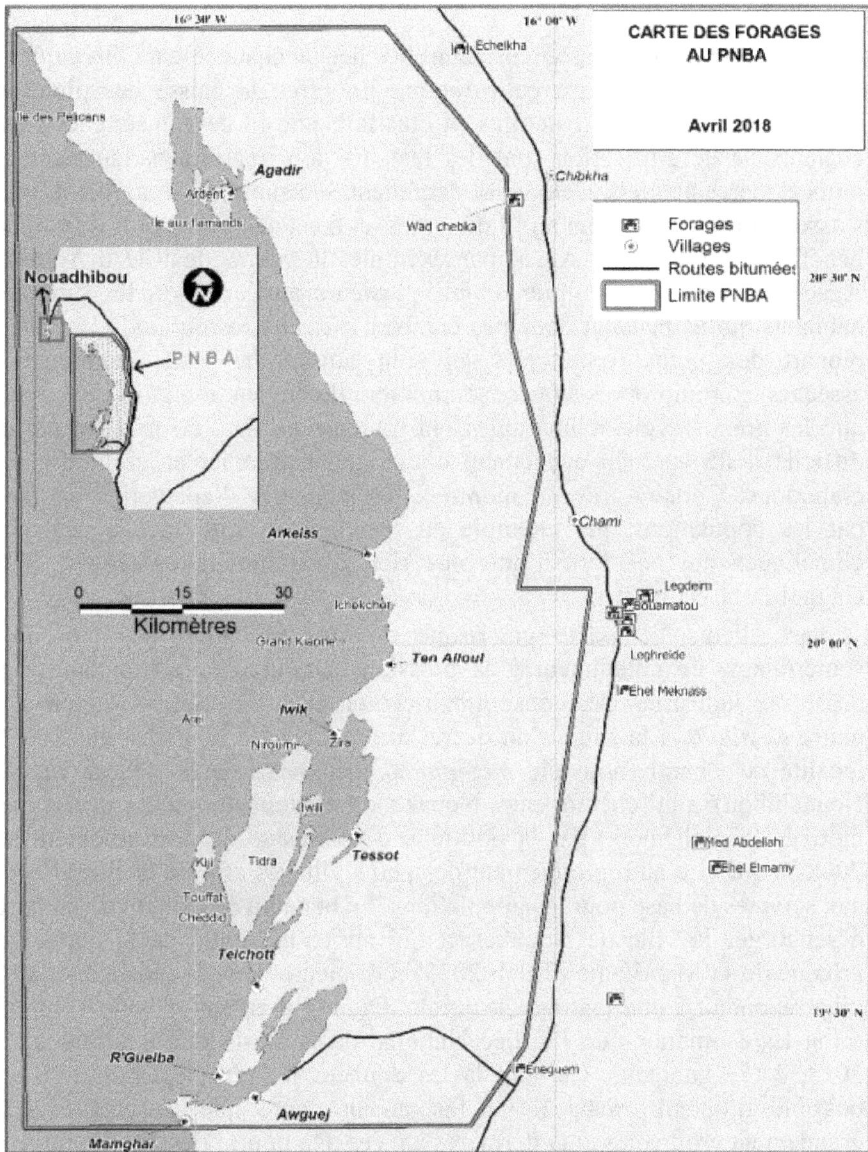

Figure 1 - Forages du PNBA (Mohamed Ahmed Sidi Cheikh, avec la collaboration de Margaux Benchehida, PNBA, 2018)

La question du risque : changement climatique et surexploitation

La raréfaction des ressources naturelles liée au changement climatique est un risque indéniable dans cette région. En effet, la baisse des pluies de l'hivernage (pluviométrie de plus en plus faible au fil des années), les fortes chaleurs, la désertification sont des facteurs de disparition notamment des puits et mares naturels. Ceux-ci se dégradent, se salinisent, s'ensablent, voire s'assèchent complètement au fil du temps, et il est de plus en plus difficile de bénéficier de leur eau. Ainsi, par exemple, la *guelta* de l'île d'Arguin à Agadir ne s'est pas remplie depuis plusieurs années selon les dires des habitants qui ne peuvent donc pas compter sur cette ressource. De même, la plupart des *oglats* répertoriés ici sont aujourd'hui soit complètement asséchés, soit impropres à la consommation. Il convient toutefois de rappeler que les grands cycles climatiques ont toujours eu lieu, et qu'il est parfois difficile d'attribuer un évènement climatique particulier au réchauffement climatique. Certains travaux montrent les stratégies d'adaptation adoptées par les populations, par exemple au Sahel, pour faire face à ces aléas climatiques qui dès lors n'ont plus rien d'extraordinaires (Jouve 2010, Gagnol 2011 et 2012).

Par ailleurs, il existe un risque de surexploitation des ressources souterraines, lié notamment à la pression démographique montante mais aussi aux industries très consommatrices en eau. En effet, la région a vu naître *ex-nihilo*, à la suite d'un décret du Conseil des ministres en 2011, la localité de Chami (nouvelle *moughataa*, deuxième de la *wilaya* Dakhlet Nouadhibou), à mi-chemin entre Nouakchott et Nouadhibou. Ce décret a été motivé, officiellement, par la politique d'urbanisme du gouvernement (loi 2008-7) qui vise au regroupement des petits villages afin de faciliter l'accès aux services de base pour les populations. Le but était également de tenter de désengorger la ville de Nouakchott qui abrite la moitié de la population urbaine de la Mauritanie (Taleb 2015). Officieusement, la création de cette ville répondait à une logique électorale. Quoiqu'il en soit, Chami comptait, selon les estimations de l'Office National de la Statistique mauritanien en 2013, 2 657 habitants. Ce sont là les données les plus récentes qu'il soit possible d'obtenir, mais il ne fait aucun doute que ce chiffre a dû grandement croître ces cinq dernières années. On pourrait estimer la taille de la population aujourd'hui à au moins 10 ou 15 000 personnes, mais cela nécessite bien entendu vérification par enquête. On trouve au sein de la ville des logements, centres médicaux, bureaux, écoles, casernes militaires, etc. Un réseau de sondages et d'adduction en eau potable y a également été réalisé, mais il ne permet pas encore de couvrir toute la ville, et ce de manière qualitative. L'explosion démographique de cette ville et le développement urbain rapide posent donc une question : les infrastructures en place seront-elles suffisantes pour gérer la demande ? En effet, le taux de renouvellement de ces dites ressources est assez faible, au vu des raisons invoquées plus haut. Il existe donc un risque de diminution de la ressource jusqu'à, dans le pire des scénarios, son épuisement.

La menace de l'orpaillage

L'orpaillage est une activité récente dans la région. Les premiers orpailleurs sont arrivés dans l'Inchiri en 2016 et ainsi a débuté cette ruée vers l'or. Elle a fait suite à des rumeurs de bonne fortune de certains individus qui auraient vu leur vie changer après avoir trouvé dans la région des quantités incroyables d'or. Nombre de Mauritaniens ont alors tenté leur chance et ont tout quitté pour se diriger vers les zones supposées prospères.

Au départ, les techniques de prospection et d'extraction s'appuyaient sur les détecteurs de métaux et les outils manuels. Mais, très rapidement, les orpailleurs ont commencé à utiliser des produits chimiques, notamment du mercure. Il existe un risque non négligeable de voir apparaître l'utilisation du cyanure dans l'avenir. Cela peut s'expliquer en partie par le phénomène migratoire que l'on observe autour des sites d'orpaillage. Initialement, seuls des Mauritaniens se sont joints à cette ruée vers l'or, puis, petit à petit, sont arrivés des migrants illégaux venus du Soudan, d'Algérie, de Guinée, etc. C'est en tous cas ce que laissent à penser la presse locale, mais également les représentants du ministère de l'Énergie, du Pétrole et des Mines (MEPM)[5] que nous avons pu rencontrer. Ces dires ont aussi été corroborés par certains responsables du site minier de Tasiast qui surveillent de près les orpailleurs de la région. Ces migrations ont permis l'importation de nouvelles techniques de travail, ainsi que de nouveaux financements venus de l'extérieur. Les moyens plus importants mis à la disposition de certains de ces orpailleurs ont amené petit à petit l'utilisation de produits chimiques.

Les utilisateurs de ces produits n'ont pas les connaissances et les savoir-faire nécessaires à la manipulation de telles substances, et ne semblent absolument pas informés des dangers, particulièrement à long terme, de l'exposition au mercure. En effet, ce composant chimique est reconnu à l'échelle mondiale comme une substance nocive, notamment à cause de sa propagation atmosphérique à longue distance, sa persistance dans l'environnement après son introduction par l'homme dans un milieu (bioaccumulation dans les écosystèmes), et ses effets néfastes sur la santé humaine et animale. Tout cela a été affirmé à l'échelle internationale dans la

[5] Entretien réalisé à Nouakchott le 25 avril 2018.

convention de Minamata, dont la Mauritanie est signataire, adoptée en 2013 par la Communauté internationale.

L'État mauritanien, conscient des risques énormes pour l'environnement et la santé publique, ainsi que des enjeux socio-économiques autour de l'orpaillage, a rapidement pris des mesures et s'est montré réactif sur la question. La première mesure a été l'interdiction de traitement sur site, suivie ensuite par la mise en place de centres de traitement (comme celui situé à l'entrée de la ville de Chami, l'autre à Zouérate) afin d'endiguer les risques de contamination au mercure dans des zones précises, choisies par le gouvernement. Ce modèle de séparation entre les activités d'extraction des roches et les activités de traitement de celles-ci pour extraire l'or constitue une originalité mauritanienne, rare ailleurs dans le monde. Le choix de ces sites s'est fait en fonction du positionnement des nappes phréatiques, entre autres, afin de limiter au mieux les risques de contamination des ressources souterraines. Il s'agit donc, sur ces sites, d'attribuer des lots fonciers aux orpailleurs où ils sont autorisés à traiter les roches extraites ailleurs dans la région (les sites d'extraction les plus éloignés se situant à 200 km de Chami), à la condition d'être enregistrés auprès du MEPM. Ce dernier a en effet mis en place un registre obligatoire pour les orpailleurs qui doivent se faire connaître des autorités et cotiser pour pouvoir exercer leurs activités.

Par ailleurs, à Chami, il a été décidé de creuser un forage à 13 km de la ville qui ne fournisse que les orpailleurs, afin de faire face à la très forte hausse de la demande en eau. Avec l'arrivée massive des orpailleurs, la ville a connu des périodes de pénurie, de coupures d'eau à laquelle la SNDE (Société Nationale de l'Eau) a difficilement fait face. Cela a entraîné une hausse considérable des prix de l'eau pour les habitants des alentours, d'où la nécessité de cette solution.

L'autre défi se situe au niveau du traitement des résidus et des déchets de l'exploitation artisanale, à la fois sur les sites d'extraction, mais surtout dans les centres de traitement (pierres, poussières, métaux rejetés, etc.). Pour l'instant, malgré un appel d'offres lancé par le ministère des Mines, aucune entreprise de traitement n'a été retenue pour gérer ces déchets, tous les projets déposés s'avérant non conformes aux critères de sélection et au cahier des charges voulu par l'État. Il s'agit donc pour le ministère des Mines de remédier le plus rapidement possible à ce problème majeur.

Le ministère des Mines, avec le soutien de l'État, se montre très mobilisé sur ces questions. C'est en tous cas ce qui est ressorti de notre entretien avec un responsable de la Direction du Contrôle et de la Surveillance des Opérateurs du ministère de l'Énergie, du Pétrole et des Mines mauritanien, ainsi que du discours d'une de leurs collaboratrices extérieures, membre de la Gesellschaft für internationale Zusammenarbeit (GIZ, l'agence de coopération internationale allemande). Les risques sont bien identifiés et connus, et il existe une volonté politique de gérer au mieux les conséquences de cet orpaillage. Des partenariats sont entrepris avec le ministère de l'Environnement et de la Défense et les agences de coopération (notamment la GIZ). Les projets sont voulus inclusifs, en collaboration avec les populations, afin de parvenir à des solutions satisfaisantes pour tous. Parmi les actions du ministère, des campagnes de sensibilisation sont menées afin d'avertir les populations sur les risques, les éduquer et les former au mieux sur la gestion de ceux-ci. À l'heure actuelle, l'impact de ces campagnes, tout comme leur nombre même, est fort limité. L'action du MEPM peine quelque peu à se mettre en place face à l'urgence de la situation. Les populations elles-mêmes se disent sous-informées :

> *« Les gens disent des choses. Toutes différentes. Nous, on ne sait pas, on ne connaît pas. On est des cœurs blancs, tu sais. » Extrait d'entretien réalisé avec une famille de Chami, mars 2018.*

En revanche, la société civile semble assez peu mobilisée sur ce sujet à l'heure actuelle. Il existe quelques initiatives, mais le sujet étant assez récent, tout cela est encore à l'état de projet et le fait d'organisations supranationales. Nous pensons ici notamment à une initiative de création de plateforme sur les risques environnementaux liés aux exploitations gaz-pétrole-infrastructures, en partenariat avec la MAVA, le PRCM et Wetlands International (échelle internationale), ou encore à l'Initiative pour la transparence des industries extractives (échelle nationale). On ne dénombre quasiment pas d'initiatives locales.

Il est donc intéressant de noter ici les différences entre les acteurs et les échelles : au niveau national et étatique, les risques sont identifiés, connus et les institutions concernées semblent mobilisées. La société civile est encore assez silencieuse sur le sujet, surtout au niveau local, même si des projets à plus grande échelle se mettent en place. Enfin, les populations elles-mêmes semblent conscientes, dans une certaine mesure, des conséquences de certaines pratiques des orpailleurs, mais leur niveau d'information est moindre et se base uniquement sur des histoires entre voisins, des rumeurs, notamment concernant des complications de santé liées à l'utilisation des produits chimiques par les orpailleurs. Il nous a par exemple été dit, lors d'entretiens avec les habitants de la ville de Chami, que, depuis l'arrivée des orpailleurs, les enfants avaient développé des problèmes de peau (boutons, éruptions cutanées) et, de manière générale, une santé plus fragile. Certains habitants se disent inquiets de l'utilisation des produits chimiques par les orpailleurs, quels que soient ces produits, mais il n'existe pas de discours officiel à destination des populations sur ce sujet, rendant difficile toute réaction de leur part. Par ailleurs, peu ont exprimé le désir de se saisir du sujet et d'entreprendre des actions quelles qu'elles soient.

Nous allons à présent nous intéresser à l'exploitation industrielle de l'or, à travers l'exemple du site de Tasiast.

L'industrie minière : un danger de proximité immédiate ?

Le terme Tasiast signifie littéralement « là où il n'y a pas d'eau ». C'est pourtant sur ce site qu'opère l'une des industries les plus consommatrices en eau : celle de l'extraction minière. La mine d'or de Tasiast a démarré son activité en 2007 et a été rachetée par la compagnie canadienne Kinross en 2010 auprès de Red Back Mining. Son site s'étend sur une surface de 125 km^2, hors sondage.

Le site est approvisionné en eau par un sondage situé à 64 km à l'ouest, à la frontière même du PNBA. Le sondage en question est alimenté par 49 sources qui constituent le champ de l'entreprise : il s'agit d'un territoire privatisé, clôturé, dont l'accès est contrôlé. Cette eau, en provenance directe d'un aquifère situé sous le PNBA, est ensuite acheminée jusqu'au site *via* des pipelines. Il s'agit d'une eau saumâtre, à la salinité élevée, d'un aquifère souterrain d'une profondeur de 50-70 m. Une partie de cette eau est traitée par osmose inverse afin de la dessaliniser, le reste est utilisé en l'état (notamment pour le traitement de l'or).

Les usages de l'eau sur le site sont divers : il s'agit majoritairement du traitement de l'or, et secondairement des besoins ménagers entraînés par l'approvisionnement des deux camps de vie, des bureaux, etc., et l'alimentation du système incendie. L'exploitation du minerai, qui se fait en trois étapes (concassage, broyage et circuit de charbon en lixiviation), et la libération de l'or de la roche par cyanuration nécessitent à la fois des produits hautement toxiques et des quantités considérables d'eau.

À l'heure actuelle, la mine possède un permis qui lui permet de pomper jusqu'à 30 000 m^3 d'eau par jour. Avec le projet d'extension, qui va faire croître les besoins considérablement, l'entreprise est en négociation pour une revalorisation de ce permis à 45 000 m^3/jour. Il convient de noter que la capacité maximale n'est pas atteinte aujourd'hui : ainsi, au mois d'avril 2018, la moyenne de la consommation journalière en eau était de 10 000 m^3.

Afin de mesurer l'impact de sa consommation sur l'aquifère, l'entreprise a mis en place un programme de monitoring par échantillonnage : des prélèvements sont faits aux limites nord et sud de l'aquifère pour être analysés séparément, puis de manière conjointe, et ce chaque trimestre. Cela permet de suivre les évolutions de la nappe, les changements de qualité de l'eau, les transferts entre la nappe saumâtre et les nappes d'eau douce situées à ses extrémités, etc. Une étude hydrogéologique a également été réalisée afin de mesurer l'impact de ce prélèvement massif d'eau sur l'aquifère et sa pérennité (il s'agit d'eaux fossiles, d'où les inquiétudes de surexploitation).

Cette eau n'est évidemment pas gratuite, et Kinross paie sa consommation à hauteur de 3 MRU, soit environ 0,07 € le m^3, sur une base semestrielle, au ministère de l'Hydraulique. C'est pourquoi un suivi très précis des installations hydrauliques est mis en œuvre : un système télémétrique permet un suivi en temps réel de la consommation d'eau, et de repérer les éventuels problèmes techniques et de maintenance. Ce tarif négocié directement entre la compagnie et le ministère est infime, comparé au coût de l'eau pour les populations locales. Ainsi, selon leurs dires, les habitants de Chami peuvent dépenser 20 MRU pour une bouteille d'eau de 1,5 l, soit environ 0,50 €, et s'ils sont reliés au réseau d'eau SNDE, ils subiront les variations des prix, et ce notamment lors des coupures d'eau, liées à la trop forte demande, qui font grimper la facture. Cela pose donc de réelles questions quant aux inégalités de l'accès à l'eau ainsi que de la qualité de cet accès.

Par ailleurs, Kinross se fournit également en eau auprès des gestionnaires du sondage de Wad Chebkha. Ce sondage, réalisé lors de la construction de l'axe Nouakchott-Nouadhibou, a été laissé à la gestion de particuliers, une autorisation d'exploitation étant délivrée en échange d'une redevance versée au ministère de l'Hydraulique. Les populations peuvent s'y approvisionner gratuitement en eau, et l'abreuvage des cheptels y est également en accès libre. Le seul client, c'est donc Kinross : la société achète cette eau, qu'elle vient chercher dans des camions citernes qui fournissent les populations environnantes du site (projet de développement communautaire). Elle fournit également un appui technique et de maintenance aux exploitants de Wad Chebkha, car elle y a des intérêts, notamment de surveillance des eaux souterraines dans la zone. Cet *oued* est en effet situé à la limite nord de l'aquifère, et Kinross utilise donc le sondage pour le monitoring de la zone.

Une question se pose ici : celle du traitement des quantités énormes d'eau consommées par la mine, après utilisation. En effet, comment assainir cette eau, et surtout s'assurer de sa non-toxicité pour l'environnement ? Sur le site, plusieurs bassins ont été créés pour traiter l'eau par évaporation, puisqu'elle se débarrasse d'une partie de sa charge en minéraux et autres lorsqu'elle change d'état, et donc des produits toxiques dont le cyanure (qui peut également être séparé de l'eau grâce à un changement de pH). Comme indiqué précédemment, deux techniques sont utilisées pour traiter l'or : la lixiviation en tas et la lixiviation en cuve (CIL). La première technique permet une remise en circulation de près de 90 % des eaux usées et cyanurées, qui sont remises en circuit et réutilisées pour perpétuer le procédé. La seconde technique, quant à elle, nécessite une intervention qui peut être chimique ou biologique, afin de débarrasser l'eau de sa concentration en ions cyanures (Moisan et Blanchard 2012). Évidemment, chacune de ces deux techniques de traitement de l'eau présente des risques en termes de contamination des sols et des eaux, et ce malgré la vigilance affichée de l'exploitant. Toutefois, le climat aride de la région permet de limiter les risques de contamination des eaux de pluie et donc d'infiltration dans les sols.

Concernant les usages domestiques, une station de traitement des eaux usées a été mise en service, et des projets sont en cours pour réutiliser les eaux jaunes à des fins d'irrigation, en vue de verdir le site. Toutefois, cette question pose encore problème.

En termes de risque environnemental, l'entreprise est dans l'obligation de fournir pour tout nouveau projet (ici, l'extension) des Études d'Impact Environnemental et Social (EIES) qui passent ensuite entre les mains de divers acteurs : ministère de l'Environnement et du Développement Durable, ministère du Pétrole, de l'Énergie et des Mines, ainsi que d'autres institutions potentiellement concernées comme le PNBA ou l'IMROP (Institut Mauritanien de Recherche Océanographique et de Pêche). Ce fut le cas, par exemple, dans le cadre du projet de pompage de l'eau de mer que Kinross avait soumis à une EIES, qui prévoyait la mise en place d'un pipeline prélevant de l'eau de mer sur les côtes du Parc afin d'alimenter son site avec de plus grandes quantités d'eau dessalée. Ce projet fut abandonné rapidement car compliqué techniquement et possédant un impact environnemental trop fort. Les diverses institutions sollicitées répondent ici à une exigence de la loi cadre sur le code de l'environnement, qui requiert ce type d'enquête pour chaque projet susceptible d'altérer, d'une manière ou d'une autre, le milieu environnemental dans lequel il est prévu.

Les documents ainsi produits sont ensuite rendus publics, afin que chacun puisse disposer des informations sur le projet. À noter que certaines EIES de Tasiast, comme le souligne un rapport de l'UICN de 2014, se sont faites désirer, et ont été rendues sous des formats très lourds (700 pages hors annexes), rendant leur examen méticuleux plus qu'ardu pour les diverses parties prenantes, mais également pour la société civile par exemple. Ce qui, du côté de l'entreprise, peut être revendiqué comme du perfectionnisme et de l'exhaustivité, peut être vu de l'autre côté comme une manière détournée de noyer les informations réellement importantes sous des masses de documents annexes.

L'État également a manqué à certaines de ses obligations vis-à-vis des réglementations internationales. En effet, au démarrage des activités de la mine en 2007, le Gouvernement mauritanien exigeait la fourniture de certains documents, comme les EIES, prévus par les Orientations du Centre du Patrimoine Mondial, étant donné la proximité du site avec le PNBA. Ces documents ont finalement été fournis, mais avec un retard plus que conséquent et sous un format très lourd, rendant difficile leur examen. Le PNBA étant effectivement un bien classé et protégé par l'UNESCO, il est encadré par un certain nombre de législations internationales et doit répondre à des exigences fixées au niveau mondial. Cela répond également à une logique de redevabilité envers les bailleurs qui allouent des fonds à ces biens classés, le classement ouvrant des droits à des subventions assez conséquentes.

Conclusion et perspectives

Ainsi que nous avons pu le constater, l'accès à l'eau au Banc d'Arguin, mais également en périphérie nord-est directe, est une affaire complexe et constitue un enjeu majeur pour les populations de la zone. Ces dernières s'avèrent très résilientes et adoptent, depuis toujours, des stratégies d'adaptation à la vie dans ce milieu inhospitalier (Correra, Lefeuve, Faye 2008). Les difficultés de l'accès à l'eau sont une réalité quotidienne du monde saharien : la ressource y est rare et surtout menacée.

En effet, de nombreux risques pèsent sur cette ressource non renouvelable. Il convient donc d'identifier ces risques, de les comprendre, de les considérer et d'adopter une stratégie de protection adaptée. Le but de cette enquête a donc été de montrer dans quelle mesure les différents acteurs concernés identifient les risques, se mobilisent, se saisissent du sujet : cela soulève donc de nouveaux questionnements.

L'intérêt de notre enquête a été d'apporter le point de vue des sciences humaines et sociales à un sujet qui n'avait été exploré jusqu'ici que par les sciences dures (hydrogéologie par exemple). Or nous avons essayé de travailler sur le discours des acteurs en présence, afin d'essayer de dégager les enjeux que porte cette problématique sur la vie sociale dans cette région. Cela permet en effet de voir qu'il existe de très grandes disparités entre les intérêts, les inquiétudes, les besoins de chacun, et ce, à chaque échelle : locale, régionale, nationale, internationale.

Cette contribution des sciences sociales pourra, nous l'espérons, être utile au PNBA ainsi qu'aux différents acteurs concernés, pour aller vers une meilleure gestion de la question de l'accès à l'eau potable pour les populations, mais également vers une meilleure prise en compte de tous les risques présents en périphérie du territoire du Parc.

Par ailleurs, nous pensons qu'il serait fort intéressant et surtout très utile, notamment pour le PNBA, de creuser plus avant la question de l'explosion démographique et de l'expansion des activités de la ville de Chami. Les influences de ce nouveau pôle urbain sur la région ne sont pas négligeables et vont continuer de se confirmer dans les années à venir. Il n'est donc plus possible d'ignorer la naissance de cette nouvelle localité et les enjeux sociodémographiques, économiques et environnementaux que cela soulève. De même, une recherche sur l'activité aurifère dans la région, qu'elle soit artisanale ou industrielle, s'avère particulièrement utile et urgente : il y a là un terrain d'enquête fascinant à explorer, de par tous les enjeux qu'elle révèle sur chaque aspect de la vie des populations. Cette activité aurifère en périphérie quasi directe du PNBA est également à surveiller de très près afin d'éviter qu'elle ne nuise, d'une manière ou d'une autre, à ce qui fait l'intégrité de ce site.

Ainsi, le Parc National du Banc d'Arguin et sa périphérie regorgent de sujets à explorer pour le chercheur en sciences sociales. Il est donc primordial de leur laisser une place plus importante, compte tenu des contributions et apports nouveaux qu'elles peuvent amener dans la gestion et la gouvernance de ce bien à la Valeur Universelle Exceptionnelle (VUE)[6].

Bibliographie

ANTHONIOZ R.,

1967, « Les Imraguen, Pêcheurs nomades de Mauritanie (El Memghar) », *Bulletin de l'IFAN*, 29, série B, 3-4 : pp. 695-738.

1968, « Les Imraguen, Pêcheurs nomades de Mauritanie (El Memghar) », *Bulletin de l'IFAN,* 30, série B, 2 : pp. 751-768.

BOULAY S. et LECOQUIERRE B. (dirs),

2011, *Le littoral mauritanien à l'aube du XXI*e *siècle : peuplement, gouvernance de la nature, dynamiques sociales et culturelles*, Karthala, Paris, 432 p.

BOURDIN A.,

2003, « La modernité du risque », *Cahiers internationaux de sociologie*, 114 (1), pp. 5-26.

CAILLOT L.,

2007, *L'approvisionnement en eau potable des populations Imraguen du PNBA*, rapport de stage en géographie, Ecole IER (Ingénierie de l'Espace Rural).

CAMPREDON P.,

2000, *Entre le Sahara et l'Atlantique : le Parc National du Banc d'Arguin, Mauritanie*, FIBA, La Tour du Valat, Arles.

CHEIKH A.W.O.,

2002, *Création, évolution, peuplement et identité imraguen, gestion de l'espace.* Le Parc National du Banc d'Arguin, CONSDEV Working Document/WP1/02, Nouakchott, 35 p.

CORRERA A., LEFEUVRE J.C. et FAYE B.,

2008, « Organisation spatiale et stratégies d'adaptation des nomades du Parc National du Banc d'Arguin à la sécheresse », *Sécheresse*, 19 (4), pp. 245-51.

[6] Concept de l'UNESCO commun à tout bien inscrit sur la Liste du patrimoine mondial (critère de classement).

GAGNOL L.,

2011, *La mobilité : stratégie adaptative ou symptôme d'inadaptation des sociétés sahéliennes ? Une mise en perspective historique des politiques de lutte contre la désertification, Séminaire « Politiques, programmes et projets de lutte contre la désertification, quelles évaluations ? »,* Comité scientifique français de la désertification, 11 p.

GAGNOL L. ET SOUBEYRAN O.,

2012, « S'adapter à l'adaptation », *Géographie et cultures*, online (accès 01/05/18).

GILBERT C.,

2003, « La fabrique des risques », *Cahiers internationaux de sociologie*, 1 (114), pp. 55-72.

GRÄTZ T.,

2004, « Les frontières de l'orpaillage en Afrique occidentale », *Autrepart*, 30, pp. 135-150.

JOUVE P.,

2010, « Pratiques et stratégies d'adaptation des agriculteurs aux aléas climatiques en Afrique subsaharienne », *Grain de sel*, n° 49.

MOISAN M. ET BLANCHARD F.,

2012, *Utilisation de la cyanuration dans l'industrie aurifère en Guyane. Impacts potentiels sur l'environnement et recommandations*, Rapport final BRGM/RP-61968-FR, 120 p.

OFFICE NATIONAL DE LA STATISTIQUE, ministère des Affaires économiques et du développement,

2014, *Enquête permanente sur les conditions de vie des ménages.*

PNBA,

2010, *Plan d'Aménagement et de Gestion 2010-2014.*

2015, *Plan d'Aménagement et de Gestion 2015-2019.*

RÉPUBLIQUE ISLAMIQUE DE MAURITANIE,

2006, *Décret N°2006-068 portant application de la loi 2000-024 du Parc National du Banc d'Arguin.*

UICN,

1994, *Lignes directrices. Classification des aires protégées.*

UN,

1971, *Convention de Ramsar.*

1993, *Convention de Minamata.*

URS,

2012, *EIES, Projet d'extension de la mine d'or du Tasiast, phase 2 : mines, procédés et infrastructures sur site.*

SALL A.C.,

2016, *Chami (Mauritanie), carrefour de peuplement aux portes du PNBA. Une ville nouvelle aux portes d'une Aire Marine Protégée (AMP),* Éditions universitaires européennes.

SRK Consulting,

2016, *Addendum à l'EIE de la phase 2 du projet d'expansion de la mine Tasiast en Mauritanie.*

TALEB M.,

2015, « Chami, nouvelle ville du désert : quels nouveaux apports à l'urbanisation en Mauritanie ? », *Les mutations de la ville saharienne - Approches croisées sur le changement social et les pratiques urbaines*, Ouargla, Algérie.

LES LIMITES DE LA CONSERVATION DES RAIES ET REQUINS AU PARC NATIONAL DU BANC D'ARGUIN, MAURITANIE

BENJAMIN DEJUST

Master Expertise Population & Développement, Université Paris Descartes, Faculté des sciences humaines et sociales de la Sorbonne.

Résumé

En 2004, le Parc National du Banc d'Arguin (PNBA), au nord du littoral mauritanien, est décrété sanctuaire pour les raies et les requins. Ce résultat est le fruit d'une collaboration des gestionnaires du PNBA et de ses partenaires étrangers, avec les populations résidentes qui depuis les années 1980 exploitaient les élasmobranches principalement pour leurs ailerons. L'abandon de cette pêcherie dans les eaux du PNBA devait être synonyme d'une reconversion vers une pêcherie plus durable. Cependant, malgré une compensation financière et des promesses d'amélioration du cadre de vie à l'intérieur du Parc, les captures de sélaciens ont considérablement augmenté dans les années qui suivirent l'interdiction officielle. À travers cette tentative de conservation d'espèces à haute valeur commerciale pour les populations locales, nous verrons les limites de l'application et du suivi d'un tel projet dans un pays en développement.

Mots clés : Mauritanie, Imraguen, protection des espèces, requins, gestion des ressources halieutiques.

Abstract

In 2004, the Banc d'Arguin National Park, at the north of the Mauritanian coastline, was declared as a sharks and rays sanctuary. It is the result of collaboration between the mangers of the PNBA and its foreign partners, with the resident population who, since the 1980's, have been exploiting elasmobranches, mainly for their fins. The prohibition of this fishery inside the Park, should be synonymous with reconversion on more sustainable fishery. However, in spite of financial compensation and promises to improve the living environment within the Parks, elasmobranches catches had improved in the years following the official ban. Through this attempt to conserve species of high commercial value for local populations, we will see the limits of the application and monitoring of such a project in a developing country.

Keywords : Mauritania, Imraguen, Species protection, Sharks, Fisheries resource management.

Introduction

Dans le développement des cadres de conservation du vivant, les poissons cartilagineux ou élasmobranches[1] ont longtemps été marginalisés. Moins charismatiques que les baleines et autres mammifères marins, leur réputation leur a valu un intérêt limité ou plutôt tardif de la part des scientifiques dans le cadre des analyses écosystémiques. Ces espèces, à la stratégie reproductive lente, ne peuvent assumer une pression intensive sans entraîner des risques d'extinction. Cependant, avec l'augmentation mondiale de l'effort de pêche, le ciblage sur ces espèces s'est intensifié. D'importants débouchés commerciaux pour la chair se sont développés, avec une augmentation de 42 % entre 2000 et 2011 (Dent et Clarke 2015). Mais c'est surtout le commerce des ailerons, à la source de la pratique du finning[2], qui entraîne une importante diminution des stocks. Dans ce contexte, au début des années 1990, un groupe d'experts mandaté par la Food and Agriculture Organization (FAO) a voulu améliorer les connaissances sur ces animaux afin d'évaluer le besoin de développer un cadre de conservation. Le résultat fut la création d'un Plan d'Action International (PAI) pour la gestion et la protection des Requins. Celui-ci avait comme objectifs principaux la mise en place de politiques de gestion des stocks et l'amélioration des connaissances sur ces animaux afin de proposer des solutions de captures innovantes tant pour la pêche ciblée que pour réduire la pêche accessoire[3]. Ce cadre mondial devait par la suite se décliner en plans d'actions nationaux (PAN) et régionaux sur une double justification. La première consistait à protéger le

---

[1] Concerne les espèces à squelettes cartilagineux, autrement dit, les raies, requins et chimères, aussi appelées sélaciens.

[2] Action consistant à sectionner les nageoires des requins et de certaines espèces de raies. Se développa dans les années 1950 en Chine avant que cette pratique ne se répande à travers le monde.

[3] Est considérée comme pêche accessoire toute pêche capturant des espèces autres que les espèces ciblées.

patrimoine naturel et la seconde à mettre en place des stratégies de pêche durable dans la mesure où ces espèces ont une place clé dans les écosystèmes. Leur disparition représenterait un danger pour la sécurité alimentaire et pour les populations littorales (Dulvy *et al.* 2014).

En Afrique de l'Ouest, les PAN requins se développèrent après la mise en place du Plan Sous-Régional d'Action (PSRA) en 2001. Ce cadre régional proposé par la Commission Sous-Régionale des Pêches[4] (CSRP) devait répondre aux différentes questions sur la pêcherie des sélaciens, qui se développait dans cette zone depuis les années 1970. Le PSRA s'inscrivait dans la trajectoire du Parc National du Banc d'Arguin (PNBA) en Mauritanie, pionnier dans la réflexion et la mise en place de mesures de gestion des élasmobranches dans la région. Depuis les années 1980 ces animaux y étaient très recherchés pour leurs ailerons.

Les pêcheurs Imraguen, représentant la majorité de la population du Parc, ont accepté en 2003, à travers un procédé de gestion participative proposé par l'administration du Parc et ses partenaires, d'abandonner cette pêcherie très lucrative pour une pêche plus « durable ». Cependant, au regard des données produites par l'Institut Mauritanien de Recherches Océanographiques et des Pêches (IMROP), nous constatons en 2017 que cette pêche est toujours largement pratiquée dans les eaux du Parc, au point de représenter parfois plus de 50 % des captures totales annuelles.

Pour quelles raisons le PNBA, devenu symbole de conservation mondial, n'est-il pas parvenu à endiguer cette pêcherie ? Après avoir décrit brièvement le développement de cette pêche, nous étudierons la mise en place des diverses mesures de protection par le Parc et les résultats de ces méthodes. Enfin, nous verrons les vicissitudes de ce projet en tentant d'apporter quelques solutions innovantes.

L'analyse se base sur les données des débarquements de l'IMROP et sur une enquête de terrain menée en Mauritanie, de février à mai 2017, à la demande du Conseil Scientifique du Banc d'Arguin (CSBA). Ce travail de terrain devait déboucher sur une réflexion permettant de renforcer les propositions du CSBA dans le cadre de la thématique « requin » abordée cette année lors de la réunion du Conseil Scientifique du Parc. L'enquête s'est déroulée en plusieurs temps entre les rencontres et entretiens dans les locaux du PNBA à Nouakchott, puis une phase dans le Parc, et enfin à Nouadhibou auprès de l'IMROP.

[4] Organisme intergouvernemental créé en 1985, comprenant la Mauritanie, le Sénégal, la Gambie, la Guinée, la Guinée Bissau, le Cap-Vert et la Sierra Leone.

La pêche des élasmobranches au Parc National du Banc d'Arguin

Création du PNBA, une œuvre patrimoniale d'impulsion étrangère

Le PNBA est un Parc naturel créé en 1976 dans le nord de la Mauritanie. Avec une aire de répartition de plus de 12 000 km^2, ce Parc est le plus grand d'Afrique de l'Ouest. Il fut créé sous l'impulsion étrangère de chercheurs tels que Théodore Monod qui militaient pour la création d'une zone de protection des lieux de nidification d'oiseaux paléarctiques. Au lancement du Parc la plupart des financements étaient internationaux avec notamment la Fondation Internationale du Banc d'Arguin (FIBA), qui fut créée en 1986 pour favoriser la conservation de la zone. Il acquit rapidement une reconnaissance internationale du fait de ses nombreuses qualités d'ancien estuaire, zone de vasières riches en faunes halieutiques (poissons osseux, élasmobranches, cétacés), mais aussi un lieu témoin d'une occupation humaine très ancienne. Plus de trente espèces de raies et requins ont été recensées dans l'aire du PNBA (Ducrocq *et al.* 2004).

Le prestige du Parc se constitua à l'international grâce aux recherches qui y furent conduites et qui valorisèrent les richesses de cette zone. De fait, il obtint au fil des décennies un certain nombre de distinctions comme l'adhésion en 1982 à la convention RAMSAR[5] ou, la plus prestigieuse d'entre toutes, l'admission en 1989 sur la liste des sites du patrimoine mondial de l'humanité (UNESCO). Cette intense activité de conservation doit intégrer les individus évoluant dans l'aire protégée, car le PNBA est habité par une population qui en exploite les ressources. Si le PNBA s'est au début développé dans le cadre d'une pression scientifique internationale étrangère, il possède néanmoins un fort ancrage institutionnel auprès du Gouvernement mauritanien. Il est rattaché à la primature du fait de la multiplicité de ses missions.

La population du Banc d'Arguin[6] est constituée d'Imraguen, anciens tributaires des tribus maures de l'arrière-pays. Auparavant nomade, une partie de cette population s'est progressivement sédentarisée sur le littoral mauritanien. Ils sont à juste titre considérés comme les seuls véritables pêcheurs de Mauritanie, pratiquant historiquement une pêche de subsistance dans les eaux riches du Banc d'Arguin (Ould Cheikh et Ould Salek 2002 ; Boulay 2013). Lors de la création du Parc, les Imraguen n'étaient pas au

[5] Conférence relative aux zones humides d'importance internationale, particulièrement comme habitats des oiseaux d'eau.

[6] Environ 1 300 résidents répartis dans 9 villages (enquête ménages PNBA, 2011, dans le Plan d'Aménagement et de Gestion 2015-2019).

centre des politiques conservatoires ; ils étaient considérés comme l'exemple type d'un peuple vivant des ressources de son environnement dans une forme d'autarcie. Cette vision fut renforcée par les nombreux reportages et récits de scènes de pêche à pied du mulet au filet d'épaule depuis le rivage. On y voit ici un processus de patrimonialisation exogène (Weigel *et al.* 2007), véhiculé par les partenaires extérieurs mais largement dépassé par les acteurs. En tentant de concilier une représentation artificielle d'une identité avec le « devoir » de conservation d'un lieu « exceptionnel », on en oublie les dynamiques locales et les stratégies économiques qui ont cours.

Le PNBA et ses partenaires ont tenté de circonscrire l'identité imraguen de manière homogène afin de garantir aux résidents l'exclusivité de la ressource. Or cette identité est très difficile à encadrer dans la mesure où elle ne repose pas tant sur des appartenances sociales que sur la pratique technique et saisonnière de la pêche du mulet au filet d'épaule (Boulay 2013). Lors de l'application des projets de développement et l'accès aux financements, cette identité imraguen prend une importance considérable car elle conditionne l'accès aux ressources « extraites » du Parc et des projets qui y sont mis en œuvre.

Développement de la pêche des élasmobranches au Banc d'Arguin : passage d'une pêche de subsistance à une pêche commerciale

Dans les années 1970, l'activité des Imraguen était encore relativement tournée vers la pêche de subsistance bien qu'ils pratiquaient des échanges commerciaux avec une société française d'exportation basée à Nouadhibou. La diffusion de pirogues à moteur, le développement des marchés urbains à Nouakchott et Nouadhibou ainsi que le progressif désenclavement du Parc ouvrirent la voie à la commercialisation extérieure des produits imraguen. Ceci fut considérablement renforcé par l'acquisition et la diffusion de lanches canariennes. En s'embarquant à bord de ces petites embarcations à voile latine, les Imraguen découvrirent d'importantes ressources halieutiques et développèrent notamment la pêche de la courbine (*argyrosomus regius*).

Dans les années 1980, cette pêcherie « d'inspiration canarienne » fut abandonnée par les Imraguen au profit de celle des raies et requins dans un contexte de développement intensif du marché de l'aileron, en plein essor dans le reste de l'Afrique de l'Ouest. La venue de commerçants étrangers poussa les Imraguen à rechercher ces espèces autrefois redoutées. Ces espèces n'étant pas consommées sur place, cette pêcherie se développa avec, comme unique objectif, la vente d'ailerons vers l'extérieur, notamment sur le marché asiatique. Les carcasses n'étaient au début pas valorisées, mais progressivement des étrangers (Ghana, Mali) vinrent transformer les carcasses qu'ils rachetaient aux pêcheurs pour un prix dérisoire (Boulay 2013). La transformation des carcasses de raies et requins en salé séché et salé fermenté eut pour impact de pérenniser la filière, avec un débouché pour les ailerons en Asie et un autre pour la chair en Afrique de l'Ouest. Non réglementée à ses débuts, cette filière a pu se développer sans restrictions et des étrangers affluèrent (de Mauritanie et de pays limitrophes) pour participer à cette pêche en s'embarquant comme matelot ou en s'installant dans le Parc pour transformer directement les raies et requins afin de les revendre ensuite aux grossistes ou aux exportateurs.

Le marché de l'aileron entraîna l'enrichissement rapide de certains Imraguen qui investirent dans de nouveaux moyens de production (filets spécifiques raies et requins, monofilament), délaissant progressivement les engins traditionnels tels que le filet d'épaule, autrefois confectionnés avec les ressources environnantes. L'achat de véhicules tout-terrain pour le transport de la production permit aussi une diversification des activités avec l'arrivée de la glace, qui facilita la vente de poissons frais dans les centres urbains. Les mareyeurs, possesseurs des moyens de production, ont commencé à avoir un important pouvoir sur la zone, car ils étaient les seuls à pouvoir acheminer la production en ville, et donc purent dicter les prix de rachat sur la plage (Guingot 2011). Ce qui conduisit à un important détournement de la matière première (poissons osseux) vers les villes plutôt que pour les ménages du Parc. D'autres pêcheurs se sont appauvris au profit des mareyeurs et les femmes n'ont pas été intégrées à la filière sélaciens alors qu'elles étaient très actives dans le circuit de transformation du mulet. Autrefois vendu au centre de l'alimentation et de l'activité des Imraguen vivant sur le rivage, il est à présent revendu pour un meilleur profit aux mareyeurs et ainsi détourné de la sphère domestique. Cela conduit à des situations aberrantes de résidents du Parc devant manger des conserves de sardines tandis que les poissons sont acheminés en ville (Boulay 2013).

Conservation des élasmobranches au PNBA

La conservation des sélaciens au PNBA

Figure d'exemple en Afrique de l'Ouest, le PNBA a su de manière précoce mettre en place un système de conservation des espèces d'élasmobranches dans l'enceinte exclusive du Parc.

Lors du développement incontrôlé de la pêche des sélaciens, les carcasses éparses et les quantités débarquées ont poussé les ONG et bailleurs internationaux (MAVA, FIBA, UICN) à agir de concert avec l'institution PNBA. À la fin des années 1990, ils ont mis en place un vaste mouvement de réflexion censé conduire à l'arrêt de la pêche des raies et requins dans l'enceinte du Parc. Contrairement à d'autres projets, celui-ci devait se dérouler avec les populations sur la base de la gestion participative à travers une concertation, car il touchait directement les techniques d'extraction et donc les revenus des populations résidentes. Cette méthode novatrice dans les années 1990, basée sur la bonne gouvernance (Chaboud et Galletti 2007), a pour principe d'inclure les populations résidentes au processus de décision afin que celles-ci puissent participer aux discussions et réflexions.

Le projet Raies & Requins démarra en février 1998, soit au début de la saison de pêche de ces espèces. Il fut renforcé par un partenariat avec l'IMROP qui implanta des enquêteurs dans la plupart des villages du Parc afin d'effectuer un suivi quotidien des débarquements. Un rapide constat fut établi, selon lequel cette pêche n'était pas durable car elle touchait des espèces à reproduction lente. De plus, de nombreux indices indiquaient que la zone du PNBA, du fait de sa faible profondeur et de ses vasières, avait un rôle de nurserie pour certaines espèces d'élasmobranches (Valadou *et al.* 2006). Ces premiers constats entraînèrent la mise en place d'un atelier de concertation qui eut lieu dans le village de Mamghar en octobre 1998. Cette première réunion qui rassembla les cadres du Parc, les partenaires extérieurs ainsi que des représentants de chaque village et les instituts scientifiques nationaux, eut pour principal bénéfice d'obtenir de la part des populations une reconnaissance de la problématique.

Des dispositions furent prises concernant le nombre d'engins destinés à la capture des élasmobranches (filets à raies et filets à requins) pouvant être embarqué dans les lanches. Ce processus se déroula de manière annuelle dans tous les villages du Parc. Les restrictions se firent de plus en plus fortes sur la pêche des sélaciens et devaient aboutir en 2003 à l'interdiction de l'usage des filets à raies et requins et du ciblage de ces espèces. Ce résultat n'a pas été obtenu sans concessions de la part du Parc qui, au-delà de la justification écologique et de la vision sur le long terme de la mise en péril de la zone, a dû proposer des alternatives aux pêcheurs qui avaient investi dans des engins de pêche spécifiques. Dans le cadre du projet d'Appui à la Reconversion de la Pêcherie Imraguen (ARPI), le Parc a racheté les engins de pêche dédiés aux sélaciens. L'objectif était de permettre aux pêcheurs de convertir cet apport en devises dans l'acquisition de nouveaux engins nécessaires pour cibler la courbine, pêcherie choisie pour la reconversion.

Ce processus fut largement plébiscité dans les milieux scientifiques et de conservation et mis en valeur dans un rapport décrivant le PNBA comme le plus grand sanctuaire d'élasmobranches d'Afrique de l'Ouest (Ducrocq *et al.* 2004). Cette promotion du Parc, qui permet de voir l'investissement dans la conservation et dans le souci de faire participer les populations, est souvent reprise comme un exemple de politique de conservation, tant au niveau de l'autorité du PNBA, du Gouvernement mauritanien que des ONG investies dans le projet.

Organisation et structure actuelle de la pêcherie des élasmobranches au PNBA

Officiellement, il n'existe pas de filière d'exploitation des raies et requins en Mauritanie. Au cours de mon enquête, les seules traces du commerce des sélaciens émanaient de l'ONISPA, l'Office National d'Inspection Sanitaire des Produits de la Pêche et de l'Aquaculture, organisme chargé de la surveillance de la qualité de l'export des produits de la mer. La problématique de traçabilité et de comptabilité est aisément observable. D'après les statistiques fournies par l'ONISPA en 2015, 84,4 tonnes de raies-guitares ont été exportées en Afrique et 2 tonnes de raies à l'échelle nationale. En regardant les données de l'IMROP, uniquement dans le Parc, on constate que la plupart des produits sélaciens passent par une voie non officielle. En effet, en 2015, l'IMROP comptabilisa 139 tonnes de raies-guitares à l'échelle du Parc. Cet indice nous enseigne le faible maillage représenté par l'ONISPA et la prolifération du trafic de ces espèces en dehors de toute comptabilité étatique.

En 2017, malgré le moratoire interdisant la pêche des raies et des requins, la filière économique au Banc d'Arguin reste très structurée. Lors de la saison forte des sélaciens (de novembre à mai), les captures sont évacuées par les mareyeurs en direction de Blawakh, un village de pêcheurs situé à 60 km de Nouakchott, qui concentre la majorité de la transformation et de l'export d'ailerons et de chairs de sélaciens. D'après les informations collectées dans le PNBA, une carcasse de petit requin de type *tollo* (généralement *rhizoprionodon acutus*) peut se négocier sur la plage environ 300 MRO[7], soit 1 $. Les raies ont une valeur supérieure puisqu'elles peuvent s'acheter plus de 1500 MRO. Le prix sur la plage des sélaciens est relativement stable, soumis par les mareyeurs ; en revanche, sur les marchés le prix au kilo du produit fini pourra varier, induisant une prise de risque pour les mareyeurs revendant aux grossistes. Sur le marché du « *gedj*[8] » de Nouakchott, le kilo de requin se négociait entre 250 et 300 MRO en 2017. En cas de captures plus faibles, les raies et requins sont la plupart du temps transformés dans le Parc. Les pêcheurs ayant collecté dans leurs filets des raies et requins peuvent les vendre aux transformateurs du village. Ces derniers auront comme principal objectif de remplir leurs puits[9] (jusqu'à 2

[7] Ouguiya mauritanienne.

[8] Poissons préparés en salé séché ou salé fermenté.

[9] Un puits de transformation ou de saumure consiste dans le PNBA en une installation semi-permanente. Il s'agit d'un trou creusé dans le sable à proximité du rivage, au fond duquel une bâche sera étendue. Les carcasses, une fois éviscérées, sont mises dedans pour un temps plus ou moins long qui dépend du taux de remplissage. Des installations en béton existent également dans certains villages.

tonnes) pour ensuite payer les services d'un transporteur qui ira les vendre à Blawakh. Les sélaciens peuvent aussi être rachetés par un mareyeur qui paie les services de transformateurs. Au final, les cargaisons de produits finis sont transportées et vendues à Blawakh ou Nouadhibou, lieux à partir desquels elles seront ensuite exportées. Le pays destinataire peut différer suivant la qualité et le produit recherché (la raie-guitare au Nigéria, le petit requin au Mali et au Ghana). On constate que le commerce des sélaciens est entièrement tourné vers l'exportation. Si une partie de la valeur ajoutée est réalisée dans le Parc par la transformation des captures, la majeure partie est faite à l'extérieur sur le site de Blawakh par les mareyeurs et les exportateurs qui dans certains cas parviennent à exporter jusqu'à 25 tonnes par mois[10] (l'équivalent d'un conteneur).

Au sujet des ailerons au Banc d'Arguin, ils sont laissés sur les carcasses lorsque celles-ci sont transportées et vendues fraîches à Blawakh. Lorsqu'elles sont transformées dans le Parc, les ailerons sont collectés par les mareyeurs et vendus secs au kilo qui se négocie environ 6 000 MRO (2017).

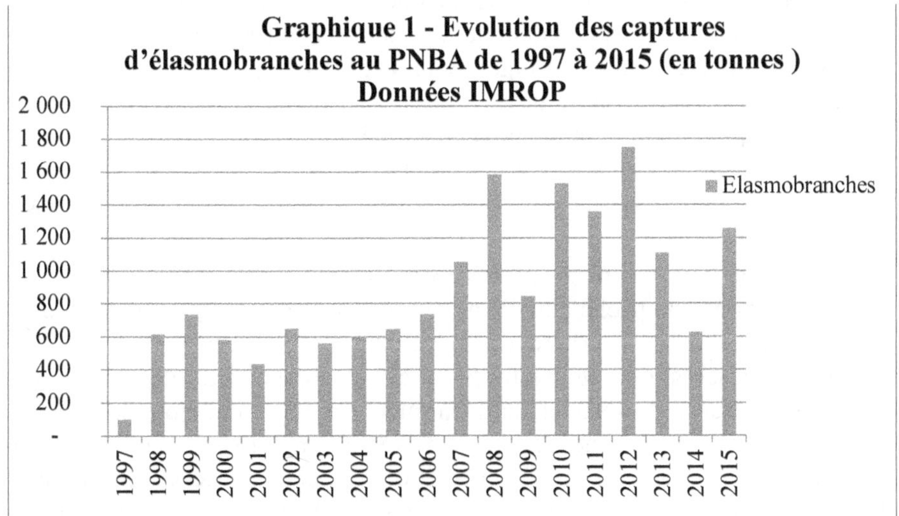

Graphique 1 - Evolution des captures d'élasmobranches au PNBA de 1997 à 2015 (en tonnes) Données IMROP

Tentative d'ajustement de la part du Parc

Malgré l'arrêt de la pêche ciblée des sélaciens, les débarquements n'ont pas diminué mais ont au contraire augmenté (graphique 1). Jusqu'en 2015 ils représentaient en moyenne 35 % des captures, avec des pics à plus de 50 % comme ce fut le cas en 2012 (IMROP). Ce constat a entraîné la multiplication des mesures de gestion des pêcheries imraguen. Celles-ci se

[10] Entretien avec un commerçant de Nouadhibou, 28 avril 2017.

basent sur les justifications des pêcheurs expliquant ne pas pratiquer de pêche ciblée à l'encontre des raies et requins. La présence de sélaciens dans leurs filets ne serait que le fruit du hasard. Cette idée est reprise par le Parc et ses partenaires sous le terme de « pêche accessoire ». Comme le rapportait un pêcheur d'Iwik en 2017 : « *Lorsque l'on met un filet on ne sait pas ce qu'il va ramener* ».

Cette justification trouve son fondement dans la non-sélectivité supposée de certains engins tels que le filet *tollo*[11] et le filet courbine[12], qui représentent à eux deux 80 % des captures totales de sélaciens dans le PNBA. Cependant, il faut noter le caractère arbitraire de cette faible sélectivité puisqu'elle repose sur les données de débarquements sans impliquer les critères de zonage et de saison.

Les trois espèces les plus capturées dans le PNBA sont le requin à museau pointu (*rhizoprionodon acutus*), la raie mourine (*rhinoptera marginata*) et la raie-guitare (*rhinobatos cemiculus*). Cette dernière fait preuve d'un statut international de protection en étant inscrite sur la liste de l'Union Internationale pour la Conservation de la Nature (UICN). D'un point de vue économique, elle est très recherchée pour ses ailerons qui ont une valeur plus importante sur le marché, et pour sa chair prisée au Nigéria. Le PNBA est un des derniers refuges pour cette espèce qui a vu son stock diminuer sur le reste du littoral de la CSRP (Diop et Dossa 2011). Ces trois espèces représentent en moyenne 85 % des captures totales d'élasmobranches au PNBA. Du fait de la forte saisonnalité des captures de ces espèces et de leurs constantes biologiques, le Parc a tenté de moduler les mesures de pêche.

Afin de pallier au ciblage de ces trois espèces, le PNBA a modifié les saisons, les zones de pêche ainsi que la maille des filets employés. Il a aussi tenté de faire valoir le critère de surveillance et d'accès à la zone. Les premières mesures ont été restrictives et se contentaient de limiter les quantités annuelles de sélaciens à débarquer. En 2007, une note de service, faisant suite à un atelier de gestion participative, autorisait un prélèvement de 74 tonnes de sélaciens pour l'année 2008. Or, cette année-là, les captures d'élasmobranches ont atteint 1583 tonnes (IMROP). Cet exemple nous permet d'entrevoir le degré important de transgression des pêcheurs qui, sur la base de la gestion participative, ne respectent pas les engagements pris.

Par la suite, le PNBA a tenté de faire appliquer un système d'amendes en cas de ciblage avéré des sélaciens. Cependant, d'après les agents de terrain

[11] Nom canarien de l'aiguillat commun (*squalus acanthias*), cette désignation sur le littoral mauritanien concerne les espèces de petits requins (*rhizoprionodon acutus*) que les pêcheurs appellent également *cazón* provenant du castillan et qui désigne initialement le *galeorhinus galeus*.

[12] Filet courbine d'une maille étirée de 200 à 240 mm (Braham et Ould Vally 2014).

interrogés, très peu de sanctions ont été appliquées faute de personnel et de contrôles sur place.

En 2009, la problématique remonte au CSBA qui va tenter d'établir une liste de mesures à prendre dans le cadre de l'interdiction du ciblage de 2003. Cependant, si certaines mesures ont été suivies, elles n'ont pas eu d'impact sur le long terme. Les captures ont bel et bien diminué en 2009, principalement par la mise en place d'une brigade mobile de surveillance qui se déploya au plus fort de la saison de captures des sélaciens. Cette surveillance accrue, à laquelle se sont ajoutées la destruction de puits de transformation et la saisie d'engins illégaux, entraîna une vive contestation de la population et cette opération ne fut pas répétée par la suite. Si le Parc s'attribue la réussite de cette mission, des observateurs de l'IMROP jugent celle-ci relativement inefficace. Elle aurait entraîné des débarquements tardifs, voir des transbordements en mer, qui ne permettent pas de comptabiliser les captures de raies et requins dans les statistiques[13].

Enfin, en 2011, un plan de zonage avec une restriction saisonnière pour les engins fut proposé et validé par la population lors d'un atelier tenu à Mamghar. Cependant, en 2012, les captures n'ont jamais été aussi fortes, avec plus de 1600 tonnes débarquées. L'enquête de terrain renforce cet argument avec des témoignages sur des méthodes permettant d'échapper au comptage lors des débarquements, tronquant ainsi les données :

« Si nous ne voulons pas être vus, nous débarquons de nuit les caisses pleines de raies-guitares surtout » (entretien avec un pêcheur, Teichott, 8 avril 2017).

Malgré l'arrêt officiel, le constat de la pêche ciblée est toujours remis en question, entraînant la multiplication des interventions techniques sur la gestion des pêcheries. L'explication se trouve ailleurs et non dans les mesures rigides et verticales prises par l'autorité du Parc sous la pression externe de chercheurs du CSBA en 2009, renouvelée en 2016, ou encore par l'UNESCO en 2014.

Ce modèle de gestion se basant sur l'exploitation de la ressource montre ses limites dans l'échec des mesures de conservation. En voulant considérer la « pêche accessoire » comme la seule réalité, le Parc néglige les puissants intérêts commerciaux que suscitent les élasmobranches. Cette justification a néanmoins eu l'avantage de satisfaire les deux parties, d'un côté les instances internationales, n'y voyant qu'une externalité négative impropre à atteindre la valeur du bien, et de l'autre côté les populations qui peuvent continuer à exploiter la ressource sans dommage pour leurs revenus. Cependant, compte tenu de l'augmentation des captures, cette fragile justification est aujourd'hui limitée.

---

[13] Entretien avec un cadre de l'IMROP, Nouadhibou, le 26 avril 2017.

Vicissitudes de la conservation des élasmobranches au PNBA

Problème de logistique au cœur du Parc

L'administration du PNBA était basée jusqu'en 2017 à Nouakchott. Sa représentation locale dans l'enceinte du Parc se caractérise à plusieurs niveaux. Le premier concerne les chefs de départements, au nombre de deux, responsables des villages dans leur juridiction[14]. Au sein des villages, on trouve des postes du PNBA avec un chef de poste. Le dispositif est renforcé par la brigade de surveillance marine qui peut se déployer dans la quasi-totalité des eaux du Parc. Sa principale activité consiste à limiter et sanctionner les intrusions de pirogues à moteur extérieures au Parc, venues des campements au sud de Mamghar ou encore de Nouadhibou, au nord. Lors de mon déplacement dans le Parc, j'ai constaté que ce déploiement institutionnel était grandement défaillant. Les chefs de postes étaient pour la plupart absents, les directeurs de départements également. La seule institution qui assurait une permanence dans la zone était l'IMROP, avec son réseau d'enquêteurs dans les villages du Parc. D'après les cadres de Nouakchott, cette situation ne serait que temporaire. Cependant, en discutant avec les acteurs de terrain, on se rend compte que celle-ci serait récurrente, due notamment au manque d'approvisionnement des postes dans le Parc. Cette faille institutionnelle fut reconnue par le Parc dans le Plan d'Aménagement et de Gestion (PAG) de 2015-2019. En effet, le Parc manque cruellement d'effectifs de terrain, ce qui a pour conséquence l'absence de suivi des mesures de gestion prises dans les instances de concertation. En 2015, sur 125 membres, le PNBA recensait 35 agents de terrain, en comptabilisant les huit enquêteurs détachés de l'IMROP (données du PNBA).

Cette faiblesse se traduit donc par une transgression des accords pris au préalable grâce à la concertation. Si la mise en œuvre effective des décisions de gestion des pêches n'est pas vérifiée sur le terrain, les acteurs peuvent adopter des comportements déviants, en l'occurrence une pêche ciblée sur les raies et requins. Cela se traduit par l'usage de filets illicites, comme le monofilament interdit en Mauritanie depuis 2002. Ou encore l'usage, qui s'est généralisé depuis 2009, d'un filet appelé « balize aynou[15] », semblable à un engin courbine mais qui possède une maille beaucoup plus large (260 à

---

[14] Département sud : Mamghar, Teichott, R'Gueiba ; Département centre : Agadir, Arkeiss, Chami, Iwik, Ten Alloul.

[15] Grand œil en *hassaniyya*.

320 mm) correspondant à celle employée avant 2004 pour cibler les raies (220 à 300 mm).

« La raie-guitare pendant la chaleur vient sur le bord, le « balize aynou » sert à les capturer » (extrait d'entretien avec un pêcheur de Mamghar, 10 avril 2017).

Ce genre de déclaration en dehors du Parc revient régulièrement alors que, bien entendu, dans le Parc le discours est complètement différent[16]. Le « balize aynou » servirait à cibler les grosses courbines. Plusieurs études de l'IMROP (Braham et Ould Vally 2014) dénoncent son usage, sans réaction de la part du PNBA et sans répercussion auprès des pêcheurs.

La gestion participative remise en question

Depuis le moratoire de 2003 sur l'arrêt de la pêche ciblée des sélaciens, la gestion participative a été au cœur des dynamiques institutionnelles du PNBA. Chaque année, jusqu'en 2012, des ateliers avaient lieu dans des villages différents du Parc. Concentrée d'abord sur les mesures de pêche, celle-ci se diversifia sous la forme de comités de pêche ou encore, plus récemment, de Comités Villageois de Cogestion (CVCG).

Cependant, plusieurs critiques reviennent systématiquement dans la mise en place de ce processus. La première touche l'exercice même de la concertation. Nombre d'acteurs extérieurs (Heylings 2002 ; Châtelain 2007 ; Bouché 2008) suggèrent l'absence de véritables dialogues entre le Parc et les villageois. La plupart des décisions seraient prises en amont, ne laissant que peu de place aux débats et sans possibilité de changement de trajectoire. D'autre part, les doléances ou requêtes des villageois sont bien souvent sans conséquences. Cette forme de paralysie du processus est renforcée par des « négligences » de la part de l'administration du Parc, ne livrant les ordres du jour que tardivement, limitant ainsi les marges de manœuvre villageoises. Le rapport de force entre Imraguen et cadres du Parc est relativement inégal, lié principalement à la position sociale des Imraguen. Ces premières considérations permettent de douter du bien-fondé du processus entamé en 1998 dans le cadre du projet Requins. En effet, il est peu plausible que les Imraguen aient aussi facilement renoncé à une importante rente économique avec comme principale assurance la promesse d'une reconversion incertaine. En revanche, on peut se tourner vers le rachat des filets par le PNBA à la fin

[16] Lors de mon étude le discours des pêcheurs était souvent biaisé dans la mesure où une équipe du PNBA m'accompagnait en permanence, rendant l'accès à l'information relativement difficile, puisqu'il était bien évidemment hors de question pour les pêcheurs d'admettre réaliser une pêche ciblée sur les sélaciens. Les informations de pêche ciblée ont pu être obtenues en dehors de cette « surveillance » avec des pêcheurs francophones ou par l'entremise des enquêteurs de l'IMROP.

du projet Requins, possible vecteur d'acceptation de l'abandon de cette pêche. Pendant cette période, les pêcheurs du Parc cherchaient à garder le même niveau de revenus en utilisant les nouveaux engins courbines pour la pêche des sélaciens. Le graphique 2 montre, à partir de 2005, la brusque recrudescence des captures de raies et requins à l'aide du filet courbine. En effet, le PNBA a mis en œuvre l'achat des filets raies et requins sans tenir compte des autres facteurs tels que la saison et les zones de pêche. Cela, ajouté aux bénéfices apportés par la pêche des sélaciens, provoque le développement de celle-ci malgré le changement d'engins. Ce rapport se remarque très sensiblement avec l'usage du filet courbine qui, à partir de 2003, débarque de plus en plus de sélaciens (graphique 3).

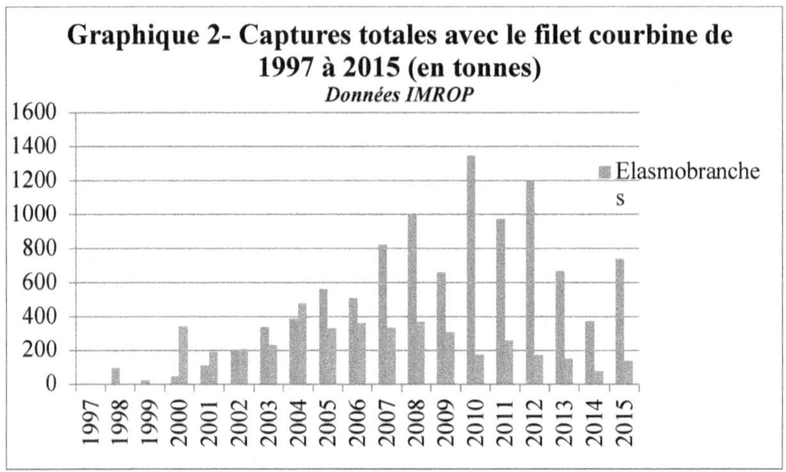

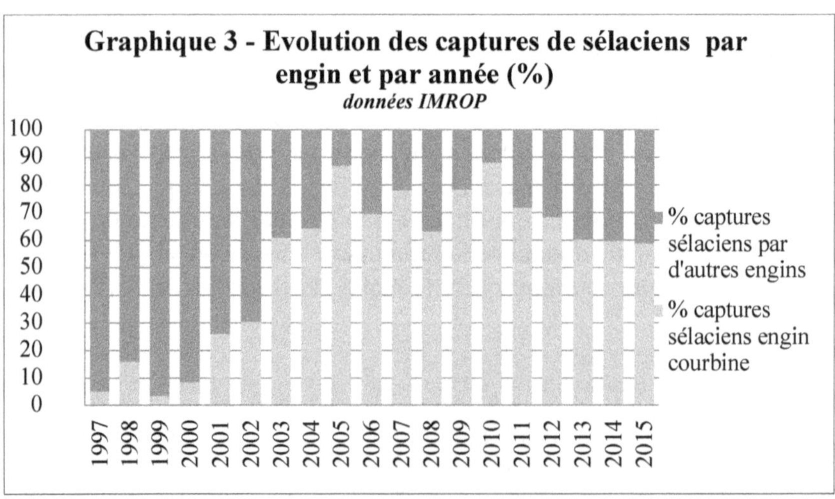

Depuis la mise en place de la gestion participative, d'autres instances telles que les comités de pêche ont été conçues afin d'optimiser le dialogue entre les populations et les gestionnaires du PNBA. Les membres sont élus à la suite des ateliers de concertation par les propriétaires de lanches[17]. Cependant, comme ces derniers sont minoritaires, ils ne représentent pas forcément les intérêts généraux des ménages les plus démunis. L'évaluation de 2007 (Châtelain 2007) faisait état d'un accaparement de cette sphère de négociation par les mareyeurs et des pêcheurs non actifs (des armateurs). Dès lors, on peut comprendre les aménagements douteux de certaines pratiques de pêche dans l'enceinte du Parc, comme l'avance du début de la saison courbine à novembre, qui ne permet en réalité de capturer uniquement que des raies (graphique 4). Les conséquences furent décriées par certains membres du Parc mais rien ne fut mis en place pour raccourcir la saison de pêche.

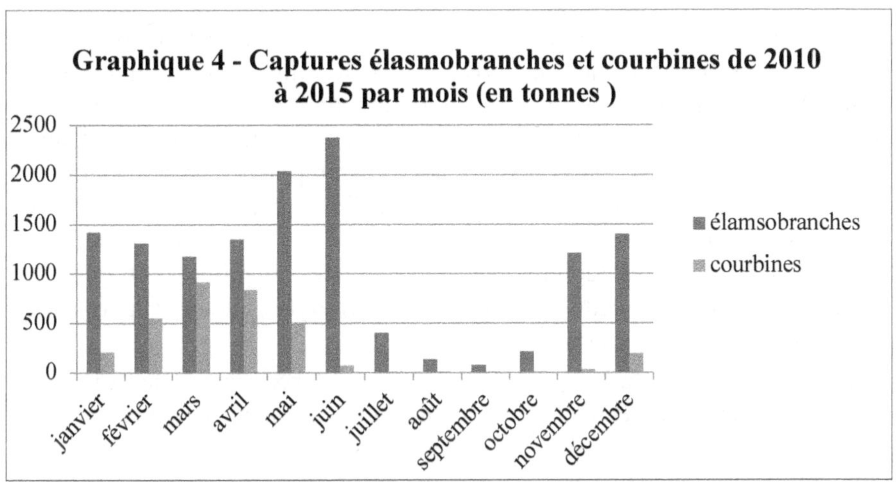

Graphique 4 - Captures élasmobranches et courbines de 2010 à 2015 par mois (en tonnes)

La concertation, dans le cadre de la supposée gestion participative, doit être le fruit d'un contact permanent avec les différentes parties prenantes. Cependant, il semblerait que dans le Parc celle-ci n'intervienne que lors des grands rassemblements des ateliers de gestion participative. Il s'agirait plutôt de mise en scène valorisant, encore une fois, le processus au lieu des résultats. Si la démarche constitue un signe encourageant pour les instances internationales, en réalité le Parc ne fait qu'appliquer un règlement pris en avance sans concertation et dans une verticalité du pouvoir.

« Par ailleurs, le PNBA et les résidents locaux signent des engagements. Puis s'accusent mutuellement de ne pas les respecter. Un représentant au

[17] Il y a 114 lanches autorisées dans le Parc.

comité de pêche est même allé jusqu'à dire en public qu'il acceptait la règle du PNBA puisqu'elle ne serait pas contrôlée par le PNBA. » (Châtelain 2007 : 8).

« On les laisse dire ce qu'ils veulent, on accepte, car on sait que de toute manière il n'y aura pas de suivi. » (Entretien avec un pêcheur, Ten Alloul, 3 avril 2017).

De plus, le processus de conservation des sélaciens a entraîné un certain nombre de mesures de sensibilisation sur le terrain jusqu'en 2008 environ avec, par exemple, des séances de dissection sur la plage lors des débarquements.

« On disséquait à même le sable, pêcheurs et capitaines autour de nous, on leur expliquait lorsqu'il s'agissait de femelles qu'ils n'en avaient pas tué une mais huit et qu'ils ne pourront bénéficier seulement du revenu d'une carcasse. » (Entretien avec un enquêteur IMROP, Iwik, 3 avril 2017).

Cette notion de « tuer la poule aux œufs d'or » est reprise en permanence par les agents de conservation. En 2008, l'arrêt du suivi biologique et la baisse du nombre d'agents du PNBA sur le terrain entraînèrent l'arrêt de cette sensibilisation. Celle-ci ne pouvait passer que par les instances de concertation. Les enquêteurs avaient un rôle clé explicatif en participant à ces ateliers, cependant, en 2007, ils ont été remplacés par des cadres de Nouadhibou, éloignés des réalités de terrain. En s'appuyant sur les rapports de suivi-évaluation des ateliers, on constate une forte incompréhension des populations face à la complexité des données exposées. D'après les enquêteurs de terrain, cette difficulté était surmontée auparavant lorsqu'ils étaient présents pendant les ateliers.

En 2017, on constate que l'ensemble des interventions scientifiques et institutionnelles qui étaient auparavant actives dans le Parc, se sont progressivement délitées sans renouvellement. Les populations n'ont pas ou rarement d'interlocuteurs présents sur place (hormis les enquêteurs) et s'en plaignent régulièrement. Elles parlent avec nostalgie de la période des années 2000, où le Parc était en permanence traversé par de nombreuses missions scientifiques, où il y avait des réunions et un dynamisme de projets. L'absence de personnel de terrain, la disparition des ateliers entre 2012 et 2016[18], un sentiment de manque de concertation entre Imraguen et autorités causent un affaiblissement progressif de la relation créée au début des années 2000. Aujourd'hui, le Parc n'est plus considéré avec bienveillance ni synonyme d'amélioration du cadre de vie.

« Le Parc ne fait qu'interdire, sans se poser la question des véritables besoins des habitants. » (Extrait d'un entretien avec un pêcheur du village de R'Gueiba, 10 avril 2017).

[18] Les ateliers ont disparu car ils ont été jugés inutiles par le Parc.

Le processus de concertation a eu plusieurs impacts sur les populations. S'il a permis à certains d'entrer en dialogue avec le Parc et de faire ressortir des besoins, certaines instances ont, quant à elles, été accaparées par des groupes de pression représentant une minorité possédant les moyens de production. D'autre part, la concertation basée sur le consensus ne trouve pas de réponse du Parc, notamment dans l'accès aux besoins primaires (eau, éducation, santé). Ces questions restent irrésolues et entraînent de nombreuses réclamations de la part des Imraguen, qui ne comprennent pas le peu d'avancées sur ces sujets (l'eau reste chère dans les villages du Parc). En adéquation avec la sphère économique, le délitement de la concertation est un autre facteur d'explication de la résistance de la pêcherie des raies et requins.

Le PNBA n'a pas pu proposer de véritables alternatives socio-économiques aux pêcheurs du Parc. Ces derniers, ne voyant pas d'amélioration de leur cadre de vie ou de réelles alternatives à la pêche des élasmobranches, ont recours à la transgression des règlements afin de se réapproprier les ressources du Parc qui leur ont été interdites. La réponse du PNBA, qui se veut aujourd'hui plus ferme pour enrayer cette pêcherie, ne va qu'envenimer la situation jusqu'à, pourquoi pas, créer un véritable conflit social, dont une ébauche s'est dessinée en 2009 avec la brigade mobile.

Dans cette situation périlleuse, le Parc se retrouve pris en étau entre les pêcheurs qui ne veulent pas qu'il intervienne davantage dans leurs pratiques extractives (refus du plan de zonage), mais aussi avec les institutions internationales qui souhaitent véritablement voir disparaître la pêche des sélaciens et qui pourraient mettre à mal le prestige du Parc. Sans réelle volonté de changement, la pêcherie des élasmobranches continuera jusqu'à l'épuisement des stocks, avec comme seule justification celle de la pêche accessoire qui permet de camoufler les transgressions des pêcheurs et l'inaction du Parc. Ce jeu de dupes est de moins en moins accepté par les partenaires extérieurs qui ont bien conscience aujourd'hui de la faiblesse du Parc qui ne remplit pas sa réelle fonction de protection. En 2009, le CSBA s'est déjà saisi du sujet puis à nouveau en 2016 (ce qui donna lieu à cette étude). En 2014, c'est l'UNESCO qui mit sur pied une mission de suivi réactif afin d'évaluer le bien et qui releva l'importance de la pêche des sélaciens dans l'enceinte du Parc.

Le PNBA, un espace de rente

L'activité de pêche de sélaciens ne s'est pas arrêtée avec le rachat des filets par le Parc en 2003. La filière reste toujours active et demandeuse de produits (ailerons, salé séché), car en dehors du Parc celle-ci n'est pas sanctionnée. Dans ce cadre, le Banc d'Arguin continue d'exercer l'attraction d'un réservoir de ressources (Cazalet 2004), dans lequel il est possible de tirer de substantiels revenus. L'extraversion progressive de l'économie imraguen a permis l'enrichissement d'un certain nombre d'entre eux et de profonds changements sociaux dans l'organisation des villages.

Tableau 1 - Évolution par année des captures de raies-guitares et de courbines avec l'engin courbine (en tonnes) *Données IMROP*		
Années	**Raies-guitares**	**Courbines**
1997	0	2
1998	21	0
1999	5	0
2000	1	341
2001	1	190
2002	15	205
2003	7	231
2004	2	480
2005	6	331
2006	27	361
2007	30	336
2008	21	369
2009	44	308
2010	144	176
2011	67	259
2012	28	172
2013	24	148
2014	50	80
2015	105	137
Total général	599	4126

En concentrant les moyens de production (lanches, véhicules) et d'écoulement des stocks, ces individus vont posséder un pouvoir considérable sur la zone.

La possession de ces moyens de production leur donne la possibilité d'orienter complètement les stratégies des équipages des lanches.

« Mais souvent, c'est le mareyeur qui choisit l'orientation de la pêche, certains capitaines ne sont pas libres et sont contrôlés à 100 % par les mareyeurs. » (Entretien avec un capitaine de lanche, Teichott, 8 avril 2017).

Les propriétaires de lanches et mareyeurs, pour la plupart Imraguen mais ne résidant pas nécessairement dans le Parc, attirés par l'appât du gain que peut générer cette pêcherie, ne vont pas forcément s'accorder avec la conservation des sélaciens imposée par l'institution. Leur intérêt est basé sur la rentabilité de leurs investissements. Cet indice nous montre que cela peut déterminer le ciblage des espèces de raies et requins, puisque la filière économique est toujours active à l'extérieur du Parc.

Le deuxième facteur économique concerne les pêcheurs saisonniers habitués à travailler avec les Imraguen pendant la période de la courbine et du mulet. Ces individus sont nécessaires au bon fonctionnement de l'extraction des ressources car le nombre de pêcheurs résidant dans le Parc est insuffisant pour assurer le fonctionnement de toutes les lanches en activité. Or, ces pêcheurs de passage, souvent des citadins attirés par l'espoir d'un profit rapide (Boulay 2013), ne sont pas soumis à l'idéal de conservation proposé par le Parc. Leur intérêt est de rentabiliser la saison. Compte tenu du prix des engins et de la vie dans le Parc, ils se font souvent prêter de l'argent avec comme remboursement le fruit de leur pêche. Sans obtenir une rentabilité grâce aux poissons ciblés comme la courbine, ils cherchent à augmenter leurs bénéfices en capturant des élasmobranches dans leurs filets. La « pêche accessoire », dont font état ces pêcheurs, perd toute crédibilité sachant que ces deux espèces ne partagent pas la même zone. Les courbines se pêchent sur les hauts-fonds alors que les raies-guitares sont présentes sur les vasières, ce qui pendant la saison courbine montre bel et bien un ciblage avéré de ces élasmobranches (tableau 1).

Si la courbine est absente, la rentabilité est néanmoins assurée puisque le marché des sélaciens est toujours présent. Ce retournement en faveur du ciblage des sélaciens montre l'échec de la reconversion vers des pêcheries dites « durables ». Le manque de connaissance sur l'état des stocks et la pression en dehors du Parc rendent la saison courbine incertaine. Cela favorise le retour au ciblage des élasmobranches. Les données de l'IMROP montrent que chaque année la quantité de sélaciens débarqués pendant la campagne de pêche à la courbine est largement supérieure à l'espèce originellement ciblée (graphique 2).

En considérant le PNBA comme un espace de rente dans lequel on peut vendre sa force de travail, on voit rapidement les limites de l'idéal de conservation proposé par le Parc et ses partenaires. L'objectif de rentabilité ne permet pas d'établir une relation durable de conservation avec l'environnement d'extraction.

Dans le cadre d'une économie extravertie, la persistance du marché rend les ressources du Banc d'Arguin attrayantes pour un grand nombre d'acteurs, pas nécessairement Imraguen et/ou résidents. L'absence de répercussions en cas de comportements illicites encourage les pêcheurs à prendre le risque de pêcher les espèces « interdites ». Le cas échéant, ils utiliseront la justification de la « pêche accessoire ». Patrimonialiser dans une zone soumise à une pression anthropique, quelle qu'elle soit, inclut le besoin de prévoir et gérer les potentielles externalités liées à cette protection artificielle (Lavoie 2014). La mise en place du projet Requins a nié le dynamisme du marché connecté à l'extérieur du Parc, lui-même relié au marché international de l'aileron. Il était illusoire de croire qu'une compensation monétaire et une vague promesse de reconversion allaient stopper l'exploitation des sélaciens.

Les conséquences de cette économie sont pour le moins néfastes pour la zone du Parc. La plupart des bénéfices ne sont pas réinjectés dans le Parc mais dans des activités plus stables en ville (Boulay 2013), et les pêcheurs vendant à moindre coût le fruit de leur pêche aux mareyeurs sont dans une situation de précarité importante. L'objectif du Parc n'est pas atteint. La gestion des interactions avec les individus exploitant la ressource dans l'aire protégée à des fins économiques extérieures est un enjeu de gouvernance pour les Aires Marines Protégées (AMP) (Dahou *et al.* 2004). Or, comme nous avons pu le voir, le PNBA se focalise sur des mesures techniques uniquement liées à l'extraction dans son aire. En ignorant l'existence d'une filière des sélaciens extérieure toujours active, la tentation pour de nombreux pêcheurs (Imraguen, saisonniers) est de continuer à les pêcher malgré les risques de sanctions qui sont cependant pratiquement inexistants.

Conclusion

La naissance de la problématique des sélaciens au PNBA est le fruit d'une volonté internationale de protéger ces espèces. Le constat de l'exploitation des raies et requins provient des partenaires du Parc, notamment l'UICN, qui sont intervenus pour créer une zone de réglementation de l'usage de ces espèces, limitant leur potentiel économique. Cependant, compte tenu de la pression internationale et de la permanence de l'accès à la rente, l'autorité du Parc n'est pas en mesure de limiter la pêcherie des sélaciens. Les limites proviennent d'une tentative de patrimonialisation exogène ne prenant pas en compte la finalité de ce commerce extraverti. Son maintien à l'extérieur du Parc et donc son attractivité rendent toute mesure de gestion des pêcheries internes peu efficace.

Les résidents et pêcheurs du Parc n'ont pas l'impression que leur collaboration avec le PNBA ait porté ses fruits. Le consensus de base n'est pas réalisé et les conditions de vie dans le Parc restent extrêmement difficiles. La capture des sélaciens peut être considérée comme un rééquilibrage des accords passés jugés insuffisants par les populations. Les pêcheurs le manifestent en transgressant les accords collectifs faisant ainsi le jeu des acteurs commerciaux extérieurs valorisant les espèces de raies et requins pour les marchés internationaux.

Le processus de gestion participative trouve lui aussi sa limite dans un délitement de la relation entre les résidents et le personnel du Parc. Le manque de déploiement d'unités de contrôle entretient la possibilité de commettre des infractions. Le PNBA s'est basé sur le consentement mutuel pour conserver les sélaciens. Compte tenu de l'importance de ce commerce pour ces populations et le manque à gagner causé par l'abandon de cette pêche, ce mode de gouvernance fait place dorénavant à un renforcement de la coercition, faisant suite à la pression du CSBA et de l'UNESCO. Une réimplantation des agents de conservation au sein du Parc serait la clé pour initier un début de changement en renouant avec les populations et limiter les transgressions. Cependant, les résultats seraient mitigés si le PNBA n'investit pas dans les infrastructures de base, assumant ainsi sa responsabilité auprès des Imraguen résidents.

Aujourd'hui, de nouvelles mesures ont été prises de manière à endiguer cette pêcherie. Cependant, la plupart d'entre elles sont toujours circonscrites au territoire du PNBA et sur la pêcherie, sans considération pour le commerce extérieur, ainsi que pour la pêche des sélaciens en dehors de l'AMP. Sans revalorisation de la concertation et de la sensibilisation, le résultat probable sera l'accroissement des tensions entre les populations résidentes et les autorités du Parc. Une vision nationale de la problématique des élasmobranches, mobilisant différentes institutions sur l'ensemble du littoral, pourrait permettre de mettre en place un système de régulation. À l'échelle nationale, un PAN Requins est actif depuis 2007 dans le cadre régional du PSRA, développé par la CSRP. Il serait intéressant de prendre des dispositions pour impacter la filière commerciale plutôt que la filière extractive afin de réguler la pêche des élasmobranches. Au niveau du PSRA, un système de taxation sur les produits exportés avait été proposé sans application. Les différents acteurs concernés par les pêcheries pourraient trouver un point d'entente pour mettre en place et appliquer un système de taxation sur ces produits. Ce serait le premier pas vers une baisse de l'offre proposée à l'export, mais cela aurait peut-être aussi tendance à renforcer le caractère illégal de cette filière.

Bien que disposant d'une visibilité internationale, l'échec de la conservation des sélaciens dans le Banc d'Arguin pose les questions classiques de l'interventionnisme international dans les pays en développement. L'interdiction de la pêche des sélaciens au PNBA répond à une demande internationale de protection de ces espèces. Celle-ci impactant les populations sur le long terme, puisque la disparition des sélaciens entraînerait probablement un déséquilibre écosystémique et un appauvrissement généralisé de la ressource halieutique pour la population mondiale. Les résidents du Parc entrent en second plan dans les considérations internationalistes des développeurs. En effet, il est tout de même troublant de n'avoir pas su proposer de réelles alternatives à la pêche des sélaciens aux Imraguen, qui ont dû se contenter d'un pécule comme seule contrepartie à la cessation de leur activité. Une vue à court terme qui, en l'absence de reconversion plausible, les oblige à revenir à la pêche des sélaciens. D'où l'échec annoncé de ce projet au détriment des instances internationales qui continuent à pourvoir aux différents besoins du PNBA et à croire au succès du projet. On pourrait d'ailleurs s'interroger à juste titre sur l'utilité de cette AMP qui, sur la thématique des pêcheries, n'est réellement efficace que pour limiter l'intrusion de pêcheurs étrangers sur son aire de répartition.

Bibliographie

BOUCHÉ E.,

2008, *La nécessaire symbiose du processus et du contexte dans la gestion participative des aires protégées : le cas du Parc National du Banc d'Arguin,* Mémoire de master, Politiques de l'environnement et développement durable, Paris, Institut Catholique de Paris, 83 p.

BOULAY S.,

2013, *Pêcheurs imraguen du Sahara atlantique : mutations techniques et changements sociaux des années 1970 à nos jours*, Karthala, Paris, 235 p.

CAZALET B.,

2004, « Les aires marines protégées à l'épreuve du sous-développement en Afrique de l'Ouest », *VertigO - la revue électronique en sciences de l'environnement,* [en ligne], 5 (3), consulté le 17 août 2018, https://journals.openedition.org/vertigo/3274

CHABOUD C. et GALLETTI F.,

2007, « Les aires marines protégées, catégorie particulière pour le droit et l'économie ? », *Mondes en développement*, 138 (2), pp. 27-42.

CHÂTELAIN C.,

2007, *Appui au processus de gestion participative au Parc National du Banc d'Arguin*, ProGRN-PNBA, Nouakchott, 53 p.

DAHOU T., WEIGEL J.-Y., OULD SALECK A.M., DA SILVA A.S., MBAYE M. et NOËL J.-F.,

2004, « La gouvernance des aires marines protégées : leçons ouest-africaines », *VertigO - la revue électronique en sciences de l'environnement* [en ligne], 5 (3), consulté le 17 août 2018, http://journals.openedition.org/vertigo/3327

DENT F. et CLARKE S.,

2015, *State of the global market for shark products*, FAO, 590, Rome, 196 p.

DIOP M. et DOSSA J.,

2011, *30 années d'exploitation des requins en Afrique de l'Ouest : trajectoires des pêcheries, évolution des captures et état de conservation des requins dans les pays membres de la Commission sous-régionale des pêches*, FIBA, Arles, 52 p.

DUCROCQ M., OULD SIDI M.L. et OULD YARBA L.,

2004, *Comment le Parc National du Banc d'Arguin est devenu le plus grand sanctuaire d'Afrique pour les requins*, PNBA-FIBA-UICN-PRCM, 54 p.

DULVY N.K., FOWLER S.L., MUSICK J.A., CAVANAGH R.D., KYNE P.M., HARRISON L.R., *et al.*,

2014, « Extinction Risk and Conservation of the World's Sharks and Rays », *ELife*, consulté le 22 août 2018, https://elifesciences.org/articles/00590

GUINGOT M.,

2011, *Mareyage au Parc National du Banc d'Arguin (Mauritanie) : différentiel de marge et pouvoir de marché,* Mémoire de master professionnel en sciences de la mer et du littoral, Politique des ressources de l'agriculture, de la mer et de l'environnement, Institut Univ. Européen de la Mer, Plouzané, 68 p.

HEYLINGS P.,

2002, *Renforcement de la Gestion Participative au PNBA*, GTZ, Nouakchott, 35 p.

LAVOIE M.,

2014, « Les enjeux de la patrimonialisation dans la gestion du développement économique : un cadre conceptuel », *Sociétés,* 125 (3), pp. 137-151.

OULD BRAHAM C.B. et OULD VALLY Y.,

2014, *Description des engins de pêche utilisés dans la zone du Banc d'Arguin en 2014 : résultats d'une mission de terrain,* IMROP, Nouadhibou, 12 p.

OULD CHEIKH A.W. et OULD SALECK A.,

2002, *Création et évolution du PNBA, peuplement et identité Imraguen, gouvernance locale*, CONSDEV, Nouakchott, 28 p.

PARC NATIONAL DU BANC D'ARGUIN,

2015, *Plan d'Aménagement et de Gestion 2015-2019*, PNBA, Nouakchott, 127 p.

VALADOU B., BRÊTHES J.-C. et OULD INEJIH C.A.,

2006, « Observations biologiques sur cinq espèces d'Élasmobranches du Parc National du Banc d'Arguin », *Cybium*, 30 (4), pp. 313-322.

WEIGEL J.-Y., WORMS J., OULD CHEIKH A.W., FALL R. et DA SILVA A.S.,

2007, « Les enjeux des aires marines et côtières protégées ouest-africaines », *in* CAZALET B., FÉRAL F., WEIGEL J.-Y. (dirs), *Les aires marines protégées d'Afrique de l'Ouest*, Presses universitaires de Perpignan, Perpignan, pp. 39-60.

(Tous les tableaux et graphiques ont été réalisés par B. Dejust, à partir de la base de données des captures dans le PNBA de 1997-2015, produite par l'IMROP.)

La relance du tourisme dans l'Adrar mauritanien – Dynamiques de redéploiement des acteurs et perspectives pour le développement du secteur

Delphine Lopata

Master Expertise Population & Développement, Université Paris Descartes, Faculté des sciences humaines et sociales de la Sorbonne.

Résumé

Après dix ans de « sécheresse touristique » en Mauritanie, l'année 2018 marque la reprise des charters de touristes français qui atterrissent dans la région de l'Adrar suite à la sortie de la « zone rouge » (zone formellement déconseillée par le ministère des Affaires étrangères français). Sur cette relance reposent de nombreux espoirs qui font écho à la période de prospérité touristique dix ans plus tôt. Les acteurs présents pour la saison 2017/2018 sont pour la plupart les mêmes qu'il y a dix ans, toutefois le partenariat entre les tour-opérateurs français et mauritaniens autour duquel s'organise la relance est devenu privé. Plusieurs problématiques découlent du bousculement opéré dans la structure du secteur jusque-là basé sur un partenariat public, du côté mauritanien. Quelles seront les conséquences en termes de formation, de qualité des services et de rémunération des employés du secteur ? Quelle sera la place que prendra chacun des acteurs présents dans le secteur face à ce remaniement ? Et quelles sont les perspectives futures pour le développement du tourisme en Mauritanie ?

Mots-clés : Mauritanie, Adrar, tourisme, privatisation, perspectives.

Abstract

After a ten-year ban on tourism in Mauritania, 2018 marks the exit of the "red zone" (travel strongly discouraged) and with it the return of French travelers landing in the Adrar region. Many hopes rest on the relaunch of tourism, echoing the period of tourism prosperity ten years ago. The players present during the 2017/2018 season are, for the most part, the same as ten years ago. However, the partnership between the French and Mauritanian tour operators, around which the relaunch revolves, has become private. Several issues arise from the disruption in the structure of Mauritanian tourism previously based on a public partnership on the Mauritanian side. What will the consequences be in terms of quality of services, compensation, and training for employees in the sector? What will each of the players in the sector do in the face of this change? And what are the future prospects for the development of tourism in Mauritania?

Keywords : Mauritanie, Adrar, tourism, privatization, prospects.

Après la crise, un nouvel espoir

L'ouverture au tourisme

Au début des années 1990, le Gouvernement mauritanien décide de faire du tourisme une priorité pour le développement économique dans la région de l'Adrar. Ce secteur est très prometteur pour une région jusque-là peu visitée mais qui a un fort potentiel d'attraction de par sa position privilégiée d'entrée sur le désert saharien. L'État mauritanien va alors mandater la SNIM (Société Nationale Industrielle et Minière), au travers de sa filiale spécialisée, la SOMASERT (Société Mauritanienne de Services et Tourisme), afin de développer un « tourisme solidaire » dans la région de l'Adrar. Cette société nationale qui possède déjà deux des rares infrastructures hôtelières du pays spécialisées dans le tourisme d'affaires (un hôtel à Nouadhibou et un hôtel à Zouérate) va mettre en place des partenariats avec une dizaine de tour-opérateurs français. L'opérateur Point-Afrique inaugure ce partenariat en affrétant pour la première fois un charter de touristes en provenance de Paris dans la région de l'Adrar en 1996. Suivent alors les tour-opérateurs (Nomade Aventure, Explorator, Zig-Zag, Club Aventure, La Balaguère, Désert, Terre d'Aventure, Atalante, Traces, Chemins de Sable, Allibert, Visages, La Burle) connus pour participer à un tourisme « solidaire ». Ils se regroupent sous différents labels d'authenticité et chartes solidaires, lesquels correspondent à la commande du gouvernement qui affiche la volonté de développer un tourisme respectueux de l'environnement et de la culture locale. Il en fixera les conditions dans l'article de loi 96.023 du 7 juillet 1996 portant sur l'organisation de l'activité touristique en République islamique de Mauritanie. L'article 7 stipule que « *les exploitants des établissements de tourisme doivent obéir aux valeurs culturelles et religieuses de notre pays ainsi qu'aux règles et principes admis dans la profession.* »[1] Il s'agit de développer un tourisme qui puisse profiter à un maximum d'acteurs locaux tout en conservant l'aspect authentique d'un tourisme saharien dit « d'aventure ».

Dans les dix années qui suivent, de nombreux acteurs vont se mobiliser autour d'un tourisme se concentrant sur deux activités principales dans la région de l'Adrar : la randonnée à pied, en méharée ou en 4x4 dans le désert et la visite des villes au patrimoine culturel important que sont Chinguetti, Ouadâne et Terjit. Ces deux activités se complètent souvent lors des circuits organisés mais mobilisent différents acteurs sur le terrain.

Ainsi le trekking s'est organisé dans un premier temps autour de partenariats entre les tour-opérateurs français et la SOMASERT dont la mission est de former des guides locaux. Ces derniers doivent donc se former, d'une part, aux exigences d'un tourisme solidaire défini par le Gouvernement mauritanien et par les organismes français et, d'autre part, à la pratique de la randonnée dans le désert au côté d'acteurs plus familiers du milieu dont ils s'entourent. On compte parmi eux les chameliers qui se chargent de la partie logistique de la randonnée et suivent les circuits parallèlement aux groupes de touristes, mais aussi les acteurs plus ponctuels qui profitent du passage des circuits pour vendre des souvenirs. Au fil des années, des agences réceptives locales tentent de gagner en indépendance mais elles restent fragiles face à la rude concurrence menée par le partenariat entre la SOMASERT et le tour-opérateur français qui détiennent une grande partie de la clientèle (Boulay 2009 : 113).

La région de l'Adrar attire aussi les touristes par son patrimoine culturel important à travers d'anciens *ksour* que sont les cités de Ouadâne, de Tichitt, de Oualata et de Chinguetti, ces deux dernières classées au patrimoine mondial de l'UNESCO en 1996. Ainsi de nombreuses auberges familiales se sont développées dans ces villes en une décennie, créant une nouvelle source de revenus pour les habitants de la région.

En 2007, un attentat va mettre brutalement fin à l'essor du secteur du tourisme dont avait bénéficié la région de l'Adrar pendant plus de dix ans. Le 24 décembre, quatre touristes français sont assassinés à une vingtaine de kilomètres d'Aleg, dans le sud-est de la Mauritanie, par des extrémistes mauritaniens revendiquant une affiliation à Al-Qaïda. S'ensuit l'annulation très médiatisée du Paris-Dakar pour menace terroriste[2]. La Mauritanie est donc rapidement assimilée au climat d'insécurité des pays voisins, et le

[1] Journal Officiel de la République islamique de Mauritanie, n° 882, Loi n° 96.023, date de promulgation : 07.07.1996, date de publication : 15.07.1996, pp. 342-344.

[2] *Le Dakar 2008 a été annulé* [en ligne], Le Monde avec AFP et AP, 2008, [consulté le 30/03/2018]. Disponible sur : https://www.lemonde.fr/sport/article/2008/01/04/le-dakar-2008-a-ete-annule_995847_3242.html

ministère des Affaires étrangères français décide de circonscrire en zone rouge une grande partie du pays, qui comprend la région de l'Adrar. Le coup d'État qui a lieu quelques mois plus tard en août 2008, faisant suite à un premier coup d'État en 2005, ne fait que renforcer le sentiment d'instabilité auprès de la communauté internationale et le pays passe alors d'une fréquentation annuelle de plus de 10 000 touristes au début des années 2000 à quelques centaines après 2007[3].

C'est en mars 2017 que le ministère des Affaires étrangères français a modifié ses recommandations aux voyageurs en classant la région de l'Adrar « zone orange » désormais accessible aux touristes. Sur cette décision reposent de nombreux espoirs, comme en témoignent les multiples articles de presse[4] et sites spécialisés dans le trekking. Aussi, les tour-opérateurs français semblent vouloir reprendre les voyages vers la Mauritanie puisqu'un premier charter s'est envolé le 24 décembre 2017 de Paris vers Atar suivi de 14 autres, comptabilisant plus de 2 500 touristes à la fin de la saison en avril 2018. De son côté, le Gouvernement mauritanien a convié les différents acteurs locaux lors d'un atelier de « sensibilisation sur la stratégie nationale du développement du tourisme à Atar »[5].

Les enjeux de la relance

Selon les rapports successifs sur le développement humain et durable en Mauritanie, entre 1996 et 2005[6], le taux de prévalence de la pauvreté dans la région de l'Adrar avait chuté de 50 à 24 %. Cette réduction est imputable au

---

[3] PNUD (2017), *Stratégie nationale de développement du tourisme en République Islamique de Mauritanie*, Nouakchott.

[4] *Le Sahara mauritanien retrouve ses touristes*, [en ligne], Ouest France, 2018, [consulté le 07/05/2018]. Disponible sur https://www.ouest-france.fr/leditiondusoir/data/17061/reader/reader.html#!preferred/1/package/17061/pub/24600/page/5

Dans le Sahara mauritanien, les touristes reviennent, et l'espoir aussi, [en ligne], Le Monde, 2018, [consulté le 07/05/2018]. Disponible sur https://www.lemonde.fr/afrique/article/2018/01/12/dans-le-sahara-mauritanien-les-touristes-reviennent-et-l-espoir-aussi_5241007_3212.html

Cheyvialle A., *Le tourisme, arme de paix, revient en Mauritanie*, [en ligne], Le Figaro, 2018, [consulté le 07/05/2018]. Disponible sur http://www.lefigaro.fr/international/2018/01/15/01003-20180115ARTFIG00245-le-tourisme-arme-de-paix-revient-en-mauritanie.php

[5] *Ouverture d'un atelier de sensibilisation sur la stratégie nationale du développement du tourisme à Atar*, [en ligne], Agence mauritanienne d'information, 2017, [consulté le 25/01/2018]. Disponible sur : http://fr.ami.mr/Depeche-42106.html

[6] PNUD (1996), *Rapport sur le développement humain durable*, Nouakchott. PNUD (2005), *Rapport sur le développement humain durable*, Nouakchott.

développement du tourisme puisqu'en 2006 près de 50 000 personnes vivaient de ce secteur. Le tourisme dans l'Adrar a un impact économique mineur au niveau national mais il permet de soutenir toute une région touchée par la pauvreté.

L'arrêt brutal de l'activité touristique a donc frappé très durement les populations locales. Certains sont allés chercher du travail en ville, à Nouakchott, ou même à l'étranger pour les plus qualifiés. L'enquête réalisée révèle que quelques guides ont maintenu des contacts avec des voyageurs français et sont parvenus à contourner les recommandations du Quai d'Orsay en faisant venir les touristes par l'aéroport de Nouakchott. Ces derniers, pour la plupart des habitués de la Mauritanie, ont fait confiance en l'expertise des guides qu'ils connaissaient pour assurer leur sécurité. Mais la majorité des guides n'a tout simplement pas retrouvé d'activité économique stable. La promesse de relance du tourisme constitue donc un grand espoir pour tous les acteurs rencontrés.

C'est dans le contexte de la reprise des charters touristiques en décembre 2017, à la suite du déclassement en zone orange de la région de l'Adrar et de ses villes classées, qu'il a semblé intéressant d'entreprendre un travail d'expertise sur le sujet ayant pour but de dresser un bilan global de la situation dans le contexte de la reprise du tourisme. Dans cet article, nous présenterons une cartographie des acteurs à travers une comparaison entre leur rôle dans la précédente période touristique et dans le contexte de la relance, avant d'envisager les principales problématiques de cette relance, les limites qu'elle pose et les perspectives qu'elle ouvre.

Cartographie des acteurs du tourisme

Beaucoup des acteurs engagés dans la relance du tourisme en Mauritanie pour la saison 2017/2018 étaient déjà impliqués dans le secteur dans le courant des années 2000. Nombreux parmi les « anciens » ont décidé de poursuivre les activités dans lesquelles ils s'étaient reconvertis après l'arrêt du tourisme. Rares sont ceux qui ont continué dans le secteur pendant cette période de « sécheresse » mais ils témoignent alors d'expériences touristiques « hors circuits » très intéressantes. Enfin, une nouvelle génération d'acteurs a vu le jour avec la relance.

D'autres acteurs orbitent autour du secteur de manière plus ou moins distante, soit parce que leurs activités ont un impact latent sur le tourisme, soit parce qu'ils voient en ce secteur un potentiel de développement pour le pays. Ces acteurs se situent à plusieurs niveaux institutionnels et privés.

Les acteurs institutionnels mauritaniens

L'État mauritanien est bien sûr un acteur incontournable de la relance du tourisme. De sa volonté de développer le secteur touristique dépendent le potentiel et les limites de la relance. À l'étranger, il agit à un niveau diplomatique pour promouvoir la viabilité du secteur. Au niveau national, il impose, à travers ses différentes institutions, les cadres dans lesquels va se développer le tourisme. De plus, il a le pouvoir d'insuffler des dynamismes et d'influencer la direction que va prendre le secteur.

Dans les années 1995, le Gouvernement mauritanien avait inscrit dans ses textes de loi la mise en place d'un tourisme solidaire, respectueux de la culture et de l'environnement. Pour ce faire, il avait mandaté la SOMASERT afin de développer un tourisme conforme aux lignes directrices qu'il avait définies. Cette société était à l'époque le seul réel acteur spécialisé dans le secteur touristique et pouvait bénéficier de la stabilité financière de la SNIM (en tant que filiale), mais aussi de sa culture d'entreprise solide et de son expérience de travail avec l'étranger (clients, experts…).

Aujourd'hui, la SOMASERT n'a plus vraiment de rôle actif dans la reprise (Mauritanides-Voyages ayant repris le flambeau), mais le Gouvernement mauritanien agit à d'autres niveaux. La mesure la plus importante a été prise en termes de sécurité aux frontières. À cet effet, de nombreux postes de contrôle ont été placés dans le désert, en particulier à la frontière malienne, dans l'optique de lutter contre le terrorisme ainsi que les trafics. Ces précautions semblent avoir été assez efficaces pour permettre le retour des touristes en 2017. De plus, depuis la sortie de la zone rouge en mars 2017, des mesures concrètes ont été prises pour faciliter l'entrée en Mauritanie. Le coût du visa qui avait largement augmenté après l'arrêt du tourisme (passant de 43 € à 120 €) a été ramené à 55 € et le gouvernement a financé pour moitié les vols charters affrétés depuis Paris jusqu'à Atar. Enfin, le Gouvernement mauritanien a apporté une assistance logistique à travers la rédaction des rapports diagnostiques portant sur l'offre et le potentiel du tourisme, ainsi que des rapports stratégiques pour mettre en place le plan d'action de la relance[7].

Les agences de développement internationales

Les agences de développement internationales présentes en Mauritanie ont potentiellement un rôle à jouer dans la relance du tourisme pour plusieurs raisons. Tout d'abord, elles interviennent en soutien au Gouvernement mauritanien, c'est-à-dire en renforcement des directives

---

[7] PNUD (2017), *Stratégie nationale de développement du tourisme en République islamique de Mauritanie*, Nouakchott.

ministérielles. En ce sens, si le Gouvernement mauritanien décide de faire du tourisme une priorité dans son plan économique national ou régional, il est probable que les agences de développement y participent. Chaque agence est souvent spécialisée dans un domaine d'action (sécurité, réduction de la pauvreté, droit des femmes…) ; leur but final n'est donc pas le développement d'un secteur particulier de l'économie d'un pays. Toutefois, le développement économique est souvent la voie privilégiée pour atteindre ces objectifs initiaux.

Ainsi les programmes de réduction de la pauvreté se concentrent sur les secteurs avec un potentiel d'économie inclusive. Aujourd'hui, en Mauritanie, ces programmes se focalisent surtout sur le développement agricole, l'éducation, l'accès à l'eau, etc. Dans d'autres pays, les agences de développement ont misé sur le tourisme dans un objectif de réduction de la grande pauvreté[8]. De plus, certains programmes spécifiques menés par les agences de développement, sans avoir pour cible le tourisme, ont des conséquences collatérales sur le secteur. Les programmes de renforcement de la sécurité ou du développement culturel en sont de bons exemples.

À ce jour, seul le PNUD a eu un rôle direct dans la relance du tourisme en apportant son soutien logistique à la rédaction du rapport diagnostique et du plan d'action. De plus, il a appuyé la stratégie précédente pour le développement du tourisme, il y a dix ans, et s'est positionné comme un partenaire privilégié bien que cet appui soit resté au stade stratégique. Ce positionnement est parallèle à la dynamique du développement du tourisme et « *il faut attendre que le dispositif organisationnel et institutionnel soit digéré par les autorités et les acteurs sur le terrain pour soutenir des projets* »[9]. Ce n'est qu'à partir du moment où l'ingénierie touristique aura été mise en place que le PNUD pourra soutenir son développement. Comme beaucoup d'agences de développement, le PNUD attend le bilan de cette première année de relance pour aviser.

Les tour-opérateurs français

C'est le tour-opérateur français Point-Afrique, sous l'impulsion de Maurice Freund, et en tandem avec la SOMASERT, qui a lancé le secteur du tourisme en Mauritanie en affrétant pour la première fois en 1996 des

[8] *Le tourisme et la réduction de la pauvreté*, [en ligne], Organisation mondiale du tourisme, 2010, [consulté le 10/04/2018]. Disponible sur : http://www2.unwto.org/fr/content/le-tourisme-et-la-reduction-de-la-pauvrete

[9] Entretien avec Mme Selma Cheikh Malainine, économiste, et M. Moussa Sidi Bâ, chargé du développement économique local du groupe Stratégies et Politiques au PNUD, fait à Nouakchott le 12/03/2018.

charters depuis la France. Maurice Freund est une figure mythique du tourisme sahélien et a eu une importance considérable sur le lancement du secteur en Mauritanie. Dans les années 1990, il a mené une expertise sur la viabilité du tourisme en Mauritanie qui l'a convaincu du potentiel d'un pays dont l'accueil « chaleureux » promettait un « tourisme authentique ».

D'autres agences françaises se sont alors investies dans le tourisme mauritanien en bénéficiant de la ligne aérienne ouverte par Point-Afrique. La plupart d'entre elles avaient alors pour réceptif exclusif la SOMASERT, leur garantissant un accès aisé sur le secteur en Mauritanie. Ce monopole a été critiqué par les réceptifs locaux qui voulaient se faire une place sur le marché du tourisme mais qui peinaient à faire face à la concurrence que menaient d'aussi grosses agences.

La zone rouge décrétée par le ministère des Affaires étrangères français en 2007 a mis fin à leur activité en Mauritanie mais Maurice Freund n'a pas voulu abandonner son combat. En 2016, il a rencontré le général Marc Foucaud, avec qui il a partagé l'analyse sur la situation sécuritaire en Mauritanie et sur la nécessité de faire évoluer la carte. Avec le soutien du Gouvernement mauritanien, ils ont donc défendu cette position auprès de différents politiques en France. En janvier 2017, lors d'une réunion avec le directeur de la Cellule de Crise au ministère des Affaires étrangères, le général Foucaud a convaincu le Quai d'Orsay de faire sortir l'Adrar de la zone rouge. Les modifications ont été faites trois mois plus tard, en mars 2017, et les charters ont repris en décembre 2017. Cette opération a un coût financier de plus d'un million d'euros. Maurice Freund affirme : « *En cas d'échec, Point-Afrique disparaîtra totalement...* », avant d'ajouter « *mais ne pas s'engager auprès des populations qui souffrent depuis 7 ans de notre absence, serait une trahison ou une grande lâcheté.* »[10]

Cependant, aujourd'hui, le partenariat mauritanien avec le voyagiste français ne se fait plus avec la SOMASERT mais avec Mauritanides-Voyages, réceptif local privé.

Les agences réceptives locales

En 2005, après avoir été écarté par le nouveau gouvernement, M. Aberrahmane Ould Doua, ancien directeur de la SOMASERT, a monté sa propre entreprise, Mauritanides-Voyages, emportant avec lui l'ensemble du réseau des professionnels du circuit touristique, y compris les tour-opérateurs français. Le secteur est donc passé d'un monopole d'État à un monopole privé, sans pour autant changer de mains du côté français. L'arrêt

[10] Freund M. (2017, septembre), La lettre de Maurice Freund, Point-Afrique Voyages. Disponible sur : http://point-afrique.fr/wp-content/uploads/2017/09/lettre-maurice-freund-sept-2017.pdf

du tourisme, seulement deux années plus tard, n'a pas permis un délai suffisant pour faire un diagnostic de ce nouveau partenariat.

Aujourd'hui, la relance du tourisme s'amorce dans la continuité du partenariat avec Mauritanides-Voyages qui détient un quasi-monopole sur le marché des touristes venant par charter, étant le seul partenaire des tour-opérateurs français d'un côté et du gouvernement mauritanien de l'autre. Il fait donc figure de leader en matière de tourisme en Mauritanie.

Toutefois, il existe parallèlement des agences locales indépendantes qui revendiquent une place dans le secteur. En période de zone rouge, quelques réceptifs indépendants ont continué à faire venir des touristes par l'aéroport de Nouakchott. Depuis le retour des vols charter, ils essaient de profiter des vols secs proposés (autour de 600 €) pour continuer à se faire une place aux côtés des géants du secteur. Face à la rude concurrence menée par ceux-ci, certains d'entre eux tentent de s'adresser aux marchés espagnol, italien et allemand et ont déjà réussi à créer des partenariats avec des voyagistes. À cet effet, les guides les plus entreprenants essaient d'apprendre l'anglais, l'espagnol, l'italien et l'allemand afin de se spécialiser dans un partenariat en particulier.

Les professionnels du terrain

Lors des circuits touristiques, différents acteurs encadrent les touristes. Le guide, les cuisiniers et les chameliers accompagnent le groupe tout au long du séjour. Ce contact prolongé avec les touristes fait de ces acteurs la vitrine de la culture mauritanienne. Il en va de même pour les structures d'accueil comme les camps permanents ou les auberges et petits hôtels. Ce sont les acteurs qui travaillent au plus près des touristes ; en ce sens, ils détiennent une responsabilité importante quant à la réussite du voyage. Ce sont eux qui possèdent également le plus de connaissances sur les pratiques des touristes du fait de leur expérience de terrain. Leur point de vue est donc indispensable dans les études diagnostiques portant sur le tourisme en Mauritanie.

Plusieurs des acteurs interrogés affirment que, lors de la première période touristique, les guides (recrutés généralement avec un diplôme universitaire et une connaissance du français) avaient été formés, sur instruction de la SOMASERT, par des historiens, des géographes et des archéologues, leur garantissant un niveau de connaissances assez large et un bon niveau de français pour pouvoir encadrer les touristes dans les meilleures conditions. De plus, certains tour-opérateurs français avaient pour habitude de former des guides en France (en accompagnant des randonnées pédestres) afin qu'ils acquièrent certaines pratiques qui leur paraissaient fondamentales.

Aujourd'hui, la question de la formation des nouveaux professionnels du terrain voués à remplacer l'ancienne génération de guides et cuisiniers se pose, en particulier pour Mauritanides-Voyages qui compte de nombreux employés. Or, contrairement à la SOMASERT il y a vingt ans, le voyagiste ne propose pas, à ce jour, de programmes de formation aussi complets.

La plupart des aubergistes voient d'un bon œil la relance du tourisme qui annonce la réouverture de leurs structures et la reprise des affaires. Toutefois des dissonances, en particulier en matière de rémunération, se manifestent. L'auberge emblématique auprès des guides indépendants, Chez Zaida, à Ouadâne nous offre un aperçu des dynamiques à l'œuvre dans le rapport entre les aubergistes et les réceptifs locaux. Zaida, qui a monté seule son auberge depuis 15 ans, a un parcours intéressant et est connue par tous les guides et voyagistes indépendants. Elle est la seule qui ait continué son activité pendant la crise et cela grâce à la présence d'employés de Total non loin de la ville qui venaient déjeuner ou dormir dans le cadre d'un tourisme d'affaires. Zaida a aussi entretenu des contacts avec des expatriés basés à Nouakchott en organisant elle-même des tours de quelques jours dans le désert, des veillées à la belle étoile dans l'*erg* à quelques kilomètres, ainsi que la visite des lieux d'intérêt autour de la ville. Pour la saison 2017/2018, elle a refusé les prix proposés par Mauritanides-Voyages qu'elle a jugé trop bas au regard de ses prestations d'un standing supérieur aux autres auberges de la ville. Elle déplore par ailleurs que les passages des groupes de touristes, qui ne séjournent pas plus d'un jour, si ce n'est quelques heures, ne profitent pas plus aux habitants de la ville. En effet, les intérêts des tour-opérateurs et des acteurs qui bénéficient du passage des touristes sont parfois divergents, les premiers ayant pour objectif la réduction des coûts du voyage[11].

Principales problématiques de la relance

Comme nous l'avons compris, la nouveauté qui caractérise la relance du tourisme en Mauritanie réside dans la nature du partenariat entre les deux leaders du tourisme, Mauritanides-Voyages du côté mauritanien et Point-Afrique du côté français, qui sont tous deux des entreprises privées. La privatisation du marché touristique mauritanien fait apparaître plusieurs problématiques.

La formation des nouveaux acteurs

La SOMASERT, en tant que société nationale, n'avait pas pour but affiché de faire du profit mais de relever un secteur économique du pays. De plus, en tant que branche de la SNIM, elle bénéficiait de moyens

---

[11] Entretien avec Zaida, aubergiste à Ouadâne, fait à Ouadâne le 26/03/2018.

économiques importants qui lui permettaient d'investir dans l'aspect qualitatif de ses services et notamment dans la formation de ses employés.

Aujourd'hui, le partenariat avec Mauritanides-Voyages se faisant sur une base privée, la rentabilité est devenue un enjeu plus important et bouscule les anciennes bases sur lesquelles s'étaient établies le tourisme en Mauritanie. Toutefois, ce changement de statut ne semble pas être perçu par les différents acteurs qui attendent de ce partenariat des résultats similaires aux précédents. En effet, le Gouvernement mauritanien s'est engagé aux côtés de Mauritanides-Voyages de la même manière qu'il l'avait fait avec la SOMASERT bien que le voyagiste n'ait pas le même statut ou les mêmes moyens que son prédécesseur.

Ainsi, une des problématiques principales de la relance, du fait de la privatisation du marché du tourisme, concerne la formation des acteurs. Tous les acteurs sont unanimes, il y a un vrai problème relatif au manque de formation des professionnels du tourisme sur le terrain depuis que la SOMASERT s'est désengagée. Jusqu'à présent le secteur a pu bénéficier du professionnalisme des anciens guides et cuisiniers formés par la SOMASERT au début de leur carrière, mais ceux-ci vont bientôt être remplacés par une nouvelle génération qui, pour certains, ne parlent ni le français ni d'autres langues étrangères parlées par les touristes potentiels (anglais, espagnols, italiens, etc.). Il y a déjà plusieurs années, le gouvernement avait pour projet de mettre en place une École de guides mais qui n'a jamais abouti faute de financement.

Mauritanides-Voyages admet que la question de la formation est problématique pour les nouveaux guides. Afin de pallier ce problème, le voyagiste s'est engagé à financer des cours de français pour dix nouveaux guides en juillet 2018 dispensés par l'Alliance Française et envisage aussi une formation de secourisme. De plus, il espère pouvoir bénéficier d'un appui de la part des bailleurs de fonds comme l'AFD ou le PNUD pour financer davantage de formations. Selon Mauritanides-Voyages, la question de la formation concerne l'ensemble des acteurs de la profession qui doivent tous participer à cet effort en s'engageant dans cette voie. Ainsi, les agences de développement investiront peut-être dans le tourisme par le biais de la formation mais, à ce jour, aucun projet n'est vraiment mis en place.

L'encadrement de la relance, qualité des services et salaires

Enfin, la privatisation du marché du tourisme soulève la problématique de l'encadrement de cette activité en Mauritanie. Le Gouvernement mauritanien, à travers le mandat octroyé à la SOMASERT pour développer le secteur, avait pour priorité de préserver un tourisme authentique, inclusif et respectueux de l'environnement. En tant que société publique, cette dernière avait donc pour obligation de respecter ces cadres. Aujourd'hui, ils ne sont pas clairement définis avec Mauritanides-Voyages qui, en tant qu'entreprise privée, doit en premier lieu faire face à un enjeu de rentabilité. Il semble donc que le gouvernement laisse au secteur privé le soin de fixer les nouvelles règles.

Ainsi, la question de la qualité des services et des salaires est revenue à plusieurs reprises dans les entretiens avec des professionnels du secteur. Les prix proposés par Mauritanides-Voyages aux auberges et aux professionnels du terrain sont en effet peu élevés, bien que Mauritanides-Voyages se défende qu'ils aient augmentés depuis la dernière saison.

Certains guides indépendants dénoncent l'absence de règles encadrant cette relance et la dégradation des services qui s'ensuit. Ainsi, un guide indépendant et ayant monté sa propre agence de tourisme en Mauritanie déplore : « *Malheureusement, le tourisme en Mauritanie ce n'est plus ce que c'était avant. Il y avait une philosophie particulière, les gens étaient contents de recevoir et d'accueillir les touristes et c'était cela qui importait le plus. Aujourd'hui, avec la relance ils ont oublié tout ça et c'est le business qui compte* »[12].

Selon lui, depuis que le monopole est devenu privé, l'enjeu est devenu celui de la rentabilité. Les autres acteurs se seraient alors alignés sur les pratiques du nouveau leader. Le problème résiderait dans le fait de vouloir faire du profit aux dépens de la qualité du service mais aussi du respect et de la dignité des employés. Il s'inquiète que les services ne satisfassent ni les touristes ni la population locale. Il explique que pour une randonnée en chameau, il y a des minima en termes d'effectif qui ne sont pas réductibles. Ainsi, par exemple, une randonnée pour deux touristes nécessiterait quatre professionnels : un guide, deux chameliers, un cuisinier. Or, depuis la reprise, il a été témoin de groupes de six touristes encadrés par trois personnes : un guide, un cuisinier, un chamelier : « *Le cuisinier doit donc aussi tenir le rôle de chamelier pour aider à charger et décharger. Le chamelier quant à lui se lève à cinq heures du matin pour préparer les chameaux, marche toute la journée et il est tout seul pour surveiller ses bêtes la nuit.* » Au-delà des conditions de travail, il est aussi préoccupé par la question des salaires, en deçà de ce qu'ils étaient il y a dix ans du fait de la dévalorisation de la monnaie. Selon lui, cet hiver a été particulièrement sec et les salaires des chameliers peinent à couvrir les frais pour nourrir leurs troupeaux. Il affirme que cette recherche du profit a aussi une conséquence néfaste pour les aubergistes. Les tour-opérateurs préfèrent réduire les dépenses en privilégiant les nuits à la belle étoile et, ce faisant, ne permettent pas aux autres services du secteur de profiter des retombées économiques d'un tourisme inclusif. Ces pratiques initieraient un cercle vicieux dans la

---

[12] Entretien avec un guide indépendant, fait à Nouakchott le 15/03/2018.

dégradation des services. En effet, écartés des revenus que génèrent les touristes, les aubergistes ne peuvent pas investir dans une bonne qualité de service et essaieraient de tirer au maximum profit des rares passages des touristes.

Il estime qu'il est important de souligner la complicité des agences françaises qui n'interviendraient pas et ne joueraient pas leur rôle de garants des pratiques solidaires dont elles se targuent sous couvert de ne pas pouvoir interférer dans des « pratiques locales ». Or ces agences qui portent de nombreux labels solidaires ont signé des chartes de bonnes pratiques qu'elles et leurs partenaires se doivent de respecter.

Quant à l'agence Mauritanides-Voyages, elle affirme que cette « année de test » n'a pas permis une meilleure rémunération mais promet que les salaires augmenteront avec l'afflux des touristes l'année prochaine. Ce paramètre est donc à surveiller dans la mesure où le discours, à la fois du gouvernement et des voyagistes leaders du marché, promet la mise en place d'un tourisme ayant pour vocation de développer une économie inclusive qui profite à tous. La SOMASERT avait pour mission de répartir équitablement les groupes de touristes auprès des agences, des aubergistes et des loueurs de voitures notamment. On peut donc se questionner sur le basculement de ce rôle vers Mauritanides-Voyages, qui, en tant qu'agence privée, n'a pas les mêmes prérogatives.

Ce témoignage met en évidence la nécessité de prendre en compte le statut privé du nouveau leader du tourisme mauritanien. En effet, peut-on attendre d'un récepteur privé d'avoir pour objectif le renforcement du développement local comme son prédécesseur public ? Si ce n'est pas le cas, les tour-opérateurs français peuvent-ils toujours prétendre à leurs labels de solidarité ? Si cela est bien l'objectif de Mauritanides-Voyages, de Point-Afrique et du Gouvernement mauritanien, Mauritanides-Voyages a-t-il à lui seul les capacités financières d'assurer cette mission de développement local et d'assurer une qualité de services et de formations similaire à son prédécesseur où cela nécessite-t-il un soutien extérieur ?

Les limites de la relance

Plusieurs limites apparaissent quant à la viabilité et au développement du secteur du tourisme en Mauritanie.

Le problème de la diversification de l'offre et du public

La particularité de la crise du tourisme en Mauritanie repose sur une double fragilité structurelle. Comme nous l'avons évoqué, le secteur du tourisme s'appuyait sur un partenariat unique avec la France et s'adressait à un seul public, les touristes avides de randonnées dans le désert.

La classification de cette région en zone rouge par le pays de départ des tour-opérateurs a donc définitivement condamné le secteur. Et cette interruption du tourisme a duré tant que la France n'a pas modifié ses recommandations. D'autres pays comme l'Italie n'ont jamais émis d'interdiction sécuritaire. L'Espagne a modifié ses recommandations dès 2015. Si les partenariats avaient été plus diversifiés, la Mauritanie aurait moins pâti de « l'embargo » français. Le partenariat depuis la relance s'est de nouveau fait quasi exclusivement avec la France. Des tentatives de partenariats ont été faites avec l'Espagne mais ces dernières n'ont pas fonctionné du fait, d'après l'analyse du directeur de l'Agence Espagnole pour la Coopération Internationale au Développement (AECID), du « contexte économique de l'Espagne »[13] à ce moment-là. Il semblerait donc judicieux de multiplier les partenariats avec d'autres pays que la France. Comme nous l'avons vu, c'est ce qu'ont commencé à faire certains tour-opérateurs indépendants qui n'ont pas accès au marché français du fait du monopole de Mauritanides-Voyages. Toutefois, à ce jour, ces partenariats ne pèsent pas lourd en comparaison avec le public français.

Il serait aussi intéressant de diversifier l'offre des produits touristiques proposés. Aujourd'hui, les tour-opérateurs vendent avant tout le désert mauritanien à travers des randonnées à pied, en chameau ou en 4x4. Ce produit très spécifique attire des « aventuriers » qui souhaitent vivre leur expérience dans un confort assez sommaire. C'est en effet le produit qui a permis à la Mauritanie de s'engager dans le tourisme à un moment où elle était le seul pays avec un accès au désert et pouvant garantir des conditions sécuritaires suffisantes. C'est donc à l'imaginaire du désert auquel font appel les tour-opérateurs français qui envoient les touristes en Mauritanie. Les touristes français sont d'ailleurs connus par les professionnels du terrain pour être un public « triste », qui vient pour « se vider la tête » après des événements difficiles dans leur vie personnelle. Plusieurs guides mauritaniens rencontrés décrivent leur rôle de « psychologues » auprès des touristes qui ont besoin « *d'évacuer leurs problèmes avant un nouveau départ* »[14]. Cependant, la Mauritanie dispose d'un patrimoine culturel important et peu exploité par le tourisme. Il est vrai que les villes classées comme Chinguetti et Ouadâne sont visitées par les touristes mais ceux-ci n'y font que transiter quelques heures avant de reprendre leurs randonnées. Développer des infrastructures avec un niveau de confort supérieur à celui qui existe aujourd'hui permettrait de s'adresser à un public plus sédentaire et

[13] Entretien avec le Coordinateur général de l'AECID, fait à Nouakchott le 26/02/2018.

[14] Entretien réalisé avec un guide indépendant, fait à Nouakchott le 15/03/2018.

profiterait davantage à la population de ces villes qui pourraient mettre en valeur d'autres sites alentours plus méconnus et en développer l'attractivité (comme le propose l'aubergiste de Zaida en organisant la visite de gravures rupestres et des soirées à la belle étoile, note 11).

Enfin, la Mauritanie possède 750 km de côte atlantique. Au Maroc, comme au Sénégal, cette côte a été largement exploitée au profit du tourisme balnéaire. Il peut sembler curieux qu'en Mauritanie aucun effort ne soit fait dans ce sens (à l'exception du Parc National du Banc d'Arguin). La réponse réside sûrement dans la nature de la pratique du tourisme balnéaire. En effet, l'État islamique conservateur en place, ainsi que les différentes organisations religieuses, voient d'un très mauvais œil les projets qui vont dans ce sens et font pression pour empêcher leur mise en place. De plus, la consommation d'alcool est strictement interdite en Mauritanie et il semble difficile d'obtenir une dérogation spéciale pour les touristes à ce jour. Ainsi, il reste plus intéressant pour ce type de touristes balnéaires de se rendre dans les pays voisins de la Mauritanie car elle n'est pas en capacité de les concurrencer sur ce terrain-là.

Soutenir les initiatives locales

Aujourd'hui, le manque d'investissements dans les structures d'hébergement se fait ressentir. Des critiques à ce sujet se faisaient déjà entendre dès 2005 et dix années d'inactivité n'ont pas arrangé la situation. Les infrastructures qui ont survécu à la crise et qui ont été réinvesties par les touristes n'offrent souvent pas beaucoup plus de confort qu'une nuit à la belle étoile et les seules structures d'une qualité supérieure ne travaillent pas avec les tour-opérateurs qui proposent des prix trop bas pour leurs prestations. Afin de soutenir les populations qui avaient investi dans ces infrastructures, mais qui n'ont pas pu mener leurs projets jusqu'au bout du fait de l'arrêt du tourisme, il serait nécessaire que l'État ou les agences de développement investissent dans ces initiatives locales. Il semble toutefois que ces dernières y soient quelque peu réticentes à ce stade précoce de la relance comme en témoigne l'entretien effectué avec le PNUD (note 9). Il existe toutefois une autre solution qui a déjà été mise en place dans certains cas : l'investissement par les tour-opérateurs dans les structures dans lesquelles ils envoient eux-mêmes les touristes.

Difficile coordination entre les différents acteurs

Les acteurs investis dans la relance sont nombreux et les actions des uns sont parfois invisibles aux yeux des autres. Le gouvernement agit à un niveau décisionnel mais ses efforts en termes d'élaboration de plans stratégiques ne sont pas toujours identifiés par les populations qui perçoivent l'État comme un acteur désengagé. Il en va de même pour les projets des agences de développement. Les populations locales sont rarement au courant des missions qui sont mises en place et de la manière dont elles pourraient s'en saisir pour les mettre au profit de l'activité touristique. Un véritable dialogue serait nécessaire entre les acteurs institutionnels et ceux opérant sur le terrain dans l'optique de mieux adapter les politiques publiques aux problématiques de mise en œuvre du tourisme sur le terrain.

Quel avenir pour le tourisme mauritanien ?

Malgré ces limites, la saison touristique 2017/2018 a été perçue comme une réussite de la part de la plupart des acteurs. Le secteur touristique a donc vocation à se développer davantage dans les années à venir. Quelles seront les perspectives du développement futur du secteur ?

Des projets en cours

Mauritanides-Voyages compte étendre son activité à travers de nouveaux projets innovants dans le secteur du tourisme dès la saison prochaine. Son directeur a été pendant plusieurs années à la tête du projet du *Train du Désert*. C'est lui qui l'a mis sur pied et qui en a assuré la gestion. Après son départ de la SOMASERT, ce projet s'est arrêté mais il compte le remettre en marche pour la saison prochaine et il est actuellement en pourparlers avec la SOMASERT et le Gouvernement mauritanien pour en reprendre la gestion. De plus, la relance du tourisme est, pour Mauritanides-Voyages et Point-Afrique, l'occasion de mettre sur pied un projet de camp de luxe nommé ACABAO dont le dossier avait été bouclé en 2010 mais la mise en place retardée par la zone rouge. Sur le modèle des lodges au Kenya, le projet consiste en un camp écologique permanent dans le désert qui s'adressera à un public qui souhaite profiter du désert mais sans nécessairement faire de randonnées. Mauritanides-Voyages a aussi pour projet de développer une autre zone touristique dans la région de Zouérate, ce qui nécessitera des nouvelles négociations entre le Gouvernement mauritanien et le ministère des Affaires étrangères.

Vers la fin des monopoles ?

Il apparaît que les deux tour-opérateurs leaders ont été plus entreprenants que le gouvernement lui-même dans cette relance. C'est sûrement la raison pour laquelle la SOMASERT n'a pas été impliquée dans la relance cette année. Toutefois, on peut questionner le rôle à jouer par le gouvernement dans la gestion d'un secteur devenu privé, en particulier en matière de régulation de la concurrence. Tous les acteurs reconnaissent le travail sans relâche fait par Mauritanides-Voyages et Point-Afrique mais certains déplorent que le gouvernement n'alloue pas plus de moyens aux autres acteurs indépendants en termes d'investissements, malgré le fait que celui-ci joue déjà un rôle essentiel dans la stabilisation sécuritaire de la région.

Si les agences réceptives mauritaniennes n'ont pas facilement accès au marché français, s'offre à eux la possibilité d'investir d'autres marchés. Mauritanides-Voyages travaille aujourd'hui exclusivement avec des tour-opérateurs français, laissant la place aux autres réceptifs de saisir des opportunités à l'international. C'est d'ailleurs ce que certains voyagistes ont commencé à faire, par exemple en recevant des groupes de touristes chinois. La premier défit est donc d'ordre linguistique : il est nécessaire de former des guides dans d'autres langues pour s'adresser à d'autres marchés.

La fragilité d'une région « à risque »

La situation sécuritaire en Mauritanie semble avoir été stabilisée par les nombreux efforts fournis par le gouvernement en termes de lutte contre le « terrorisme » et contre les « trafics ». La modification de la carte en mars 2017 a permis aux touristes de revenir. Toutefois, l'Adrar est toujours en zone orange, « déconseillée sauf raison impérative », recommandation qui n'est pas de nature à encourager un public très large. Aujourd'hui, ce sont surtout les « habitués » du désert qui reviennent mais ils font partie d'une génération vieillissante. Toutefois, dans la perspective où les prochaines saisons touristiques se déroulent sans encombre, il est possible que la France assouplisse plus encore ses recommandations.

La gestion des sites du patrimoine mondial

La gestion environnementale est peut-être la perspective la plus complexe à analyser ; toutefois, elle est incontournable dans un contexte mondial de dérèglement climatique et face à l'afflux de touristes dans une région désertique peu peuplée. Aujourd'hui, ce ne sont bien sûr pas les 1 500 touristes répartis sur le territoire de l'Adrar qui posent un problème environnemental mais, dans les années 2000, la Mauritanie enregistrait plus de 12 000 touristes dans ses meilleures saisons. Et c'est l'objectif vers lequel tendent les tour-opérateurs aujourd'hui pour les saisons à venir.

En 2006, des préoccupations concernant la pression sur les ressources des villes comme celle d'Atar se faisaient entendre (Boulay 2006 : 78). Cette année, la Mauritanie a enregistré une année de sécheresse sans précédent et cette situation ne va sûrement pas aller en s'arrangeant. Les nappes phréatiques dont dépendent les villes et les populations de l'Adrar sont limitées. À la problématique de la gestion de l'eau s'ajoute celle des déchets qui aujourd'hui n'est pas réellement organisée.

Dans la perspective du développement du tourisme et de sa diversification vers un tourisme plus sédentaire ou même luxueux, ce sont des enjeux qu'il faudra prendre en compte et qui nécessiteront, selon la volonté du gouvernement, de mettre en place un tourisme à impact environnemental limité et d'implémenter des mesures particulières.

Conclusion

Les stratégies de relance du tourisme sont diverses et varient selon les acteurs. Il n'existe donc pas réellement de stratégie commune organisée qui réunisse tous les acteurs. Par la force des choses, du fait de son action entreprenante, la stratégie commune de Point-Afrique et de Mauritanides-Voyages est celle qui a eu l'impact le plus important sur la relance du tourisme. Ce sont aussi les acteurs qui ont l'approche la plus visionnaire sur l'avenir du tourisme en Mauritanie à travers l'élaboration de projets innovants. Le Gouvernement mauritanien semble beaucoup s'appuyer sur le partenariat entre ces deux opérateurs leaders pour l'organisation logistique de la relance sans pour autant prendre en compte le statut privé de ce partenariat. Le rôle du gouvernement se joue principalement à un niveau sécuritaire, afin de garantir la possibilité de l'activité touristique, ainsi qu'à travers un appui financier et administratif. La SOMASERT quant à elle est revenue à son rôle initial dans le tourisme d'affaires et a été absente de la dynamique de relance. Elle semble toutefois vouloir s'organiser différemment pour la saison prochaine. Les acteurs indépendants tels que les guides ou les voyagistes non affiliés à Mauritanides-Voyages paraissent vouloir prendre une autre direction en s'ouvrant sur d'autres pays émetteurs de touristes que la France. Enfin, les professionnels sur le terrain, tels que les aubergistes, mettent à disposition des touristes les structures déjà existantes. Bien qu'ils en aient pour la plupart la volonté, ils ont peu de moyens pour développer leurs infrastructures. Certains espèrent pouvoir se tourner vers les agences de développement. Ces dernières observent pour l'instant la situation à distance et n'interviendront réellement que lorsque le secteur aura prouvé sa viabilité.

Bibliographie

BISSON J.,

2003, *Mythes et réalités d'un désert convoité : le Sahara*, L'Harmattan, Paris, 479 p.

BONTE P.,

2001, *La montagne de fer. La SNIM (Mauritanie) : une entreprise minière saharienne à l'heure de la mondialisation*, Karthala, Paris, 368 p.

2004, « Les commerçants « Marocains » et autres dans l'Adrar mauritanien. La vocation commerciale des Maures », *in* MARFAING L. et WIPPEL S. (dirs), *Les relations transsahariennes à l'époque contemporaine. Un espace en constante mutation*, Karthala-ZMO, Paris/Berlin, pp. 231-250.

BOULAY S.,

2006, « Le tourisme de désert en Adrar mauritanien : réseaux « translocaux », économie solidaire et changements sociaux », *Autrepart*, 40 (4), pp. 63-79.

2009, « Culture nomade versus culture savante : naissance et vicissitudes d'un tourisme de désert en Adrar mauritanien », *Cahiers d'Études africaines*, 193-194 (1), pp. 95-122.

BRACHET J. ET SCHEELE J.,

2015, « L'envers du tourisme au Sahara tchadien : entre jeu politique national et indifférences locales », *Cahiers d'Études africaines*, 55 (217), pp. 107-131.

CELIMENE F. ET VELLAS F.,

2013, « Le tourisme mondial, les inégalités internationales et le problème de la pauvreté », *Études caribéennes,* [en ligne], pp. 24-25.

CHABLOZ N. et RAOUT J. (dirs),

2009, « Tourismes. La quête de soi par la pratique des autres », *Cahiers d'Études africaines*, 193-194, 649 p.

CHOPLIN A. ET ROULLIER L.,

2006, « Tourisme et politique en Mauritanie ou comment (re)visiter le Sahara : l'exemple de l'Adrar mauritanien », *Les Cahiers d'Outre-Mer*, 233, pp. 29-50.

COLLOMBON J.-M., BARLET S. et RIBIER D. (textes réunis par),

2004, *Tourisme solidaire et développement durable*, Les Éditions du GRET, 120 p.

COUSIN S.,

2008, « L'Unesco et la doctrine du tourisme culturel. Généalogie d'un « bon » tourisme », *in* DOQUET A. et EVRARD O. (dirs), « Tourisme, mobilités et altérités contemporaines », *Civilisations*, 57, pp. 41-56.

DAUVILLON E.,

2000, *Tourisme et espace local en Mauritanie, le cas de Chinguetti*, Mémoire de maîtrise, Tours, Université de Tours, 130 p.

DOQUET A. et EVRARD O. (dirs),

2008, « Tourisme, mobilités et altérités contemporaines », *Civilisations*, 57, 242 p.

DOQUET A. et LE MENESTREL S. (éds),

2006, « Tourisme culturel, réseaux et recompositions sociales », *Autrepart*, 40, 192 p.

FREUND M.,

2017, septembre, « La lettre de Maurice Freund », *Point-Afrique Voyages*, http://point-afrique.fr/wp-content/uploads/2017/09/lettre-maurice-freund-sept-2017.pdf

PANAROTTO S.,

2003, *Projet d'appui à la Commune de Chinguetti, Étude tourisme et communication*, Rapport intermédiaire, Mission du 25 juillet au 23 août, Nouakchott, Agriconsulting pour le ministère des Affaires économiques et du développement.

SARR O., CORMIER-SALEM M.-C., BERNATETS C., BOULAY S.,

2011, « Is Ecotourism in Marine Protected Areas a Relevant Way for Sharing Benefits from Biodiversity Conservation ? A Case Study in West Africa », *in* KRAUSE A. and WEIR E. (eds), *Ecotourism: Management, Development and Impact, (Tourism and Hospitality Development and Management series*), Nova Science Publishers, pp. 159-179.

JOURNAL OFFICIEL de la RÉPUBLIQUE ISLAMIQUE DE MAURITANIE,

1996, n° 882, Loi n° 96.023, date de promulgation : 07.07.1996, date de publication : 15.07.1996, pp. 342-344.

PNUD,

2017, *Stratégie nationale de développement du tourisme en République islamique de Mauritanie*, Nouakchott.

1996, *Rapport sur le développement humain durable*, Nouakchott.

2005, *Rapport sur le développement humain durable*, Nouakchott.

TRADUCIENDO RETAZOS DE FLORA SAHARAUI : *LARAK*, *TEISAṬ*, *ATIL* Y OTRAS PLANTAS DEL SAHARA OCCIDENTAL

LAROSI HAIDAR

HUM835
Universidad de Granada

Resúmen

Si pronunciamos el nombre de acacia o cactus, es evidente que si nuestro interlocutor saharaui es un anciano, se activará en su mente toda una red de significaciones, símbolos y alertas que, en todo caso, serán muy diferentes a las que se activarían si el receptor es joven. En este caso, apenas pasaría de concebir los vocablos como denominaciones de plantas que crecen en el desierto y tienen espinas. En este trabajo, intentaremos colmar esa diferencia referencial no ya entre generaciones sino entre dos espacios lingüísticos dispares como son el árabe saharaui y el castellano español. No sólo nos limitaremos a un trasvase lingüístico que nos garantice el salto de un vocablo a otro, sino que ofreceremos toda esa información cultural perteneciente al hábitat, la historia y las costumbres, que suele orbitar alrededor de cada palabra, de cada denominación de las diferentes plantas aquí abordadas.

Palabras clave : Fitotraducción. Flora saharaui. Traducción. Sáhara Occidental.

Abstract

If we pronounce the name acacia or cactus, it is evident that if our Saharawi interlocutor is an old man, a network of meanings, symbols and alerts will be activated in his mind, which will be very different from those they would activate if the receiver is young. In this last case, it would hardly happen of conceiving the words like denominations of plants that grow in the desert and have thorns. In this work, we will try to fill this referential difference not between generations but between two disparate linguistic spaces such as Saharawi Arabic and Spanish Castellan. Not only will we limit ourselves to a linguistic transfer that guarantees us the jump from one word to another, but we will offer all that cultural information pertaining to habitat, history and customs, which usually orbit around each word, each denomination of the different plants here addressed.

Keywords : Phyto-translation. Saharawi flora. Translation. Western Sahara.

Résumé

Si nous prononçons le nom acacia ou cactus, il est évident que si notre interlocuteur sahraoui est un vieil homme, un réseau de significations, de symboles et d'alertes s'activera dans son esprit, lequel, en tout cas, sera très différent si le récepteur est jeune. Dans ce dernier cas, les mots seraient conçus comme des dénominations de plantes qui poussent dans le désert et, tout au plus, qu'elles ont des épines. Dans ce travail, nous essaierons de combler cette différence de référentiel non pas entre générations mais entre deux espaces linguistiques disparates tels que l'arabe sahraoui et le castellan espagnol. Non seulement nous nous limiterons à un transfert linguistique nous garantissant de passer d'un mot à l'autre, mais nous offrirons, autant que possible, toute cette information culturelle relative à l'habitat, à l'histoire et aux coutumes, qui gravitent généralement autour de chaque mot, de chaque dénomination des différentes plantes ici abordées.

Mots-clés : Phyto-traduction. La flore sahraouie. Traduction. Sahara Occidental.

Introducción

Tras haber aportado el modesto trabajo de traducción titulado *Geografía del Sáhara Occidental* (Ahmed 2016), en el que presentábamos de manera más o menos global un escueto compendio del relieve del Sáhara Occidental, dando a conocer los accidentes geográficos más destacables del territorio, todo ello según los usos de la tradición oral tal y como los recoge bajo el mismo título en árabe la valiosa obra de Buchar Ahmed, nos disponemos ahora a traducir y exponer los aspectos más notables de la flora y fauna del mismo territorio. Igualmente, nuestro marco referencial va a ser la tradición oral saharaui, y la obra en árabe, que ya estamos abordando, es del mismo autor Buchar Ahmed. En las próximas líneas, intentaremos presentar una pequeña muestra del mundo vegetal saharaui que, en su día, expondremos de manera más exhaustiva y precisa.

No cabe duda de que las diferentes agrupaciones humanas percibimos nuestro entorno y nos relacionamos con él de diferentes maneras.

Interaccionamos con los seres vivos con los que convivimos y con nuestro hábitat según unas pautas y normas nacidas de una larga experiencia que se ha ido acumulando y modulando para garantizar nuestro éxito a la hora de sobrevivir. En este sentido y limitándonos al área que nos ocupa, es decir, las plantas, también éstas van a ser percibidas e interpretadas según el colectivo humano del que se trate, según su cultura y sus tradiciones. Pero incluso en el ámbito de la misma cultura, habrá diferentes interacciones y concepciones dependiendo de las distintas generaciones de una misma sociedad. Si pronunciamos el nombre de acacia o cactus en una determinada situación, es evidente que si nuestro interlocutor saharaui es un anciano, se activará en su mente toda una red de significaciones, símbolos y alertas que, en todo caso, serán muy diferentes a las que se activarían si el receptor es joven. En este último caso, apenas pasaría de concebir los vocablos como denominaciones de plantas que crecen en el desierto y, a lo sumo, que tienen espinas.

Evidentemente, todo esto hay que tenerlo en cuenta a la hora de traducir de una lengua a otra y, especialmente, cuando el texto que queremos trasladar está muy arraigado en la tradición oral, pues el bagaje semántico y referencial que un simple y único vocablo puede conllevar es tan amplio y diverso que limitar su traducción a un simple trasvase lingüístico se hace insuficiente, por no decir absurdo.

La flora del Sáhara Occidental

En el territorio saharaui, es más que conocida la importancia de la flora en la evolución y desarrollo del ser humano, pues éste se apoya en aquélla para su supervivencia y para la obtención de muchas de sus necesidades cotidianas, como son granos, frutas, verduras, legumbres, leña, sombra y cobijo, vigas, recipientes, cuerdas, medicinas, etc., sin olvidar que es la base que sustenta sus animales domésticos de los que obtiene leche, carne, lana, pieles y usa como medio de transporte (Ahmed 2012 : 87). No en vano en el sagrado Corán (80, 25-33) se dice :

> *"Pues bien, que el hombre considere su alimento; cómo hacemos caer agua en abundancia, después partimos la tierra – con una grieta adecuada. Al punto hacemos crecer en ella el grano, viñedos y verduras, olivos y palmeras. Jardines amurallados con una espesa plantación, y frutas y hierbas, como provisión para vosotros y vuestro ganado." (IIP 1988 : 1383-1384)*[1].

---

[1] A menos que se indique lo contrario, ésta será la versión del Corán que usaremos para las citas coránicas.

De manera general, en el Sáhara Occidental se pueden diferenciar tres tipos de vegetales : árboles, arbustos y hierbas (graminoides y forbias). En este trabajo, abordaremos la traducción de algunos ejemplos representativos del primer grupo, es decir, de los árboles característicos del desierto saharaui.

Se considera árbol a toda planta sostenida por un tronco nacido del suelo, siendo leñoso, alto y que suele crecer formando agrupaciones en forma de bosques o espesuras. Desde el punto de vista de la conservación de sus hojas, los árboles del Sáhara Occidental no van a ser diferentes del resto, pues los habrá perennes, cuyas hojas duran más de dos años, y caducos, que se renuevan anualmente. La tipología de estos árboles es diversa y variopinta según el territorio y el clima, siendo destacables unas veintiséis variedades (Ahmed 2012 : 88) de las que pasamos a describir quince bajo el siguiente apartado.

Fitotraducciones

En las próximas líneas, iremos exponiendo nuestra *fitotraducción*, nuestra traducción de plantas saharauis tal y como se conciben en su hábitat natural por los autóctonos del territorio. De esta manera, intentaremos abordar todo tipo de información vinculado a cada una de las muestras que iremos descubriendo y describiendo tal y como aparecen en el contexto de la tradición oral aportado por Buchar Ahmed (2012), aunque también nos apoyaremos en otras fuentes para ofrecer más información y colmar posibles lagunas.

An-naẖla[2] *(النّخلة)*

Se trata de la palmera datilera (*Phoenix dactylifera*) y su denominación hassaní procede del étimo árabe femenino *naẖla* y cuyo nombre genérico es *naẖl* (masc. y fem.). También está *naẖîl*, nombre genérico femenino y cuya unidad sería una *naẖîla*. Las dos denominaciones genéricas aparecen citadas en el Corán. Así, *an-naẖl* aparece en las suras coránicas *Al-an-câm, Ṭâ-Hâ, Aš-šucarâ, Qâf y Ar-raḥmân*[3], mientras que *an-naẖîl* lo hace en *Albaqara*,

[2] La transcripción fonética utilizada es la usada en Boulay Sébastien (2015) : « ṯ pour ث (*th* anglais de « think »); ḥ pour ح (*h* aspiré); ẖ pour خ (*jota* espagnole); ∂ pour ذ (*th* anglais de « the »); š pour ش (*ch* français); ṣ pour ص (*s* emphatique); ḍ pour ض (*d* emphatique); ṭ pour ط (*t* emphatique); ẓ pour z (ز) emphatisé; ∂̲ pour ظ (∂ emphatique); c pour ع ; ġ pour غ (*r* grasseyé); les voyelles longues sont indiquées par un accent circonflexe : â, û, î. »

[3] Sura Al-an-câm, aleya 100 : "[…]. Y de las palmeras, de sus vainas, *salen* racimos que cuelgan abajo. […]. En verdad que en todos ellos hay Signos para los hombres que creen."; y aleya 142 : "Él es quien crea jardines, con emparrados y sin ellos, así como palmeras y trigales, con frutos de diversas clases, olivos y granados, similares y distintos. […]."; sura Ṭâ-Hâ, aleya 72 : "El *Faraón* les dijo : '[…], os crucificaré ciertamente en los troncos de las palmeras; […].'"; sura Aš-šucarâ, aleya 149 : "Campos de grano y palmeras datileras con

Ar-racd, An-naḥl y *Almu'minûn*[4]. Como perteneciente al género *Phoenix*, la palmera crece en climas áridos y se dice que es el más noble de los árboles. Su fruto, el dátil (*at-tamr*), antes de alcanzar la madurez completa pasa por varias fases en las que va cambiando de aspecto, consistencia y sabor y, también, de nombre. Según los autores y regiones, podemos encontrar desde cuatro hasta once o más fases y denominaciones. Nosotros citaremos aquí las siete más corrientes y que son las que cita Alqadi Ayad[5] : *aṭal^c, al'iġrîḍ, albalaḥ, albusr, az-zahwu, ar-ruṭâb* y *at-tamr* (Ahmed 2012 : 88).

En el territorio del Sáhara Occidental hay varios lugares que reciben el nombre de *an-naḫla* (palmera) o algún derivado. Así ocurre con Anjeila (La Palmerita), zona territorial de Uad Draa en la que las fuerzas coloniales francesas levantaron un punto de observación y control en los años treinta del siglo XX, pues se encontraba en la frontera del Sáhara Occidental con Marruecos (Ahmed : *ibid.*).

Labṭam (لبطم)

Es la llamada *Pistacia atlántica* (betoum o almácigo), perteneciente a un género de varias especies de la familia Anacardiaceae. *Labṭam* es muy parecido al alfóncigo (*Pistacia vera*) y sus hojas son pequeñas y pinnadas, teniendo un tamaño parecido al de las hojas de *artam* (*Retama raetam*). Produce trebentina que al solidificarse se convierte en una resina de agradable y fuerte olor denominada *ṣalabân*, usada como incienso al igual que la aromática *tîdagt*, es decir, la mirra[6]. Da unos granos gruesos y

espatas *cargadas* a punto de romperse ?"; sura Qâf, aleya 11 : "Altas palmeras, con racimos apilados uno sobre otro,"; sura Ar-raḥmân, aleya 12 : "En ella hay *toda clase de* frutas y palmeras con vainas"; y aleya 69 : "En ambos habrá *toda clase de* frutas, dátiles y granadas". La traducción de esta última aleya por parte de la IIP LTD (1988) modula en parte el texto. Otra versión más pegada al original sería "En ambos habrá toda clase de frutas, palmeras y granados", donde aparece el original *palmeras*.

4 Sura Albaqara, aleya 267 : "¿A quién de vosotros le gustaría tener un jardín de palmeras y vides, [...] y que de pronto una terrible tormenta cayera sobre él y lo quemara *todo*?[...]."; sura Ar-ra^cd, aleya 5 : "Y en la tierra hay parcelas *diversas* limítrofes unas con otras, campos de vides, cereales y palmeras [...]."; sura An-na□l, aleya 68 : "Y de los frutos de las palmeras y de las vides, de donde obtenéis una bebida embriagadora y alimentos nutritivos. [...]"; sura Almû'minûn, aleya 20 : "Y con ella producimos para vosotros, jardines de palmeras datileras y vides; para vosotros hay en ellos frutos abundantes; y de ellos os alimentáis;".

5 Se trata de Al-Qadi Ayadd Ibn Musa Al-Yahsubi (Ceuta 1083, Marraquech 1149), considerado como uno de los siete santos de Marraquech, fue un juez andalusí de antepasados yemenitas asentados en Baza. Historiador y erudito, tras varios puestos en Granada, acabó ejerciendo de juez en Ceuta. Tras encabezar el movimiento anti almohade, se exilió en Marraquech donde muere en 1149.

6 La mirra, o *tîdagt* en hassanía, es muy preciada en el Sáhara Occidental. De hecho, es considerada el incienso número uno por excelencia. Al ser cara relativamente, pues su árbol *Commiphora myrrha* crece en zonas lejanas, se suele utilizar en su lugar el *ṣalabân*.

aplastados parecidos a los granos de la pimienta y suele crecer en las zonas de Uad Afri At-tigaghatan, At-tamegliatan y en la desembocadura de Uad Uen Zamrán en Uad Afra, en la zona de Lahmada (La Hamada), sin que tengamos conocimiento de su existencia en ninguna otra localización dentro de los límites territoriales del Sáhara Occidental (*op. cit.* : 89).

Respecto a sus beneficios terapéuticos, basándose en Avicena, Alqazwini[7] afirma que hace desaparecer la sarna y el herpes, siendo su ungüento muy efectivo contra la hemiplejía y la parálisis facial (*op. cit.* : 89).

Aṭ-ṭalḥa (الطّلحة)

Se trata de *Acacia tortilis*, la acacia común del Sáhara Occidental y recibe el nombre genérico de *ṭalḥ* (*ṭalḥa* para la unidad). Es un árbol espinoso y grande, de espinas fuertes que crecen de dos en dos formando un ángulo abierto hacia el exterior. Entre los árboles espinosos de la región es el que más resina produce[8], sus hojas son muy finas y produce un fruto en legumbre cuya vaina se denomina en hassanía *alḫar-rûb*[9] que una vez madura se abre, dejando a la vista las semillas de su interior. Sus flores son circulares, de color amarillo y despiden un agradable aroma. La vaina o *ḫar-rûb* es comestible tras su cocción, sin embargo, tiene el inconveniente de dejar un desagradable olor en la boca igual o peor al que deja el ajo (*op. cit.* : 89).

En el ámbito de la cultura hassaní saharaui, el olor a ajo es uno de los peores olores que alguien pueda tener en su boca, por lo que antaño su ingesta se realizaba únicamente con fines terapéuticos. En la actualidad, y por influencia de la ocupación marroquí, se tolera y acepta de manera natural en los territorios ocupados del Sáhara Occidental. La influencia del olor de

---

[7] Se trata de Zakariya ibn Muhammad ibn Mahmud Abu Yahya al-Qazwini (1203-1283), de conocimiento enciclopédico, fue juez, historiador y geógrafo. Su obra *Kitâb ᶜAjâ'ib al-maḫlûqât wağarâ'ib al-mawjûdât* (Las maravillas de las cosas creadas y las curiosidades de las cosas existentes) se considera la cosmografía islámica más universal y conocida.

[8] La resina solidificada de la *ṭalḥa* recibe el nombre de *ᶜelk* y tiene una gran variedad de usos terapéuticos. Véase lo que dice al respecto Barrera Martínez (2007 : 93-94) : "Machacada, se pone directamente como polvo, o bien disuelta en un poco de agua, sobre heridas infectadas, dermatitis y quemaduras. Previamente calentada al fuego, se considera un remedio eficaz contra infecciones y diversos tipos de enfermedades oculares. Una pequeña cantidad de polvo de elk mezclado con el polvo obtenido de raspar el metal llamado *lahdid* contra una piedra, se usa contra la conjuntivitis. Machacada y en suspensión durante la noche, o con leche fresca, o con té, con o sin azúcar, se toma por las mañanas contra las alergias y las intoxicaciones. El polvo mezclado con agua forma una pasta que se usa para inmovilizar fracturas óseas; al evaporarse el agua se endurece en torno a la zona fracturada. Mezclada con carne de camello seca y todo ello triturado, se toma a diario como remedio contra la diabetes. Para abscesos y granos infectados se hace una pasta densa con goma y agua que se pone alrededor de la zona infectada; al desecarse se forma una costra que se contrae y por tensión provoca una abertura en la piel y el drenaje del pus".

[9] De allí el castellano *algarroba*.

un elemento puede tener efectos sociales mayúsculos, como es el caso del pescado y las actividades relacionadas con la pesca. De esta manera,

> *"dentro de la jerarquía guerrera, esta es una de las actividades más humillantes que podía existir. Un guerrero no quería ni siquiera comer pescado. Las tribus que practican la pesca son consideradas "carne sin hueso" (Buergeron 1998 : 52).*

En palabras de León el Africano[10], la acacia de estos territorios, al realizar en ella un corte, es blanca por dentro, a diferencia de la acacia de los territorios de los *sudân* (África negra), cuya madera es negra por dentro y es utilizada para fabricar bellos objetos decorativos. En el caso de los colores violáceos son utilizados por los curanderos africanos para curar "el mal francés"[11], de allí que reciba el nombre común de *madera del mal francés.*

En el Sáhara Occidental, la acacia *ṭalḥa* tiene usos artesanales y de fabricación de utensilios, así como medicinales. De su corteza y, especialmente, del líber, se fabrican cuerdas; de sus raíces, se hacen varas, prefiriéndose su médula (*ajmar*) a la parte exterior (*alfarkîk*) que es débil e inconsistente; de sus ramas se hacen bastones y de su tronco y tallos se fabrican arados (*miḥrâṯ*), cuencos (*gadḥa*), tablillas (*lawḥ*)[12], sillas de montar camellos (*râḥla*), etc. En el ámbito terapéutico, sus finas hojas consumidas frescas o secas son un remedio muy efectivo para las dolencias estomacales. Según Almujttar Uld Hamidun[13], sus hojas y sus fibras adecuadamente mezcladas con la bebida del lactante hacen desaparecer el estreñimiento; sus semillas se pueden recoger y esparcir donde uno desea ver crecer más acacias; es una buena fuente de leña y carbón, así como excelente pasto para el ganado. En tiempos de sequía, incluso los restos caídos de acacia son un buen alimento para el ganado camellar. En palabras del sabio mauritano Dailul[14], "la acacia es un jardín entre el cielo y la tierra" (Ahmed 2012 : 89). Igualmente, el poeta Uld Muhamdi dice en sus versos :

Deja a las camellas vagar en la estepa
pues su signo es el mar de esperanza en el que nadan
y excepto las que troten, no las vigiles
mientras pacen del florido ajenjo, la lombricera y la acacia.

---

[10] Hassan bn. Muhammad Al-wazzan, más conocido como León el Africano (Granada, 1488 – Túnez, 1554) fue un diplomático y explorador autor de *Descripción de África.*

[11] El mal francés, la enfermedad española o picazón napolitana, es el nombre de la enfermedad infecciosa conocida actualmente como sífilis, denominación difundida sobre todo a partir del siglo XIX. Sífilis fue el nombre que le había dado el médico y erudito italiano Jerónimo Fracastoro (1478-1553).

[12] Se trata de las tablillas utilizadas en las escuelas coránicas para escribir extractos del Corán que, conforme se van memorizando y a la manera de un palimpsesto, se van borrando para escribir otros.

[13] Véase la obra enciclopédica del historiador mauritano Almujttar uld Hamidun (1993 : 14).

[14] Es Dailul uld Alkaihal At-taibari, reconocido sabio mauritano del siglo XIX al que acudían incluso los emires en busca de consejo.

Entre los lugares y accidentes geográficos que reciben la denominación de acacia (*ṭalḥa*) o alguna derivación de la misma, está Ghad-dar Attalh, que es un desaguadero (*masial*) o cauce afluente de Saguia El Hamra en la región de Zammur. *Ġad-dâr* vendría a ser, literalmente, "encharcador", en el sentido de "quien crea y da origen a las charcas". Del hassaní *maġdar* (charca de agua de lluvia), del árabe *ġadîr*. Así, la denominación Ghad-dar Attalh sería en español Encharcador de las Acacias.

Tam-mât (التمّات)

Acacia ehrenbergiana, o *tam-mât* en hassanía, es una acacia perteneciente a la familia de las fabáceas que suelen poblar regiones semidesérticas. Tiene cierto parecido con la acacia común del Sáhara Occidental, la *ṭalḥa*, pero ésta última es de mayor tamaño. Es un buen pasto para todo tipo de animales y sus hojas se utilizan en el curtido de pieles (*adbâġ*) y, por ello, son muy preciadas, pues su resultado es de muy buena calidad. Además "la infusión de las hojas, secas y trituradas, se toma contra vómitos, amenazas de aborto, dolor de cabeza por insolación, gastritis y dolor de estómago en general" (Barrera *et alii* 2007 : 95).

Sus flores reciben el nombre de *tîdšam* (o *'anîš*) y, al ser digeridas por una gacela, acaba formándose "un huevo" en su panza, es decir, un bezoar. Al parecer, se trata de un compuesto que se petrifica convirtiéndose en una especie de guijarro de sílex muy efectivo como antídoto al igual que como cura para las afecciones debidas al enfriamiento del tracto urinario (*labrûd*). En este sentido, dicho compuesto es similar al ámbar gris (*la ᶜnebra*) obtenido de las vísceras del cachalote, y recibe el nombre de *baiḏat almohr*, es decir, "huevo del *mohr* o gacela dama"[15]. Conocemos dos localizaciones que reciben un mismo nombre derivado de esta acacia : Aidín Uen Tammat, que es un cauce (masial) afluente de Uad Igarŷán, en la región de Lahmada; e igualmente Aidín Uen Tammat, un conjunto de cauces (*masilât*) que desembocan en Uad Azzuezal en la región de Aidar (Ahmed 2016 : 90).

Atîl (أتيل)

Se trata de *Maerua crassifolia*, que es una planta con flores perteneciente a la familia de las Capparaceae cuyo nombre en hassanía es *atîl* e, igualmente, *aṣaḏra alḫaḏra* (planta verde). Destaca sobre todo por su uso medicinal, siendo su corteza y hojas un buen remedio para los cólicos y afecciones estomacales, además de facilitar la digestión. Es efectiva como

[15] Téngase en cuenta que esta es la información que aporta la tradición oral saharaui, basada en un conocimiento acumulativo fundamentado en la experiencia y en la observación cotidiana. Independientemente de la explicación científica, lo que sí es verídico es el efecto terapéutico de dichas sustancias en muchas personas mordidas, por ejemplo, por serpientes venenosas.

tratamiento cicatrizante de heridas sangrantes e infectadas, lo cual se lleva a cabo tras pulverizar las hojas y la corteza y cocerlas en grasa de cabra o mantequilla de camella, que luego se aplican sobre la herida de la persona o animal. Sus finas ramas son usadas como mondadientes o *mesuâk*. De hecho, la operación de mondar los dientes (*as-siuâk*) es muy valorada en la tradición islámica y hay varios hadices que aconsejan esta práctica, siendo el *atîl* el árbol preferido para fabricar *mesuak-s*. Así lo reflejan los siguientes versos :

Tienes un mesuâk de aders[16]
y de ᶜag-gaya[17] *tienes otro*
mas no tiene parangón el de atîl
una vez gastado y envejecido.

En palabras de Almujttar uld Hamidun (1993 : 15), el fruto del *atîl* es consumido como alimento y también como tratamiento de muchas afecciones, además de tonificar la piel. Sus hojas son un buen cicatrizante espolvoreadas o cocidas en grasa, curan los dolores de estómago y eliminan las náuseas y la ictericia. La ceniza resultado de su combustión es un efectivo insecticida contra garrapatas (Ahmed 2016 : 91).

Hay varios lugares en el Sáhara Occidental que reciben nombres derivados de *atîl*. Es el caso de Udéi Atila (Riachuelo de *Maerua crassifolia*), cauce localizado entre Udéi Lamhariz y Uad Asshauk[18].

Larâk (لراك)

Salvadora pérsica, también denominada *Galenia asiática*, es un árbol espinoso de tronco grande y abundantes hojas conocido popularmente como el árbol cepillo de dientes, arbusto de la sal, árbol de la mostaza o árbol del arac. El nombre hassaní, *larâk*, procede del árabe *alarâk*. Sus débiles tallos son ideales para hacer *mesuak-s* (*siuâk*) o cepillos de dientes (*op. cit.* : 91). Sobre el mismo, dijo el poeta anónimo :

No nombro el siuâk porque yo
si digo siuâk nombro siuâk
Y nombro larâk porque yo
cuando nombro larâk digo ʻarâk.

El poeta hace un juego de palabras muy ingenioso que crea ambigüedad y una sencilla belleza poética. *Siuâk*, además de mondadientes, puede significar "alguien ajeno a ti", y *ʻarâk* significa "te veo a ti", con lo que los versos tendrían otro significado añadido :

No nombro el siuâk porque yo

---

16 Se trata del sauco o *Sambucus nigra*.

17 Se trata de *Zygophyllum gaetulum*, fanerógama de múltiples usos terapéuticos.

18 *ʻUdêi Lamharîz* significa literalmente "riachuelo de los arados", y *Uâd Aš-šauk*, "río de las espinas".

si digo siuâk nombro a alguien ajeno a ti
Y nombro larâk porque yo
cuando nombro larâk digo te veo a ti.

'Ajdâri (أجداري)

Se trata del zumaque (*Rhus tripartita*), arbusto perteneciente a la familia de las anacardiáceas denominado en hassanía *'ajdâri* (*'ajdariya*, para la unidad) y localizado en zonas mediterráneas. Es muy utilizado para tareas de curtido (su corteza), fabricación de palanquines para las mujeres, arados, vigas, sillas de montar camello, etc. Además, es una buena fuente de leña y carbón y buen pasto para todo tipo de ganado. Su fruto, pequeño grano parecido a *anaffîs* pero más pequeño, es consumido por el ser humano y recibe el nombre de *aðmaẖ*. En general, los beneficios de *'ajdâri* son incontables, pues protege del calor del sol durante el día y del intenso frío de las noches invernales; el hombre se abastece de la leña necesaria estando sentado a la sombra o al abrigo de un zumaque, lo que convierte a este árbol en el único que reúne tantos beneficios. En lo referente a sus usos terapéuticos, y en palabras de Al-Qazwini citando a Avicena, el fruto de *'ajdâri* fortalece el estómago, extrae la bilis del organismo, sirve para cicatrizar heridas y evitar la inflamación y los cardenales; cura los panadizos y las almorranas, y su resina, aplicada directamente sobre las muelas, aplaca el dolor (*op. cit.* : 92). Respecto al fruto del zumaque, *aðmaẖ*, esto es lo que dice Barrera *et alii* (2007 : 33) :

> *"El fruto maduro, comido crudo, se considera beneficioso contra cardiopatías, diabetes, hipertensión, alergias, dolores de estómago en general, gastritis, colitis y diarreas. Cocido en leche de camella se usa contra la faringitis ; y la papilla que resulta de mezclar esa leche caliente con trigo se toma en los casos de intoxicación".*

Su denominación ha dado nombre a varios lugares en el Sáhara Occidental, como Aŷdeiriya[19], que es un pozo localizado en Uad Kara, uno de los afluentes de Uad Ksat.

'Artam (أرتم)

Es *Retama raetam* de la familia de las fabáceas, de flores similares a las del alhelí (*Cheiranthus cheiri*) y semillas semejantes a las lentejas. Según las creencias, en el pasado, cuando un hombre iba a viajar lejos de su hogar debía pasar por una retama y dejar enlazados dos de sus tallos. A su vuelta, pasaba por la planta y si los tallos seguían unidos, era señal de que su esposa no le había engañado con otro hombre. De allí que el poeta dijera :

---

[19] Una planta de *'ajdâri* recibe el nombre de *'ajdariya*, cuyo diminutivo es *'ajdeiriya* (pl. *'ajdeiriyât*).

"Si nuestro deseo no está en vuestra alma
no podréis prescindir de atar la retama".

Un dicho saharaui muy difundido y referente a la retama, es el que dice "charla de esclavas en un *uâd* de retamas", en referencia a algo insignificante y sin trascendencia (Ahmed 2012 : 93). Curiosamente, también existe en español una expresión que incluye la palabra retama, "mascar retama", que significa estar amargado, colérico, descontento, etc.

Respecto a denominaciones geográficas con retama o derivados, está el famoso Arratmiya, un *uâd* en el que confluyen muchos otros y que desemboca en Uad Uen Targat.

'Aṭ-ṭarfa (أطرفة)

Denominación que recibe *Tamarix gallica* y se trata de un arbolillo perteneciente a la familia de las tamaricáceas denominado vulgarmente taray o taraje. Crece abundantemente cerca del agua en terrenos arenosos y salinos, siendo sus hojas escamiformes muy pequeñas y agrupándose sus flores en gruesas espigas. Su madera es muy buena para la fabricación de enseres como boles, sillas de montar camellos y caballos, arados, tablillas para la escritura, etc. Barrera *et alii* (2007 : 97) dice al respecto :

> *"Los troncos y las ramas de esta planta tienen muchos usos. Se construyen palos para levantar las jaimas ; sillas para montar en camello (amchagab, rahla) ; piezas para el juego de sig ; fustas para ganadería (dabus, matrag) ; ajuares domésticos y utensilios de viaje (arha, erhal), etc.".*

En este sentido, y lo que sería un gran honor para el taraje, es bueno saber que el almimbar del profeta Mahoma fue hecho de su madera. Sobre su uso terapéutico, está demostrado que es un buen remedio para el tratamiento de *labhag*, es decir, la pitiriasis alba, para lo cual se mascan sus hojas y se aplican sobre la mancha dérmica. Según Al-Qazwini (¿ 1260-1270 ? : 20), los palillos de *'aṭ-ṭarfa* se maceran en vinagre y son muy beneficiosos para las dolencias del bazo. Igualmente, el autor, citando a Avicena, nos comenta que sus hojas cocidas con la ruda (*Ruta graveolens*) son un enjuague efectivo para afecciones dentales y, aplicadas en forma de fomento, son un efectivo *piojicida*. También, sus hojas son un emplasto efectivo para las hinchazones blandas. La denominación de *ṭarfa* ha dado nombre a personajes históricos como el desdichado poeta preislámico Tarafa Ibn Al-abd. En lo referente al relieve del Sáhara Occidental, podemos citar Am Attreifiya, que es una grâra[20] situada cerca y al noroeste de Sabjat Tuzunín; y

[20] *Grâra* (plural, *grâir*) es un elemento topográfico característico del Sáhara Occidental consistente en una depresión cerrada de tierra limosa, cohesionada e impermeable que se cubre de vegetación tras cada periodo de lluvias. Los habitantes suelen explotarla como terreno de siembra por ser muy fértil. En textos castellanos de la época española del Sáhara Occidental, se solía hablar de *grara*, plural *graras*.

Tarfaya, una de las más antiguas ciudades saharauis y la más conocida históricamente, pues por ella pasaron sucesivamente cartagineses, almorávides, portugueses, españoles, británicos, marroquíes, españoles una vez más y, finalmente, marroquíes de nuevo (Ahmed 2012 : 93).

Laṯl (الثّل)

Se trata de *Tamarix aphylla*, denominada igualmente taraje. El étimo árabe hace referencia a todo aquello que ha sido heredado de los padres y abuelos, bien sea propiedad, honor o gloria. Además, es una planta perteneciente a las tamaricáceas que suele crecer cerca del agua en terrenos arenosos y salinos. Sus hojas son diminutas[21] y sus flores están unidas en espigas, por lo que se suele sembrar como planta decorativa. Su madera, al igual que la *ṭarfa*, es buena para la fabricación de utensilios (boles, sillas, etc.) y aun siendo planta válida como pasto para los camellos, sin embargo, tiene poca relevancia en el pastoreo así como para la obtención de leña. Portan su nombre varios lugares en el Sáhara Occidental, entre los que está Agtti Lazla[22], que está a veinte kilómetros al este de la localidad de Daora y al oeste de Agtti Lamaael. *Lam*^{c}*âel* en hassanía quiere decir "niños varones", y en este caso se refiere a Bujari Tahali Butabaa, Mohamed Salem Embarek Mohamed Butabaa, Ali Alamín Butabaa y Abdala Sidi Habaddi Alibeiba, cuatro niños que nacieron en dicho *âgṭi* en el año 1922 (*op. cit.* : 94). Que el mismo año y en el mismo lugar nazcan cuatro niños varones, no deja de ser un gran acontecimiento, de allí que se le dé al âgṭi dicha denominación.

Tûrja (تورجا)

Es *Calotropis procera*, árbol de tamaño medio perteneciente a la familia de las apocináceas, que también recibe el nombre de Manzana de Sodoma. Produce una savia de aspecto lechoso amarga y tóxica, muy dañina para los ojos si entra en contacto con ellos. Es un árbol que siempre está verde, de hojas grandes y ovales o elípticas, produciendo un fruto de aspecto parecido a la toronja que, al madurar, eclosiona dejando a la vista unas fibras finas y brillantes parecidas a los hilos de seda. De estas fibras, dijo Al-Qazwini (¿ 1260-1270 ? : 21) que eran un veneno letal e, incluso, había un tipo de ellas que te mataba con sólo sentarte a su sombra. Diferentes lugares del Sáhara Occidental deben su nombre a esta planta, como son Agattián Turŷa, una serie de pequeñas depresiones localizadas en el Erg Oriental *('Aərâ*^{c} *'Ašargi*) a unos veintiocho kilómetros al sur de Aaiún, la capital saharaui (Ahmed 2012 : 95).

---

[21] *Aphylla* hace referencia a "sin hojas".

[22] *Âgṭi* es una depresión parecida a la *grâra*, sin embargo, es más pequeña y su tierra es permeable, no cohesionada e inválida para la siembra.

'Algarzîm (ألقرزيم)

Se trata de *Nitraria retusa*, planta abundante cerca del agua en *uadis* y *sabjas*. Es pasto para camellos cuando hay agua y su fruto, una pequeña baya rojiza de forma ovalada denominada *aġam-mîs,* es comestible tras quitarla directamente de las ramas. De ella dijo el poeta en boca del lobo :

Por anaf-fîs tengo celos
y por aġam-mîs el lechoso.
Hola y buenos días
comenzados con tabnan-na.

En palabras de Aldumeirí (1891 : 130), citando a Ibn Sida[23], *'algarzîm* es el árbol tras el cual se esconderán los judíos y no les delatará, pues "se ha dicho que el árbol del que Moisés (la paz sea con él) obtuvo fuego es el espino cambrón, y el espino cambrón cuando crece y agranda se le llama *'alġargad* (nombre árabe de *'algarzîm*), y en el hadiz se dice que es el árbol de los judíos que no delata" (Ahmed 2012 : 95).

Es generalizada la confusión entre el espino cambrón o licio y *Nitraria retusa* por su parecido. El *ġargad* citado en los hadices del Profeta y denominado "árbol de los judíos" es la denominada *Nitraria retusa*, a la que los saharauis llaman *'algarzîm* (denominación de origen incierto). Dice así el hadiz profético :

> *"No llegará la Hora (del Juicio Final) hasta que los musulmanes luchen contra los judíos, y los musulmanes maten a los judíos hasta que se escondan tras las rocas y los árboles. Entonces, la roca o el árbol dirá : ¡eh, musulmán!, ¡eh, siervo de Dios!, hay un judío detrás de mí, ven y mátalo. Excepto alghargad, pues es de los árboles de los judíos". Hadiz nº 6985, Muslim (2006 : 817)*[24].

En la actualidad, el cultivo de la planta está proliferando en los territorios y montes de Palestina. Es al menos curioso que en la biblia sea citado un monte de nombre Gerizim (Jueces, 9-7) muy similar al hassaní (*'al*)*garzîm*.

Entre los lugares cuyo nombre se debe a esta planta están Ammat Algarzim, que son un grupo de grâir situadas al norte de la salina Sabjat Abreiŷ.

---

[23] Se trata de Abulhasan Ali Ismail Almursí (1007-1066), filólogo murciano conocido como "El Ciego de Murcia". De una memoria increíble, fue autor del extenso diccionario enciclopédico en diecisiete volúmenes titulado *Kitâbu almuḫaṣaṣ* (Libro de los términos especializados), trabajo que recogía la lexicografía árabe anterior perteneciente a todos los campos del saber.

[24] Abû al-Husayn Muslim ben al-Hajjaj al-Quchayri an-Nisaburi (821-875), más conocido como Muslim, fue el autor persa de la segunda de las dos colecciones de hadices más seguras del islam suní. Dicha colección recibe el nombre de Colección auténtica de Muslim, frecuentemente denominada Sahih Muslim.

Teišaṭ (تيشط)

Se trata del datilero del desierto, es decir, *Balanites aegyptiaca*, y es un árbol muy beneficioso para la fabricación de enseres y herramientas. Su madera es de buena calidad, comparable a la de la acacia, *'ajdâri* o *laṯl*. Produce un fruto amargo, similar a la aceituna, que recibe el nombre de *tûga* y es utilizado como remedio para la diabetes. Sin embargo, tribus africanas de otros lugares lo consumen como alimento predilecto. En palabras de Hamidun (1993 :15), la corteza de las raíces de *têišaṭ* es utilizada como jabón para lavar la ropa, así como incienso para tratar las afecciones del útero; sus hojas cocidas son una buena cura para las heridas (Ahmed 2016 : 96). He aquí lo que dice Barrera *et alii* (2007 : 102) sobre su uso terapéutico :

> *"Contra la diabetes se come el fruto (tuga), o bien se bebe el agua de cocerlo, reposada durante la noche. La ceniza de quemar el fruto se aplica directamente sobre heridas, quemaduras, granos infectados y dermatosis en general. El fruto machacado y tomado con agua, se usa contra colitis y diarreas. La infusión de las hojas, secas y machacadas, se emplea como colutorio contra todas las enfermedades de la boca."*

Varios cauces y *uad-s* del Sáhara Occidental deben su nombre a este árbol, como es el caso de Ammeizir Teishatt, el más occidental de los Ammeizirat[25].

'Aders (أدرس)

Vulgarmente recibe muchas denominaciones, siendo la más usual la de sauco o saúco, y se trataría de *Sambucus nigra*, árbol grande de agradable olor cuya resina recibe el nombre saharaui de *Am 'An-nâs* (Madre de la Gente) por ser un efectivo antídoto. Su madera es de muy buena calidad para la fabricación de utensilios, sobre todo para los diversos tipos de boles. Su nombre, *'aders*, sirve para designar al recipiente en el que es ordeñada la camella, recipiente grande y ligero construido con la madera de este árbol[26]. La madera de otros árboles es de muy buena calidad, sin embargo, es pesada y no serviría para tal menester. Produce un fruto, en forma de bayas del tamaño de una cagarruta de oveja, que suele comerse en tiempos de hambruna. Igualmente, son comestibles sus raíces, que son muy dulces,

---

[25] Ammeizirat son una serie de cauces entre Esmara y Aaiún que, tras unirse a Uad Laadham (*uâd laᶜ ḍâm* = río de los huesos), acaban desembocando en Uad Itghi. Su nombre ha sido adoptado por la célebre emisora de radio saharaui Radio Maizirat (http://radiomaizirat.net/).

[26] Al igual que el nombre hassaní del recipiente coincide con el del árbol, es llamativo que ocurra algo parecido con *Sambucus nigra*, donde *sambucus* deriva del griego *sambuke*, nombre de un instrumento musical fabricado de madera de saúco.

siendo sus tallos usados para hacer mondadientes (*siuâk*). En este sentido, decía el poeta Almujttar uld Buna :

Quien vea mis huellas cerca del sauco
y diga : ¡este recoge bayas del sauco!
Sepa entonces que sólo quería un siuâk
pues la virtud rechaza lo que no es bello.

Sus hojas sirven para teñir de negro el pelo, y su corteza es un elemento excelente para el curtido de pieles (Hamidun 1998 : 40). Entre las denominaciones geográficas que incluyen el nombre de este árbol destaca Galb Aders (Montículo del Saúco), elevación situada al este de la depresión de Lasskiya, en la región de Tiris (Ahmed 2012 : 97).

Âurêuar (آوريور)

De nombre científico *Ricinus communis*, recibe muchas denominaciones comunes, siendo el ricino la más usual. Son muchas y muy variadas las denominaciones con las que se conoce al ricino. Así, podemos citar a modo de ejemplo, higuera del diablo, rejalgar, mosquitera o catapucia. Pero hay una denominación que, no siendo muy corriente, sí que nos ha llamado la atención por su relativa similitud fonética con la denominación hassaní. Se trata de *bafureura*, que si lo comparamos con el nombre de la unidad de esta planta en hassanía, es decir, *âurêura*, la similitud salta a la vista.

Planta perteneciente a la familia de las euforbias, el *âurêuar* es un arbolillo de tamaño medio de hojas grandes palmeadas que pueden ser de color rojo púrpura o verdáceo. Su fruto, en forma de semillas oleaginosas alojadas en una vaina, es un remedio comprobado para las afecciones del aparato genital de carácter infeccioso; también, con él se hace un enema muy efectivo para los dolores de vientre, además de usarse como sustancia efectiva en el acabado del curtido de pieles. Sin embargo, al tener una toxina en su composición, puede causar la muerte del ganado menor tras su ingesta. Igualmente, si se echa en la comida de un perro le puede causar una muerte instantánea (*op. cit.* : 98). Barrera *et alii* (2007 : 23) aporta más información : "Las semillas (que son tóxicas) se usan como antiabortivas y para curar los dolores renales. […]. Las semillas quemadas se trituran y se mezclan con agua, leche o aceite, y se untan en las mamas de cabras y camellas para curarles las inflamaciones".

Entre los lugares designados con el nombre de esta planta, destaca el de Am Aureura (Madre de la Aureura), cauce que desemboca en Uad Asaka y en el que se encuentra la tumba del faquí Sidi Yusuf Ahmed Asid Azargui.

Conclusiones

No cabe duda de que las plantas tienen mucho que decir y que cada pueblo se relaciona e interactúa con ellas según su idiosincrasia y el territorio que les ha tocado compartir. En el caso del Sáhara Occidental, y aunque el contexto climático limite en gran medida la proliferación vegetal, se ha podido observar que la flora desempeña un papel importante dentro de la sociedad y su desarrollo cotidiano.

Especialmente, se destaca su uso y aprovechamiento en el ámbito terapéutico, hecho que la tradición oral se ha encargado de conservar y difundir a lo largo de muchas generaciones. Sin olvidar todo ese relato social concretado en poemas, leyendas e historias referentes a aspectos relativos a los beneficios y perjuicios supuestos en el trato e interacción con una determinada planta.

Gracias a la interpretación y traducción de esta muestra floral, que esperamos aumentar hasta englobar el máximo de plantas conocidas en el territorio, estamos dando a conocer la flora local y todo lo que supone para el imaginario saharaui, sin olvidar que, a la vez, estamos participando en la fijación de un aspecto esencial de la tradición oral del Sáhara Occidental.

Bibliografía

AFRICANO L. el,

1530, *Descripción de África*, Venecia.

AHMED B.,

2012, *Juġrâfiat 'Aṣahrâ 'Alġarbiya*, Bubok, Madrid, 188 p.

AHMED B.,

2016, *Geografía del Sáhara Occidental*, Última Línea, Madrid, 185 p.

ALDUMEIRÍ K.,

1891, *Ḥayâtu alḥayawân alkubrâ [Vida de los grandes animales]*, en dos tomos, Dar Alqamús Alhadiz, Beirut, 1101 p.

ALQAZWINI Z.,

¿ 1260-1270 ?, *Kitâb ᶜAjâ'ib al-maḫlûqât waġarâ'ib al-mawjûdât (Las maravillas de las cosas creadas y las curiosidades de las cosas existentes*), Manuscrito, 299 hojas.

BARRERA I., RON M.E., PAJARON S. y SIDI MUSTAPHA R.,

2007, *Sáhara Occidental. Plantas y Usos. Estudio etnobotánico del Sahara Occidental. Usos y costumbres del pueblo saharaui relacionados con los recursos vegetales*, Universidad Complutense de Madrid y RASD, 117 p.

BOULAY S.,

2015, « Techniques, poésie et politique au Sahara Occidental », *L'Homme*, 215-216, (3), pp. 251-278.

BERGERON P.,

1998, « Viaje a un lejano desierto vecino », *Cuadernos del Ateneo de La Laguna*, 5, pp. 49-54.

GUINEA E.,

1948, « Catálogo razonado de las plantas del Sáhara español », *Anales del Jardín Botánico de Madrid*, 8, pp. 357-442.

HAMIDUN A. uld,

1993, *Hayât Muritânia : "aljuġrâfiya" [La vida de Mauritania : Geografía]*, volumen 1°, Instituto de Estudios Africanos, Rabat, 352 p.

ISLAM INTERNATIONAL PUBLICATIONS LTD,

1988, *El sagrado Corán*, 1525 p.

MUSLIM A. Al-H.,

2006, *Ṣaḥîḥ Muslim*, Trad. al castellano de Abdu Rahman Colombo, Oficina de Cultura y Difusión Islámica, Argentina, 938 p.

VOLPATO G.,

2008, *Plantas medicinales saharauis*, ONLUS Africa, Monza, 70, 118 p.

Natural Resources in Western Sahara : A Fishy Battle at the Doors of Europe

Meriem Naïli

College of Social Sciences & International Studies (Department of Politics), Exeter University

Abstract

Western Sahara is a Non-Self-Governing territory of which natural resources are subject to much interest from both parties to the conflict. Their exploitation constitutes a major tool in the negotiations process given its contribution to the establishment of one or the other party's authority on the disputed land. Its inclusion within the territorial scope of two major trade and partnership agreements between the European Union and the Kingdom of Morocco (who control an estimate 80% of the territory) has recently been legally challenged before the Court of Justice of the European Union. The 2016 and 2018 decisions have made clear that Western Sahara and Morocco are two distinct territories and for the agreements to apply to the former, the consent of the Sahrawi people was to be provided. The article discusses the impact of these decisions on the wider political process, highlighting the weaknesses of a system seemingly designed to uphold the rule of law.

Keywords : Western Sahara, natural resources, CJUE, phosphate, POLISARIO.

Résumé

Le Sahara Occidental est un territoire non autonome dont les ressources naturelles suscitent un grand intérêt de la part des deux parties au conflit. Leur exploitation constitue un outil majeur dans le processus de négociation compte tenu de sa contribution à la mise en place de l'autorité de l'une ou l'autre partie sur le territoire en question. Son inclusion dans le champ d'application territorial de deux accords commerciaux et de partenariat majeurs entre l'Union européenne et le Royaume du Maroc (qui contrôle environ 80 % du territoire) a récemment fait l'objet de recours en justice devant la Cour de justice de l'Union européenne. Les décisions de 2016 et 2018 ont clairement établi que le Sahara Occidental et le Maroc sont deux territoires distincts et que, pour que les accords s'appliquent au premier, le consentement du peuple sahraoui devait être fourni. L'article traite de l'impact de ces décisions sur le processus politique au sens large, en soulignant les faiblesses d'un système apparemment conçu pour faire respecter l'état de droit.

Mots-clés : Sahara Occidental, ressources naturelles, CJUE, phosphate, POLISARIO.

Introduction

On February 12 and January 16, 2019, the European Union Parliament approved an important piece of legislation governing trade and licensing, respectively, in agricultural goods and fishery products between interested Member States and the Kingdom of Morocco. Protocols 1 and 4 to the Euro-Mediterranean Agreement and the implementation Protocol to the Sustainable Fisheries Partnership Agreement have been amended to explicitly incorporate the territory of Western Sahara within their geographical scope of application, following two significant rulings from the Court of Justice of the EU (CJEU). Those rulings will be part of the discussion below. Their adoption of the protocols is the latest episode in the judicial saga that had shaken EU institutions to their core.

Western Sahara is a territory in North-West Africa, bordered by Morocco in the north, Algeria and Mauritania in the east and the Atlantic Ocean to the west. A former Spanish colony, it has been listed since 1963 as one of the 17 non-self-governing territories by the United Nations (UN) — however the only such territory without a registered Administrating Power.[1] Morocco has been claiming sovereignty over Western Sahara since it gained independence in 1956 and has formally annexed around 80 % of its territory, over which it exercises de facto control in contravention of the International Court of Justice's (ICJ) advisory opinion of 1975. The "Popular Front for the Liberation of Saguia el-Hamra and Rio de Oro" (POLISARIO) as a national liberation movement and through the self-proclaimed Sahrawi Arab

[1] Spain unilaterally rejected any international responsibility towards the territory in a letter dated 26 February 1976 from the Permanent Representative of Spain to the United Nations addressed to the Secretary General, (A 31/56, S/11997). The declaration has been archived amongst UN Secretariat Working Papers on Non-Self-Governing Territories (NSGTs).

Democratic Republic (SADR) has been campaigning since its creation in May 1973 in favour of independence through a referendum on self-determination to be supervised by the UN. Western Sahara's soil is rich in phosphates (Morocco currently being listed among the world's leading suppliers[2]) and its 1 200 km long coastline is rich in fishery products, one of the richest in the world. Iron, uranium, gold, petrol, gas and sand are also resources to be found as potentially exploited by state and private companies alike for major profits. Therefore, it is subject to much interest from both parties to the conflict and has increasingly constituted a major tool in the negotiations process given its contribution to the establishment of one or the other party's authority on the disputed land.

By tackling the issue of natural resources before national and regional courts, the SADR is not only aiming at advancing its pawns in the political chess game outside the peace process' framework – which has by and large been described as frozen (Ojeda Garcia *et al.* 2017 : 35) – but it is also shaping Morocco's external relations with its main economic and financial contributors, the European Union. If the right of a people entitled to self-determination to access their natural resources is not actively implemented, one can question the serious impediment in the enjoyment of basic human rights, such as the right to adequate food (Morten Haugen 2007 : 73). Most importantly, if natural resources of a non-self-governing territory cannot be disposed of freely by the people in question, this can constitute a grave breach of that very same right to self-determination (Hancock 2003: 75), which has been reiterated continuously in UN resolutions dealing with the question of Western Sahara.[3] Additionally, and as will be discussed, international humanitarian law (IHL) arguably applies in the case of Western Sahara[4], meaning that, for some, a certain set of laws – more protective of its recipients – lies upon the "Occupying Power". The UN General Assembly has been clear on its position on the role of an Occupying Power with regards to natural resources. In its Resolution 40/52 related to the case of Namibia, it stated that "any administrating or occupying power that deprives

[2] According to report from the United States Geological Survey (USGS), Morocco has recently produced more phosphate than the US in tone/year.

[3] Resolution 38/40 of 1983 recalls the commitment of Morocco's king to accept the holding of a referendum to enable the exercise of the right to self-determination ("*Question of Western Sahara*", A/RES/38/40 (7 December 1983)), which had been stated in General Assembly Resolution 2229 (XXI) of 1966 ("*Question of Ifni and Spanish Sahara*" A/RES/229 (XXI), (20 December 1966)).

[4] Morocco is occupying Western Sahara "according to international humanitarian law", as stated in the findings of the December 2016 CJEU decision in paragraphs 35 and 105. However, much debate exists over the applicability of IHL in the case of Western Sahara (Council v Front Populaire pour la libération de la Saguia-el-Hamra et du Rio de Oro (Front POLISARIO), [2016], C-104/16 P).

the colonial peoples of the exercise of their legitimate rights over their natural resources or subordinates the rights and interests of those peoples to foreign economic and financial interests violates the solemn obligations it has assumed under the Charter of the United Nations"[5] (para. 2). The CJEU, in both its landmark decisions, has echoed this position as will be discussed in this article.

In view of this judicial and political context, which will be detailed further, and in the absence of explicit human rights protection mechanisms within the mandate of the UN Mission for the Referendum in Western Sahara (MINURSO), this article will offer a legal analysis of the latest rulings on the question of natural resources in Western Sahara, their outcome and their impact on the wider geopolitics of the conflict. In fact, given the "winner-take-all" nature of the Settlement Plan and the referendum, the peace process had become a war by other means (Zunes and Mundy 2010 : 32). This is a perfect reflection of the background political affray occurring in the case of Western Sahara since the UN has been involved in the political process. The author will argue that, despite the law setting out rather clear principles at various levels, it is not and will not be serving the wider peace process if the political will to implement these judgments does not correlate with that of finding a long-lasting solution to the conflict in Western Sahara.

A unique context

The UN Mission for Referendum Western Sahara is the only UN contemporary (post-Cold War) peacekeeping mission that does not explicitly include observation and reporting of human rights violations. In October 2018, the UN Security Council unanimously extended the mission's mandate for the 44th time since its creation in 1991 without any explicit human rights monitoring and/or reporting prerogatives and no support from the Office of the High Commissioner for Human Rights. Yet, the operation has not fulfilled its initial mission: "organising and ensuring free and fair elections then declaring its official outcome" in order for the people of Western Sahara to express their "inalienable right to self-determination". This anomaly with the mandate of MINURSO has increasingly been the subject of much debate among the parties involved and other observers and more particularly with regards to exploration and exploitation of natural resources

[5] The 1985 resolution, related to the activities of foreign economic and other interests which are impeding the implementation of the Declaration on the Granting of Independence to Colonial Countries and Peoples in Namibia and in all other Territories under colonial domination and efforts to eliminate colonialism, apartheid and racial discrimination in Southern Africa.

in a territory legally and internationally recognised as a non-self-governing one. One can even argue that no specific decision of the UN Security Council is needed to create these mechanisms as such a capacity is inherent in the terms of the 1991 Settlement Plan and that appropriate measures in the territory towards a referendum inherently means an assuring and therefore monitoring of human rights.

The uniqueness of the conflict in Western Sahara however does not stop there : not only can human rights violations not be reported and monitored by UN personnel on the ground, but no UN Member State currently holds responsibility and accountability for the support of its people in order to "attain a full measure of self-government" since Spain's unilateral withdrawal in 1976. Simultaneously, none of the UN Member States have recognised Morocco's claim of sovereignty over the territory of Western Sahara and its internationally recognised borders stop where that of Western Sahara begin. Therefore, the territory in question – rich in phosphates, fish and other resources – is non-self-governing, under no official administration by the former colonial power, mostly occupied by Morocco[6] (which no Member State has recognised) and yet now officially included within the territorial scope of two major trade agreements between the EU and the Kingdom of Morocco.

Yet, the natural resources dimension of the right to self-determination has been reaffirmed by the International Law Commission in 2001. In addition, according to the UN Food and Agriculture Organisation, "human rights principles and language are being used to support resources access claims as rights-based approaches to empower individuals and groups to gain or maintain access to natural resources" reaffirming that all human rights are interdependent and interrelated. It is therefore ascertained that the right to access natural resources – whatever they may be – constitutes a basic human right to which a people seeking to implement its right to self-determination is entitled. The right to self-determination, alongside peace and security, human rights and sustainable development, constitutes one of the four basic principles and purposes of the United Nations according to the very first article of its Charter as well as the ICCPR and ICESCR. Therefore, being a fundamental human right, one way of discussing its implementation/monitoring is arguing that it should not rely upon the content of the MINURSO mandate or any Court ruling but rather on the legal body of rights set out by the UN Charter. The General Assembly Resolution 1514 (XV) established the international condition of colonial conflicts and set the right to self-determination as a tool for peoples under

[6] General Assembly resolution 34/37 of 21 November 1979 "urges Morocco to join in the peace process and to terminate its occupation of the territory of Western Sahara".

foreign domination in order to gain freedom. More recently, the ICJ in its advisory opinion on the Chagos Islands has shared the view that "there is a clear relationship between Resolution 1514 (XV) and the process of decolonization following its adoption" (para. 150) adding that the resolution has a "declaratory character with regard to the right to self-determination as a customary norm" (para. 152). Consequently, one could also argue that it is the duty not only of the international community as a whole through the Organisation but of all UN Member States individually to ensure the right of self-determination be implemented in accordance with Paragraph 2 of Resolution 2621 (XXV) affirming that "Member States shall render all necessary moral and material assistance to the peoples of Colonial territories in their struggle to attain freedom and independence".

In this context, it is unclear who or which entity is or should be responsible at present for ensuring that natural resources be exploited appropriately to benefit the people under occupation. Some have argued that Spain remains the Administrating Power and its unilateral withdrawal does not comply with international law (Trillo de Martin-Pinillos 2007 and Ruiz Miguel 2018). What is definite however, is the importance that the question of ownership and administration of natural resources in Western Sahara has over the dynamics of the conflict and its potential resolution. This article will examine next the CJEU's decisions and the impact they have had on the wider political battle over this specific question.

The CJEU's 'tip toe' approach

The two landmark decisions that shook up EU institutions from the Council to the Commission and the Parliament refer to two different agreements signed between the EU and the Kingdom of Morocco, namely: the 2000 Association Agreement covering, in some parts, agricultural products "originating in Morocco" and the 2007 Partnership Agreement on fishery products, tacitly renewed twice and which expired on 14 July 2018. Both agreements were challenged on the basis that the Kingdom of Morocco was importing into EU Member States' markets or allowing to be imported into the EU Single Market (in the fisheries case), products originated in Western Sahara, which it legally does not administer. In the Fisheries Partnership Agreement case, Morocco was reportedly delivering fishing licenses in the waters adjacent to Western Sahara to ships flying EU flags. Both decisions were rendered within 14 months of each other, at a time when other courts worldwide also ruled on natural resources related issues, somehow echoing the CJEU's first appeal decision of December 2016.

On December 21, 2016, the CJEU, in the EU-Morocco Association Agreement final decision, noted that "in view of the separate and distinct status guaranteed to the territory of Western Sahara under the UN Charter and the principle of self-determination of peoples", it cannot be held that the term "territory of the Kingdom of Morocco", which defines the territorial scope of the Agreements, encompasses Western Sahara.[7] The case was brought to the Court by the national liberation movement of Western Sahara (POLISARIO), recognised as the sole representative of the Sahrawi people according to United Nations resolution 34/37 previously mentioned[8] – and constant UN practice – and whose claim was firstly denied in a Court decision of 2015. The three apparent objectives of tackling the Association Agreement on legal grounds seem to have been: (i) to reinforce POLISARIO as the sole representative of the people of Western Sahara ; (ii) to isolate France on the diplomatic level and diminish its position as Morocco's number one ally in the conflict ; and (iii) to legally support the UN resolutions on the issue at a regional level (European Union). By taking on the case, the Court implicitly stated the standing of the POLISARIO Front before it.[9] Although the agreement was not ruled invalid, the main achievements of the 2016 appeal decision were highly remarked upon by observers from all sides at the time :

– The two territories are separate and distinct ;
– Morocco has no sovereignty over Western Sahara ;
– The occupation asserted by the UN Resolution 34/37 is used as background to the argumentation (therefore a de facto administrating power does not exist) ;
– The implementation of the agreement "must receive the consent of such a third party" (Western Sahara) regardless of the fact that it is beneficial or detrimental to them (para. 106).

On February 27th, 2018, the CJEU reiterated some of these statements in its second Grand Chamber decision regarding natural resources in Western Sahara. The case originated in the United Kingdom, before the UK High Court and concerned the validity of the Fisheries Partnership Agreement between the EU and the Kingdom of Morocco. It was made less than a year after the 2016 appeal decision and in two proceedings between Western Sahara Campaign UK – an independent NGO working to advance the Sahrawi's right to self-determination – and the Commissioners for Her Majesty's Revenue and Customs (HMRC) and the Secretary of State for the Environment, Food and Rural Affairs. The objective was to reinforce

[7] In paragraph 92 of the judgment, the Court states that this was maintained by the Commission as well as pointed out by the Advocate General in points 71 and 75 of his Opinion.

[8] See reference note 6.

[9] Paragraph 105 of the Court's decision refers to the right to self-determination and POLISARIO as the representative of the people of Western Sahara.

litigation on the matter and bring a domestic challenge against HMRC in order to have a ruling invalidating a preferential tariff agreement granted by the UK government to products sourced in Western Sahara. The case was filed with the understanding that the UK taxpayer and consumer was not treated fairly given that some products were allegedly not complying with EU legal standards.

The CJEU was asked to answer four questions by the referring court in England, two of which were dropped given that the initial case was brought in 2015 and meanwhile the Court had ruled on the POLISARIO's Association Agreement case. The two remaining questions related to :

– the validity of the Partnership Agreement in the light of the right of self-determination and ;

– the entitlement for the applicant, a human rights NGO, to challenge the validity of trade acts on the ground of breach of international law by the EU (para. 86 & 87).

As far as the first question is concerned, the court ruled that the agreement is deemed valid because it is not applicable to Western Sahara and to its adjacent waters and that, if the territory of Western Sahara were to be included within the scope of the fisheries agreement, it would be "contrary to certain rules of general international law" (para. 63). The Grand Chamber considered that the second question required no answer since it did not find the EU violated international law based on its analysis of the first question.

The conclusions reached by the Court did not quite match the Advocate General's opinion issued a few weeks prior to the ruling in this case. Although not legally binding, these opinions rendered before the judges deliberate are nonetheless very influential and followed in the majority of cases (Craig and de Bruca 2011). In his landmark opinion from January 2018, the Advocate indeed concluded that both EU-Morocco treaties were invalid because they constituted a breach of the "European Union's obligation to respect the right to self-determination [...] and its obligation not to recognise an illegal situation resulting from a breach of that right and not to render aid or assistance in maintaining that situation".[10] His argumentation went as far as including a key principle of international and human rights law previously discussed : the right of a people entitled to self-determination to exploit their natural resources (Griffioen 2010 : pp139-143). He concluded that "the contested acts do not put in place the necessary

[10] Paragraph 212 of the Opinion insists on the incompatibility of the Fisheries Agreement and its Protocol with Article 3(5) TEU, the first subparagraph of Article 21(1) TEU, Article 21(2)(b) and (c) TEU and Articles 23 TEU and 205 TFEU, which impose on the EU the obligation that its external action is to protect human rights and strictly respect international law.

safeguards in order to ensure that that exploitation is carried out for the benefit of the people of that territory" (para. 293). The opinion of the Advocate General outlined the right to self-determination (the scope of which is currently contested under international law) in light of the use of the law of military occupation (so-called International Humanitarian Law, IHL). The Court, however, adopted a narrower approach by not invalidating the agreement in question, sidestepping the evidence and reiterating that the territory of Western Sahara did not fall within the scope of the disputed agreement therefore avoiding answering a heavily politically charged question (Kassoti 2017 : 23-42). It held that the inclusion of Western Sahara would however be contrary to the principle of the relative implementation of the treaties in international law as well as the principle of self-determination (para. 63). Consequently, the case had two major legal implications :

– extending the territorial scope of the agreement would be contrary to international law ; and

– the limited scope of interpretation of the concept of jurisdiction and the lack of clarity around the process of consultation that could be undertaken given the possible implementation of IHL due to the transfer of population (duty of non-recognition).

This case was the first time a request had been made under the preliminary reference procedure for a review of the validity of international agreements concluded by the EU, including the principle of equal rights and self-determination of peoples. The territory of Western Sahara had until then been always included de facto in the implementation of economic and sectorial cooperation agreements between the EU and Morocco. Yet, the Court did not invalidate the contested agreements despite the Commission recognising that around 91.5 % of fish imported under the 2007 agreement originate from the waters adjacent to Western Sahara (para. 70 of the Advisory Opinion).

In both cases, even though the highest court in the EU justice system has restated its attachment to what can be described as a basic principle of international and human rights law (McCorquodale 1994 : 857-885) and undeniable founding principle of the UN Charter, it did not find any violation, given that Western Sahara was not explicitly included within the territorial scope of the agreements. However, if it was to be included without the consent of the Sahrawi people, it would do so in breach of general international law (para. 13, 38). By doing so, the Court has simply tried to avoid raising a diplomatically charged question involving a key trading partner by reading, to the letter, the contested agreement (Gehring 2018) Akin to the request for an advisory opinion sent to the ICJ in 1975, it seems that the initial purpose of both legal actions to clarify the situation over the status of the territory, the stakeholders and ultimately the administrational arrangements of natural resources was not reached. Worse still, they have constituted the basis for further disagreements between the parties and the trigger for much contested re-negotiations of both treaties between the EU and Morocco. The CJEU's judicial decisions in the case of Western Sahara have not had (and will not have) the intended impact on the question of natural resources if the interpretation used by the Court is not considered to be applied to the facts on the ground (as evidenced by the defendants as well as the claimants) but remains restricted to a parsing of the trade agreements drafted between Morocco and the EU.

The law serving politics ?

We argue that the law, aimed at establishing standards and resolving disputes while protecting liberties and rights, is not serving to advance the political process in the case of Western Sahara. Some had even questioned the usefulness of requesting an opinion from the ICJ in 1975, claiming that it would not have influenced "the policy to be followed in order to accelerate the process of self-determination" given that this was well defined in the resolutions on decolonization of the territory (Soreta Liceras 2014 : 90-91). However clear the law may be, how the decisions are going to be implemented in the political spectrum is a question that falls within a scope fed by other considerations. In brief, various points made by the Court in its decisions from 2016 will be raised and used in the confrontation between POLISARIO relying on legal considerations on one side, and the Commission and trade concerns on the other. In this context, three main issues will expectedly be challenged. The first relates to the requirement for "consent" set by the Court in contrast to the process of "consultation" undertaken by the Commission. Considering the legal status of Western Sahara as a non-self-governing territory awaiting decolonization under a process led by the United Nations, it is rather puzzling to see the EU Commission's premeditative attempts to replace the consent of the people of Western Sahara – as principal condition set by the CJEU for the implementation of any agreement to Western Sahara as a third party- with a consultation process with various "stakeholders". Indeed, POLISARIO is one of the 112 groups and individuals that the Commission named as 'consulted' in the documentation that it sent to member states but of those, 94 of them claim to have never taken part in a consultation.[11]

The second point that will soon be the subject of much contestation is the misuse of "people" versus "population". The Commission's Staff Working

[11] According to a publication by Western Sahara Resource Watch, an international network of organisations researching and collecting data on foreign companies involved in the territory of Western Sahara.

Document related to the re-negotiations following the Court ruling does not address the issue of consent, and instead purely "focuses on the benefits for the population of Western Sahara" (p. 7). The term "population" is used four times in the CJEU's 2016 decision[12] and the Court never suggested that the 'population' of Western Sahara (which is of an entirely different composition than the 'people' as defined by international law) is relevant to the matter. The CJEU makes no reference, at any point, in its judgments, to the population of the territory, which theoretically include settlers as well as indigenous people, when setting the requirement for consent.

Finally, and most importantly, the claims of benefit made by the Commission is at the centre of discussions around potential future legal actions regarding the newly amended agreements. Although it is an irrelevant factor in the absence of the consent of the people of Western Sahara according to the CJEU (para. 106 of the 2016 decision previously mentioned), the EU Commission repeatedly used the issue of potential economic and development benefits as an argument to obtain the support of the EU Council and EU Parliament for the proposed extension of EU-Morocco agreements to Western Sahara. The Commission could not provide any statistics to uphold its claims of benefits. The Staff Working Document even made three essential acknowledgements denying the very same claimed benefits. First, it noted that it is impossible to distinguish products originating in Western Sahara from those originating in Morocco (1st paragraph, page 9 of the accompanying report). Second, the Commission stated it has no direct means of investigating the territory of Western Sahara in addition to fully depending on data provided by Morocco (4th Paragraph, page 9 of the accompanying report). Third, the Commission said that it was impossible to define Sahrawis from non-Sahrawis when it comes to the employment benefits (1st paragraph, page 25 of the accompanying report). However, the Court was rather clear that the requirement of consent applied "without it being necessary to determine whether such implementation is likely to harm [the third party] or, on the contrary, to benefit it."

In Western Sahara, a credible and independent environmental impact assessment has never been conducted for agriculture and fish-processing industries nor for fisheries activities. This is evidently deeply problematic, since the model of export oriented, resource intensive agricultural production will significantly draw on already limited natural resources, notably water. This can gravely prejudice environmental sustainability of the territory regardless of ownership, further risking the inalienable right of the Saharawi

[12] The Court only refers to the indigenous population (paras. 25, 91), the production of products not to be detrimental to the population of that territory (para. 47) and that the population of that territory enjoyed the right to self-determination under general international law (para. 105).

people over their national resources. In addition to this visible absence of impartial assessments, the Commission's work after the CJEU's judgments was tainted by suspicions of conflict of interest by the lead MEP first appointed for the task, Patricia Lalonde. She was even forced to quit a few weeks before her report was due to be tabled at the International Trade Committee and being discussed in plenary and is currently under investigation alongside three other MEPs involved.[13]

Both CJEU decisions implicitly denied the argument of legitimacy of Morocco's administration of the territory, but the Court did not say what should replace it as a legal and practical matter. Even though it did reiterate the importance of the right to self-determination as a general principle of international law, the Court made careful consideration as to whom should ensure this right is implemented. And it is indubitably not the CJEU itself. This ambivalent position from the Court is characteristically driven by wider geopolitical considerations. Both cases have caused a shock to EU-Morocco relations. Both rulings were followed within hours by a joint statement from Federica Mogherini (the EU's high representative for foreign affairs and security policy) and the Moroccan foreign minister Salaheddine Mezouar, expressing pleasure that the cases had been resolved and looking forward to the resumption of trade with Morocco, while reaffirming the parties' commitment to strategic partnership.[14] The statements made no mention of Western Sahara, or the content of the ruling. They referred instead to other areas of cooperation, notably migration and security, key aspects of Morocco's arguments in exchange for the EU's support for a status quo in Western Sahara. Of note, the Moroccan agriculture minister Aziz Akhannouch warned the EU a few weeks after the 2016 CJEU's decision that it would suffer the consequences if it was to prevent trade of agricultural products with the Kingdom of Morocco.[15] Worse still, a record number of over eight hundred migrants crossed into Ceuta and Melilla between February 17 and 19 of 2017[16] based on figures from the European Border and Coast Guard Agency Frontex. It seems rather clear that there is more to it than a simple dispute over fishing licenses and that administration of natural resources is almost equivalent to administration of the territory.

[13] Nielsen describes in his 2018 article this was made public.

[14] The joint statements have now been removed from the EU External Action website (https://eeas.europa.eu/search/site/Salaheddine%20Mezouar_en)

[15] Reported by BBC News on February 7, 2017, "*Le Maroc met en garde l'UE si elle ne respecte pas l'accord agricole signé en 2012*", available from https://www.bbc.com/afrique/region-38890320

[16] Reported by Sonia Moreno on February 21, 2017, *"El 'coladero' de Ceuta aviva la sospecha de un pacto entre Rabat y Madrid para presionar a la UE"*, El Español, available from https://www.elespanol.com/espana/20170221/195480454_0.html

Beyond the European Union and the example of phosphate

Beyond the European Union, two cases appear to have weakened Morocco's position on its de facto administration over natural resources in Western Sahara and on the territory in general. The two cases originated in May 2017 in South Africa and Panama. Both courts involved were asked by Sahrawi authorities – the SADR government, notably – to declare that transiting shipments of phosphate rock were properly a Sahrawi resource. The cases were founded on the fact that the SADR would have standing – a right of audience – because the countries involved had recognised the Sahrawi state.[17] The objectives were similar in both cases :

– To uphold Sahrawi sovereignty over resources in support of self-determination ;
– To act in recognising states/jurisdictions ;
– To obtain court declarations of illegality (similar objective to the CJEU cases) ;
– To dissuade global purchasers from potentially risky trade ;
– To recover the cargos.

The South Africa case of May 1, 2017 concerned the Marshall Islands-registered NM Cherry Blossom cargo, which had been seized at Port Elizabeth earlier that year. The case entailed the POLISARIO as a defendant against the New Zealand managing company as a simple civil legal claim about the right to ownership. A preliminary order ex parte had been sent to the ship owners once the cargo entered the South African territorial seas. The judgement of South Africa's High Court, which was a first instance trial court and heard the preliminary application to detain the cargo, was again clear on a critical point : "Morocco has no claim to sovereignty over Western Sahara" (para. 40). The Court reaffirmed that the Kingdom's "claim to sovereignty as a result of its occupation of the territory is incompatible […] with international law" (para. 40). On February 23, 2018, the South African High Court declared that the SADR was the owner of the whole cargo of phosphate, which has then remained at anchor in Port Elizabeth at a high financial cost for the operators of the vessel.[18]

In the Panama case of May 17, 2017, the Panama registered m.v. Ultra Innovation had been detained upon leaving the Panama Canal. An order had

[17] 84 UN Member States have at one point or another recognised the Sahrawi Arab Democratic Republic.

[18] Order issued in the High Court of South Africa (Eastern Cape Local Division, Port Elizabeth) on Friday, 23rd February 2018 in the Case No. 1487/2017 and available from https://wsrw.org/files/dated/2018-02-23/20180223_south_africa_ruling.pdf

been issued by the Panama Maritime Tribunal on the basis that the ship itself had illegally profited from carrying a cargo of some 55,000 tonnes phosphate rock to Canada. However, some days later, ship (and cargo) were released and the cargo eventually unloaded at its final destination. The Panama case was therefore less successful for the claimant but all the same confirmed the Sahrawi people's sovereignty over its natural resources ; denied the Panama canal to transiting shipments since May 2017 ; diminished the number of purchasing companies in the aftermath of the ruling (Canada, Venezuela, Colombia and Australia's single company) ; contributed to the WSCUK case in front of the CJEU and constituted a precedent for the SADR to act as a State.

What is next for the natural resources in Western Sahara ?

The law has never been clearer, whether it be at European or international level. Its implementation, however, is made difficult, if not impossible, by unnecessary political motivated by economic and financial interests. Several EU-based operators are risking financial, legal and reputational damages if the EU does not comply with its internal rule of law and the same can happen at a more global level. If the status quo is maintained and the right to self-determination granted to the people of Western Sahara is not realised through an UN-led referendum, the organisation will be held accountable for this escalation.

Further legal actions have been taken during the course of 2018 by POLISARIO in the CJEU ; namely two new actions for annulment of two decisions from the Council through the EU judicial system. The first action was lodged in March 2018 against the decision of the Council to withdraw the requirement for permission to collect local authorisations under the Aviation Agreement. That decision was taken in 2006 and is still not in force but is applied in practice. The agreement was presented to the EU parliament in 2017 and was ratified then signed by the Council. In the Association Agreement case as well as the fisheries case, the substantial involvement of the EU was brought to light. Even though figures were not clear, evidence of involvement had been provided (including by the Commission itself) but the Court refused to take into account the substantial aspect and decided to stick to the letter of the agreement that didn't mention Western Sahara. When it comes to the Aviation Agreement, the question is now the scope of jurisdiction and the idea that the EU has been allowing retroactively the implementation of a decision to allow that agreement to extend to Western Sahara for the past 10 years. The second relates to the Fisheries Agreement : it was not necessary to just renegotiate an operative protocol but the entire

Partnership Agreement. We can expect the POLISARIO to pursue a new case to gain political leverage in this regard. The main issues that will be tackled relate to the competence or the legal grounds for the EU (Council and Commission) to enter into an agreement which expressly operates in or extends to the territory of Western Sahara. The field of argument will therefore be whether the Council and Commission have ensured or acted in light of an ascertained proper consent of the 'local population'.

The EU will potentially have to face the consequences of including the annexing power in the renegotiation of the agreements. The concept of "consultation" can indeed arguably amount to a negation and violation of the right to self-determination, access to natural resources and to the territorial integrity of Western Sahara as a third party to the Partnership Agreement and Fisheries Agreement under the Vienna Convention on the Law of Treaties recalled by the CJEU. The EU Parliament has yet voted in favour of this inclusion at the start of this year in the newest version of both agreements.

There are mechanisms in place elsewhere in the world that could (or should) inspire the main stakeholders involved in the resolution of the conflict in Western Sahara. The UN Security Council established the Development Fund of Iraq through Resolution 1483 of May 22nd, 2003 soon after the United States-led coalition forces occupied Iraq in April 2003. This mechanism was structured to comply with international humanitarian law, despite deficiencies in its implementation reported by many observers. The Fund was held by the Central Bank of Iraq and independently audited by accountants approved by the International Advisory and Monitoring Board. Most importantly, the revenue collected could be used solely to benefit the people of Iraq. No comparable mechanism exists with regard to any of the resources of Western Sahara despite demands from the Sahrawi side (Kamal 2015).

With the failings of the international legal system in responding to the conflict, perhaps a closer look into human rights issues in this case should be taken given the absence of human rights monitoring prerogatives in the case of MINURSO. However, in the case of the protection of group rights, "it is only through the realization of this very basic right of people to determine, with no compulsion or coercion, their own future, political status and independence that we can begin to address others such as dignity, justice, progress and equity".[19] The plunder of natural resources in Western Sahara arguably contributes directly to the prolongation of the occupation, the strengthening of the military presence of Morocco in the territory and

[19] The 40th meeting of the UN 3rd Committee on self-determination which took place in November 2013 discussed the right of peoples to self-determination as well as the elimination of racism, racial discrimination, xenophobia and related intolerance.

ultimately, the maintenance of a status quo (Smith 2015). A fair recommendation to be made would be that the General Assembly's Fourth Committee call for the appointment of a United Nations rapporteur for natural resources in Western Sahara, to work in conjunction with the Personal Envoy of the Secretary-General and to consider United Nations administration of natural resources and revenues from such resources pending the self-determination of the Saharawi people, recognised over and over again in the United Nations resolutions. Following Mr Horst Kohler's resignation in May, it is however difficult to assume that any position within the UN Mission for the Referendum in Western Sahara remains safe.

Bibliography

BBC NEWS,

2017, February 7, "Le Maroc met en garde l'UE si elle ne respecte pas l'accord agricole signé en 2012", available from https://www.bbc.com/afrique/region-38890320

COMMISSION STAFF WORKING DOCUMENT, SWD,

2018, 346 final, Report on benefits for the people of Western Sahara and public consultation on extending tariff preferences to products from Western Sahara, Council v Front Populaire pour la libération de la Saguia-el-Hamra et du Rio de Oro (Front POLISARIO), [2016], C-104/16 P (para. 106).

CRAIG P. & DE BRUCA G.,

2011, *EU Law, Text, Cases and Materials*, (5th Edition), Oxford University Press, ISBN 0-19-957699-8, p. 70.

DUDLEY D.,

2016, December 21, "European Court Dismisses Morocco's Claim To Western Sahara, Throwing EU Trade Deal Into Doubt", Forbes, available from https://www.forbes.com/sites/dominicdudley/2016/12/21/european-court-dismisses-moroccos-claim-to-western-sahara-throwing-eu-trade-deal-into-doubt/#168b1a5b4493

FAO,

2007, "Right to Food and Natural Resources", available from http://www.fao.org/3/a-a1605e.pdf

GEHRING M.W.,

2018, "Court of Justice further clarifies the application of the EU-Morocco Fisheries Partnership Agreement to Western Sahara", http://eulawanalysis.blogspot.com/2018/03/court-of-justice-further-clarifies.html

GENERAL ASSEMBLY,

1960, "Declaration on the Granting of Independence to Colonial Countries and Peoples Resolution 1514 (XV), 947th Plenary Meeting, 14 December 1960.

GENERAL ASSEMBLY OFFICIAL RECORD,

2001, Fifty-Sixth Session, International Law Commission Report Supplement No. 10, UN Doc. A/56/10 at 336.

GENERAL ASSEMBLY RESOLUTION 2229 (XXI),

1966, "*Question of Ifni and Spanish Sahara*", A/RES/229 (XXI), (20 December 1966) available from https://undocs.org/pdf?symbol=en/A/RES/2229(XXI).

GENERAL ASSEMBLY RESOLUTION 38/40,

1983, "*Question of Western Sahara*", A/RES/38/40 (7 December 1983) available from http://www.un.org/documents/ga/res/38/a38r040.html

GENERAL ASSEMBLY RESOLUTION 2621,

1970, "Programme of action for the full implementation of the Declaration on the Granting of Independence to Colonial Countries and Peoples", A/8086 (12 October 1970), available from https://www.un.org/documents/ga/res/25/ares25.htm

GENERAL ASSEMBLY RESOLUTION 34/37,

1979, Question of Western Sahara, A/RES/34/37 (21 November 1979), available from http://www.un.org/documents/ga/res/34/a34res37.pdf

GENERAL ASSEMBLY RESOLUTION 40/52,

1985, Activities of foreign economic and other interests which are impeding the implementation of the Declaration on the Granting of Independence to Colonial Countries and Peoples in Namibia and in all other Territories under colonial domination and efforts to eliminate colonialism, apartheid and racial discrimination in Southern Africa, A/RES/40/52 (2 December 1985), available from http://www.un.org/documents/ga/res/40/a40r052.htm

GENERAL ASSEMBLY RESOLUTION A 31/56,

1976, S/11997, Letter dated 26 February 1976 from the Permanent Representative of Spain to the United Nations addressed to the Secretary-General, A 31/56, S/11997 (26 February 1976) available from http://www.usc.es/export9/sites/webinstitucional/gl/institutos/ceso/descargas/A_31_56-S_11997_26-february-1976_en.pdf

GRIFFIOEN C.,

[2010], *Self-Determination as a Human Right, The Emergency Exit of Remedial Secession*, Utrecht, Science Shop of Law, Economics and Governance, Utrecht University.

HANCOCK J.,

2003, *Environmental Human Rights : Power, Ethics and Law*, Aldershot, Ashgate.

ICJ REPORTS, ADVISORY OPINION,

[2019], *Legal Consequences of the Separation of the Chagos Archipelago from Mauritius in 1965.*

JASINSKI S.,

2015, *Minerals Yearbook 2015,* United States Geological Survey, National Minerals Information Center, https://s3-us-west-2.amazonaws.com/prd-wret/assets/palladium/production/mineral-pubs/phosphate-rock/myb1-2015-phosp.pdf

KAMAL F.,

2015, "The role of natural resources in the building of an independent Western Sahara", Global Change, Peace and Security, 27, 3.

KASSOTI E.,

2017, "The Council v. Front POLISARIO Case : The Court of Justice's Selective Reliance on International Rules on Treaty Interpretation (second part)", *European Papers*, 2, 1.

MCCORQUODALE R.,

1994, *The International and Comparative Law Quarterly,* 43, 4.

MORENO S.,

2017, February 21, « El 'coladero' de Ceuta aviva la sospecha de un pacto entre Rabat y Madrid para presionar a la UE », *El Español*, available from https://www.elespanol.com/espana/20170221/195480454_0.html

MORTEN HAUGEN H.,

2007, "The Right to Self-Determination and Natural Resources : The Case of Western Sahara", 3/1, *Law, Environment and Development Journal*, p. 73.

NIELSEN N.,

2018, "MEP quits Morocco lobby after EU Observer investigation", https://euobserver.com/migration/143541

OJEDA GARCIA, R., FERNANDEZ MOLINA, I. & VEGUILLA V. (eds),

2017, *Global, Regional and Local Dimensions of Western Sahara's Protracted Decolonization : When a Conflict Gets Old*, Palgrave Mcmillan US, 355 p.

OPINION OF ADVOCATE GENERAL WATHELET,

[2018], Case C-266/16, https://eur-lex.europa.eu/legal-content/EN/TXT/PDF/?uri=CELEX:62016CC0266&from=EN

ORDER ISSUED IN THE HIGH COURT OF SOUTH AFRICA (Eastern Cape Local Division, Port Elizabeth),

2018, Friday, 23rd February, Case No. 1487/2017, available from https://wsrw.org/files/dated/2018-02-23/20180223_south_africa_ruling.pdf

RUIZ MIGUEL C.,

2018, « Cadre Juridique du Conflit *», in Sahara Occidental : Conflit Oublié, Population en Mouvement,* Presses Universitaires François-Rabelais, pp. 95-122.

SAHARAWI ARAB DEMOCRATIC REPUBLIC AND ANOTHER V OWNER AND CHARTERERS OF THE MV 'NM CHERRY BLOSSOM' AND OTHERS (15/6/2017),

[2017], ZAECPEHC 31 ; 2017, (5) SA 105 (ECP) ; [2018], 1 All SA 593 (ECP) (15 June 2017).

SECURITY COUNCIL RESOLUTION S/RES/1483,

2003, 22 May, available from http://unscr.com/en/resolutions/doc/1483

SMITH J.,

2015, « The taking of the Sahara : the role of natural resources in the continuing occupation of Western Sahara », *Global Change, Peace and Security*, 27, 3.

SOROETA LICERAS J.,

[2014], *International Law and the Western Sahara Conflict*, Wolf Legal Publishers (WLP), pp. 90-91.

THE QUEEN (on application of WSCUK) v Commissioners for Her Majesty's Revenue and Customs and Secretary of State for Environment, *Food and Rural Affairs*, [2018], C-266/16.

TRILLO DE MARTIN-PINILLOS E.,

2007, « Spain as Administrating Power of Western Sahara », *International Law and the Question of Western Sahara*, IPJET, pp. 79-86.

UN 3RD COMMITTEE ON SELF-DETERMINATION,

2013, 40th meeting of the UN 3rd Committee on self-determination, 05.11.2013 https://www.un.org/press/en/2013/gashc4085.doc.htm

UN SECRETARIAT WORKING PAPERS ON NON-SELF-GOVERNING TERRITORIES (NSGTs),

[2019] http://www.un.org/en/decolonization/nonselfgovterritories.shtml

WESTERN SAHARA RESOURCE WATCH,

2018, June 14, "Commission misleads EU states on POLISARIO talks, documentation shows", available from https://www.wsrw.org/a105x4179

WESTERN SAHARA, ADVISORY OPINION ICJ REPORTS,

[1975], p. 60, para. 162.

ZUNES S. & MUNDY J.,

2010, "*Western Sahara : War, Nationalism and Conflict Irresolution*", Syracuse, N.Y., Syracuse University Press, 356 p.

LE SAHARA ET SES HYDROCARBURES, PIVOT DES RELATIONS FRANCO-ALGÉRIENNES : 1954 - 1971

JAD KABBANJI

Docteur en histoire contemporaine de l'Université de Montréal, chercheur indépendant

Résumé

L'article s'intéresse au statut du Sahara dans les rapports franco-algériens. En se basant sur les documents d'archives du groupe pétrolier TOTAL et du ministère français des Affaires étrangères, nous analyserons la dimension pétrolière des relations entre les deux pays jusqu'à la nationalisation par l'Algérie du secteur pétrolier et gazier en 1971, tout en insistant sur la politique d'industrialisation de ce pays. Ainsi, nous démontrerons que le pétrole constitue le pivot des relations franco-algériennes jusqu'en 1971. Premièrement, jusqu'en 1962, le sort du Sahara et de ses ressources en hydrocarbures prolonge le conflit armé. Deuxièmement, les Accords d'Évian et plus tard l'accord de coopération de 1965 tentent d'instituer une forme de lien privilégié basé sur la coopération d'État à État entre une métropole et son ancienne colonie. Finalement, à partir de 1969 et l'échec de la coopération pétrolière, nous assistons à une banalisation des rapports entre les deux pays.

Mots-clés : Sahara, Algérie, hydrocarbures, coopération, post-colonialisme.

Abstract

This article is concerned with the role the status of the Sahara plays in the Franco-Algerian negotiations. Using archives from TOTAL petroleum group and the French Ministry of Foreign Affairs, we aim to analyze the importance of the petro-relations between the two countries until the nationalization of the oil and gas sectors by Algeria in 1971 as a prelude to the industrialization of the country. Hence, we seek to demonstrate that the oil and gas sectors constitute the linchpin of the Franco-Algerian relations during the period in question. Firstly, until 1962, the uncertain fate of the Sahara and its resources of hydrocarbons was the main reason for the prolongation of the liberation war. Secondly, the Evian Accords eventually permitted access to independence for Algeria, and therefore the establishment of a privileged link between two sovereign states based on a cooperation agreement between the French metropolis and its ancient colony. Finally, from 1969 onwards and the failure of oil cooperation, we are witnessing a trivialization of relations between the two countries.

Keywords : Sahara, Algeria, Hydrocarbons, Cooperation, Postcolonialism.

Introduction

Le Sahara représente un territoire dont la souveraineté est partagée entre plusieurs entités africaines[1]. Il recèle de nombreuses ressources naturelles, dont les hydrocarbures. Certaines des plus grandes réserves en pétrole et en gaz se trouvent dans le sous-sol du Sahara algérien.

Cet article traitera de l'évolution des rapports franco-algériens entre 1954 et 1971. Il s'agit d'analyser en général le rôle des hydrocarbures au Sahara et de souligner l'impact de ces ressources sur les relations postcoloniales entre la France et l'Algérie. En particulier, nous essaierons de voir comment l'Algérie a envisagé l'exploitation de ses ressources naturelles pendant cette période de grands bouleversements économiques. Après un bref survol du contexte historique du développement du Sahara durant la période coloniale et la guerre d'indépendance, nous allons aborder la stratégie de mise en valeur des ressources naturelles de ce territoire. Il est ainsi question de présenter la fonction essentielle des hydrocarbures sahariens dans le nouveau projet industriel de l'Algérie. Enfin, nous étudierons l'échec de l'accord de coopération franco-algérien sur les hydrocarbures et l'industrialisation.

Nous travaillerons sur diverses archives papier, dont certaines inédites : les archives de la Compagnie Française des Pétroles (CFP), ancêtre de TOTAL, et celles du Quai d'Orsay. À ces sources primaires, s'ajoutent diverses sources secondaires, dont des monographies, des articles scientifiques et des articles de journaux[2].

---

[1] Le Mali, la Mauritanie, le Niger, le Tchad, le Soudan, l'Algérie, la Tunisie, le Maroc, la Libye, l'Égypte et le Sahara Occidental.

[2] Voir la bibliographie.

La mise en valeur des ressources naturelles du Sahara jusqu'à l'indépendance de l'Algérie

Le Sahara : nouvel eldorado pétrolier pour la France

Le potentiel pétrolier algérien est reconnu par certains géologues pionniers dès les années 1930. Néanmoins, le manque de moyens financiers et l'immensité du terrain retardent les recherches intensives jusqu'au début des années 1950.

L'exploration pétrolière débute en Algérie française dès la fin du XIXe siècle. Les sous-sols du nord de l'Algérie sont sondés en premier, plus particulièrement les régions autour de Tliouanet et de Dahra. Les recherches qui remontent à 1874 pour Dahra et 1898 pour Tliouanet n'apportent pas de résultats probants (Hoffherr et Mauchaussé 1935 : 187-188). Seulement quelques centaines de tonnes de pétrole sont prélevées par an. Vers le début des années 1930, les nouvelles prospections s'arrêtent en Algérie où l'activité principale se résume à l'exploitation des quelques puits de pétrole déjà découverts.

« On a extrait, de 1921 à la fin de 1932, 17 265 tonnes d'huile. La production annuelle ayant oscillé entre 1 200 et 1 500 tonnes, le maximum a été obtenu en 1929 avec 3 048 tonnes ; depuis 1931 on se borne à pomper les puits anciens sans en faire de nouveaux : la production de 1932 est tombée à 900 tonnes, celle de 1933 à 558 tonnes. Elle n'a atteint, pour les neuf premiers mois de 1934, que 275 tonnes. » (Hoffherr et Mauchaussé : ibid.)

La perte d'intérêt progressive pour le potentiel pétrolier algérien coïncide avec les premières découvertes en Irak à la fin des années 1920 et la livraison à partir de 1934 de ce même pétrole en France. De plus, la prospection d'un territoire aussi grand que celui de l'Algérie requiert d'importantes sommes d'argent. La crise économique que connaît la France à partir du début des années 1930 affecte la recherche pétrolière en Algérie. En outre, dans un rapport daté de décembre 1933, Léon Migaux, ingénieur au Corps des Mines, s'attarde sur les raisons supplémentaires des faibles résultats enregistrés en Algérie : « *La raison profonde de cet échec réside dans l'éparpillement des efforts, dans leur absence de liaison et souvent de préparation, et dans leur insuffisance même.* » (Hoffherr et Mauchaussé : *ibid.*).

Si la prospection pétrolière débute à la fin du XIXe siècle dans le nord de l'Algérie, il faudra attendre les années 1930 pour que de timides tentatives de recherche s'effectuent dans le Sahara algérien. Un groupe de géologues universitaires, formé autour de Conrad Kilian et Nicholas Menchikoff, y effectue les premiers travaux. Jusqu'à la seconde moitié des années 1940, le pétrole saharien n'intéresse que peu de géologues. En effet, les sociétés pétrolières et les autorités publiques françaises ne mesurent pas encore l'importance du potentiel pétrolier saharien. Toutefois, les études de Kilian et de Menchikoff soulignent que la géologie du Sahara témoigne de la présence de réserves considérables de pétrole.

À la fin du second conflit mondial, la France prend conscience de l'importance de la diversification du ravitaillement pétrolier et de l'acquisition d'un pétrole national. Les autorités publiques françaises en association avec la Compagnie Française des Pétroles (CFP), ancêtre de TOTAL, institutionnalisent l'exploration pétrolière du Sahara algérien. À cette époque, les objectifs du secteur public et du secteur privé sont en adéquation :

« Ainsi, deux projets se rejoignent en Algérie : celui de l'État désireux de disposer d'hydrocarbures en territoire français ou sous contrôle français, et celui de la CFP en quête d'un élargissement de sa base d'approvisionnement en brut. Il y a concordance ou communauté de vues entre le secteur public et le secteur privé, dans la mesure où la CFP est perçue comme obéissant à la logique d'une entreprise privée.» (Saul 2006 : 362).

Au début des années 1950, l'activité pétrolière en Algérie prend son envol. À partir de 1956, le Sahara devient une région dont le potentiel pétrolier est prouvé. Ainsi, les découvertes se multiplient et les premiers acheminements d'huiles en métropole s'accélèrent à partir de 1959. La première grande découverte pétrolière au Sahara intervient en janvier 1956 à Edjeleh. La même année, le champ pétrolier de Hassi Messaoud est découvert de même que les champs de gaz de Hassi R'mel. L'année 1956 préfigure donc un avenir radieux pour les intérêts pétroliers français. Dès lors, une nouvelle dynamique se profile au Sahara. Désormais, la mise en valeur des ressources en hydrocarbures déjà découvertes s'effectue en parallèle des prospections menées par les différentes sociétés pétrolières sur ce territoire.

Les activités pétrolières en Algérie s'effectuent parallèlement à la guerre de libération qui débute en 1954. La fin du conflit est intrinsèquement liée à l'avenir du Sahara et à celui du pétrole exploité sur ce territoire. La France qui marque sa supériorité militaire sur son adversaire est paradoxalement affaiblie diplomatiquement et doit alors trouver un règlement satisfaisant avec le Front de libération nationale (FLN). En effet, Paris se trouve isolé sur la scène internationale. Si l'URSS est opposée depuis le départ à la guerre coloniale que mène la France en Algérie, les États-Unis expriment des réserves quant à un conflit perdu d'avance (Mall 2006).

La guerre de libération ne s'étend pas jusqu'au Sahara. La difficulté du terrain désertique et le faible nombre d'habitants indigènes expliquent en partie la paix relative qui règne dans cette région entre 1954 et 1962. Toutefois, dans un rapport de l'armée, daté de novembre 1958, l'inquiétude des responsables militaires quant à l'extension du conflit est notable. Le texte s'attarde sur la protection des sites pétroliers au Sahara et souligne la *« préoccupation constante du commandement qui utilise au mieux les moyens dont il dispose et se tient informé des problèmes particuliers à chaque chantier par de fréquentes visites.*[3] *»* Si le rapport insiste sur la présence de partisans de la rébellion parmi les travailleurs algériens et plus particulièrement parmi les transporteurs[4], le FLN ne vise pas à remettre en cause les activités pétrolières au Sahara. En août 1958, il sabote plusieurs dépôts d'essence et de raffineries en métropole. Quand il s'agit d'attaquer les intérêts pétroliers français, le mouvement nationaliste choisit de ne pas mettre en péril les installations pétrolières en Algérie, mais de cibler celles en territoire métropolitain.

Une volonté de soustraire le Sahara à l'Algérie

Alors que la guerre de libération est engagée depuis plusieurs années, des réformes territoriales et socio-économiques sont mises en place en Algérie. Le rôle du pétrole et de la province saharienne dans ces changements sont centraux.

L'arrivée au pouvoir du général de Gaulle en mai 1958 stimule l'intérêt pour l'industrie pétrolière opérant en Algérie. La promulgation du Code pétrolier saharien (CPS) le 22 novembre 1958 en est un parfait exemple. Selon l'ordonnance n° 111, le CPS a pour objectif *« de définir le régime de la recherche, de l'exploitation et du transport par canalisation des hydrocarbures liquides et gazeux dans les zones de l'Organisation commune des régions sahariennes, ainsi que le régime fiscal applicable aux entreprises se livrant à cette activité. »* (Murat 1969 : 90). De plus, le CPS accorde certains avantages fiscaux à tout investisseur afin d'encourager l'activité pétrolière. Ainsi, le CPS, la constitution de l'Organisation commune des régions sahariennes (OCRS) et la création en mai 1957 d'un ministère du Sahara soulignent le désir de la métropole de détacher le Sahara de l'Algérie et, conséquemment, de contrôler directement l'exploitation pétrolière dans cette région. La gestion des affaires sahariennes à partir de Paris signe la fragmentation de l'Algérie et des autres États sahariens frontaliers. Cette stratégie s'accorde avec la vision gaullienne d'une indépendance algérienne sous surveillance française. En détachant le Sahara de l'Algérie, privant cette dernière d'importantes recettes fiscales, la France marque son emprise sur le futur État indépendant politiquement et dépendant économiquement vis-à-vis de la métropole.

---

[3] Archives non classées de la CFP-A / *Méguillet à Amiral Lamorte : Sécurité des centres pétroliers.*

[4] *Idem.*

Parallèlement à la mise en place du CPS, un plan de redressement économique et social pour l'Algérie est annoncé par les autorités françaises le 3 octobre 1958. Le Plan de Constantine doit faire accéder l'Algérie à la modernité française. Ainsi, il comprend un vaste plan d'industrialisation, de développement des infrastructures civiles et de réorganisation du secteur agricole. La place du pétrole saharien dans le Plan de Constantine est donc prépondérante. L'État français finance en partie ce plan grâce aux revenus pétroliers. De plus, la transformation des hydrocarbures sur le territoire algérien est un des éléments essentiels de ce projet de redressement économique. Dès lors, la construction d'une raffinerie à Maison Carrée et d'un ensemble pétrochimique à Arzew relève de ces résolutions.

La reconnaissance de l'Algérie algérienne par le général de Gaulle à partir de 1959 est paradoxalement accompagnée d'une tentative de morcellement du territoire national algérien. Les initiatives françaises qui dissocient les dossiers algérien et saharien sont systématiquement refusées par le FLN, prêt à négocier à condition de sauvegarder l'intégrité territoriale de l'Algérie. Le fait de ne pas saboter les installations pétrolières au Sahara, mais plutôt celles de la métropole, est un message adressé par le FLN aux autorités françaises : le Sahara est une partie intégrante de l'Algérie indépendante. Les premières rencontres entre le FLN et les représentants de la France, en juin 1960, achoppent sur le statut du Sahara. Finalement, en septembre 1961, la France affirme, par la voix du général de Gaulle, sa disposition à inclure le Sahara dans une future Algérie indépendante :

« Pour ce qui est du Sahara, notre ligne de conduite c'est celle qui sauvegarde nos intérêts et qui tient compte des réalités. Quels sont nos intérêts ? Nos intérêts c'est la libre exploitation du pétrole et du gaz que nous avons découverts ou que nous découvrirons, c'est la disposition de terrains d'aviation et le droit de circulation pour nos communications avec l'Afrique noire. Les réalités c'est qu'il n'y a pas un seul Algérien, je le sais, qui ne pense que le Sahara doit faire partie de l'Algérie et qu'il n'y aurait pas un seul gouvernement algérien quelle que soit son orientation par rapport à la France, qui ne doive revendiquer sans relâche la souveraineté algérienne sur le Sahara[5]. »

Ainsi, la France est désormais disposée à négocier avec le FLN les conditions d'admissibilité de la totalité du territoire algérien à l'indépendance. Le FLN, une fois la question du Sahara réglée, se déclare prêt à discuter des intérêts stratégiques de la France en Algérie. Concernant le pétrole saharien, la France préconise la non-ingérence algérienne dans ses affaires. Cette position de la France menacerait les exigences du FLN qui n'obtiendrait alors qu'une souveraineté limitée sur le Sahara.

---

[5] Conférence de presse du général de Gaulle, le 5 septembre 1961.

En somme, les accords d'Évian qui règlent le contentieux entre l'État français et le FLN se profilent grâce au compromis suivant : d'une part, l'OCRS est démantelée et la souveraineté algérienne sur le Sahara est reconnue et, d'autre part, le Code pétrolier saharien reste en vigueur, sauvegardant ainsi les intérêts des sociétés françaises implantées sur le territoire. À court terme, le sort du Sahara et celui de son pétrole se distinguent nettement. Le Sahara est sans aucun doute au cœur du litige entre la France et le FLN. Dès 1957, cette région est dissociée de l'Algérie française. Si de Gaulle rompt avec la IVe République en promulguant de nombreuses réformes se rapportant à l'Algérie, il demeure fermement attaché à l'autonomie du Sahara. Néanmoins, la préoccupation principale du président est de restaurer la grandeur de la France. Ne fallait-il pas accepter des compromis douloureux en Algérie ? La perte de l'Algérie et du Sahara redresserait, selon de Gaulle, l'image de la France dans le monde et, plus particulièrement, dans les pays nouvellement décolonisés.

Le Sahara comme moteur du développement économique pour l'Algérie

Des accords d'Évian au programme de Tripoli

Parallèlement aux accords d'Évian signés en mars 1962, le congrès de Tripoli se réunit en mai de la même année autour de l'organe suprême du FLN, le Conseil national de la révolution algérienne (CNRA). Voté à l'unanimité en juin 1962, le programme de Tripoli contredit sur plusieurs points les accords d'Évian. Ainsi, les hommes appelés à prendre le pouvoir après l'indépendance devront s'accommoder avec deux textes officiels qui ne s'accordent pas sur les choix fondamentaux du nouvel État indépendant. Le programme de Tripoli définit les contours d'un État algérien ancré dans la lutte anticolonialiste, alors que les accords d'Évian se veulent garants d'une relation privilégiée entre une ancienne colonie et sa métropole, notamment en ce qui concerne les privilèges des sociétés pétrolières au Sahara. Désormais, la problématique principale de l'État algérien s'articule autour du néocolonialisme. L'ambiguïté du nouveau pouvoir algérien réside dans sa volonté de s'émanciper du néocolonialisme, tout en maintenant une relation privilégiée avec l'ancien colonisateur. Certes, le programme de Tripoli perçoit dans les accords d'Évian une victoire pour le peuple algérien : *« Les accords d'Évian constituent, pour le peuple algérien, une victoire politique irréversible qui met fin au régime colonial et à la domination séculaire de l'étranger. »* Toutefois, la primauté des Accords est immédiatement remise en cause puisque le processus révolutionnaire, né de la lutte armée, triomphe. Dès lors, le lien entre la lutte anticoloniale et l'avenir de l'Algérie est clairement établi. L'objectif du nouveau pouvoir algérien est de bâtir une Algérie révolutionnaire qui risque inévitablement de compromettre les intérêts de la France, notamment au Sahara.

Les desseins du premier président algérien, Ben Bella, et de son équipe expriment parfaitement la dualité entre Évian et Tripoli. Le triomphe des radicaux en Algérie signe le début d'une nouvelle ère : la marche vers le socialisme est entamée. Un an après l'indépendance, la première constitution algérienne institutionnalise les idées révolutionnaires avancées par Ben Bella et annonce de grands bouleversements socio-économiques. Le nouveau modèle économique algérien qui prend la forme d'un socialisme national et indépendant des expériences parallèles des pays de l'Est s'articule au départ autour du secteur agricole. Ainsi, il se distingue par l'importance accordée à la réforme agraire, premier objectif de la révolution sociale en marche. C'est grâce au Sahara et à l'exploitation de ses ressources naturelles que l'Algérie indépendante compte financer la nouvelle réforme agraire.

Le concept d'industrie industrialisante

La stratégie industrielle qui émerge en Algérie au début des années 1960 se veut complémentaire en intégrant le secteur agricole au secteur industriel. Le concept « d'industrie industrialisante », développé dès 1963 par l'économiste français Gérard d'Estanne de Bernis, va dans ce sens. Il s'agit, grâce aux ressources premières disponibles au Sahara, de construire une industrie moderne qui répond aux besoins premiers de la nation. Dans le cadre d'une économie introvertie et complémentaire, la modernisation de l'agriculture qui génère une augmentation globale du niveau de vie et une demande pour des *« objets d'origine industrielle indispensables à toute agriculture moderne »* représente un des moteurs de cette industrialisation (Destanne de Bernis 1963 : 132).

Contrairement à l'accumulation du capital à travers l'agriculture, l'accumulation du capital par l'intermédiaire des hydrocarbures dépend du marché international. Si ce facteur est négatif dans la mesure où l'État ne détient pas tous les rouages de cette accumulation, le rôle des hydrocarbures reste primordial dans un premier temps. En effet, du point de vue strictement financier, ce secteur d'activité est le seul en mesure de stimuler le reste de l'économie à court terme. Ainsi, son développement rapide doit procurer les capitaux nécessaires au développement économique du pays et à l'application du concept d'industrie industrialisante. Ainsi, il permettrait à l'Algérie de se soutirer de la dépendance vis-à-vis de cette ressource qui n'est pas renouvelable. En ce sens, le rôle des hydrocarbures dans l'accumulation du capital est temporaire. Par contre, les hydrocarbures en tant qu'industrie nationale jouent un rôle beaucoup plus important à moyen terme. En effet, la fonction de cette industrie se situe au niveau de la stimulation du noyau industriel qui se construit autour de cette ressource. En somme, en amont, se retrouve le financement de l'industrialisation et, en aval, les hydrocarbures fournissent l'énergie nécessaire et les matières premières indispensables pour les autres industries implantées dans le pays.

Tournée vers l'extérieur lorsqu'il s'agit de l'accumulation du capital, l'industrie des hydrocarbures est au contraire à la base de la mise en place d'une économie introvertie grâce aux liens multiples qui sont appelés à se créer entre cette dernière et le reste du secteur industriel, comme l'affirme Destanne de Bernis, cité par Mourad Preure :

« Ainsi, les hydrocarbures ne sont pas seulement la base de la création de quelques industries nouvelles. Compte tenu de la place qu'occupent ces industries dans un tableau d'échanges interindustriels, elles contribuent à développer le nombre des liaisons internes. Dans le mouvement même qui établit des jonctions nouvelles entre les différentes branches, une réduction s'opère de la dépendance qui existait antérieurement de manière presque exclusive de chaque branche à l'égard de l'importation ou de l'exportation. » (Preure 1992 : 168).

Dans ce cadre, les hydrocarbures contribuent à la création d'un marché interne au profit de l'industrie nationale. Pour autant, en 1963, la première condition nécessaire au démarrage industriel du pays, à savoir le financement par le secteur des hydrocarbures, est trop faible. Plus encore, les techniques d'exploitation ainsi que le manque de cadres qualifiés représentent un autre frein à la mise en place de cette nouvelle politique économique (El-Aziz Kouadri 1969 : 639). Dès lors, l'intérêt immédiat de l'État algérien est de s'associer à la France. La présence française au Sahara doit fournir les capitaux par l'entremise des redevances. Plus encore, l'algérianisation des effectifs travaillant dans l'industrie des hydrocarbures ne peut se faire sans le concours des sociétés pétrolières françaises.

Au mois de novembre 1963, un mémorandum officiel présenté à la France cautionne la nouvelle stratégie des dirigeants algériens et informe Paris du désir de la réouverture de la négociation de l'accord d'Évian. En somme, *« l'Algérie qui attend beaucoup de la mise en valeur de ses ressources naturelles, est également consciente du rôle important que peut jouer pour cette mise en valeur l'apport de la technique et du capital extérieurs, spécialement en provenance de la France*[6]*. »* Toutefois, *« conçue fondamentalement en fonction des possibilités de son marché intérieur et de ressources financières propres, cette industrialisation avancerait à un rythme nécessairement limité*[7]*. »* L'objectif de l'Algérie se résume donc à

[6] Archives du Quai d'Orsay / Secrétariat d'État aux Affaires algériennes - 71 / Dossier 41 réservé / Conseil des affaires algériennes du 12 décembre 1963 / *Mémorandum du 29 novembre du gouvernement algérien sur les questions relatives aux hydrocarbures,* p. 5.

[7] *Idem.*

sortir le plus rapidement possible du sous-développement. La France doit certes jouer un rôle primordial dans cette entreprise colossale, mais cela est conditionné par une refonte complète des relations entre les deux pays.

De la coopération à la banalisation des relations franco-algériennes au Sahara

Le mémorandum algérien du 29 novembre 1963

Si l'industrialisation et, par conséquent, le développement économique sont intimement liés à la problématique des hydrocarbures sahariens, ils ne peuvent aboutir dans le cadre d'Évian. Ce constat représente le point de départ du mémorandum algérien. Les accords d'Évian ont été signés dans un contexte particulier où la politique prévalait sur les questions d'ordre économique[8]. En novembre 1963, la situation a changé. L'État algérien a consolidé ses bases et renforcé sa légitimité. Dès lors, l'augmentation du niveau de vie de la population représente la priorité de l'équipe dirigeante autour de Ben Bella. Désormais, une négociation de fond sur les différentes problématiques liées à l'avenir du Sahara et aux hydrocarbures est impérative.

Deux points importants concernant l'avenir du Sahara sont soulevés dans le mémorandum du 29 novembre 1963 : les redevances et le contrôle sur les sociétés pétrolières. Premièrement, les redevances pétrolières préoccupent particulièrement les Algériens qui perçoivent un lien direct entre celles-ci et l'industrialisation du pays.

« Les hydrocarbures jouent un rôle vital tant pour l'économie du pays producteur que pour celle des pays consommateurs. Dans le premier cas, les revenus pétroliers occupent une place prépondérante dans le budget d'équipement qui conditionne toute la politique de développement du pays[9]. »

Or, pour l'année 1963, l'Algérie a perçu 370 millions de dinars à titre fiscal (Destanne de Bernis 1971 : 580). Ce chiffre représente à peine 7,6 % du budget global de l'État qui est de 4 830 millions de dinars (Destanne de Bernis : *ibid.*). Si nous considérons les recettes fiscales de l'État algérien, le secteur des hydrocarbures ne représente que 11,9 % de celles-ci (Brogini 1973 : 362). Dès lors, ces ressources financières sont insuffisantes pour permettre un réel décollage économique. Deuxièmement, l'absence de contrôle étatique sur les sociétés pétrolières présentes en Algérie pose

[8] *Ibid.*, p. 1.

[9] *Ibid.*, p. 3.

également un problème central. Exception faite de la Société nationale de recherche et d'exploitation de pétrole en Algérie (SN-REPAL), le mémorandum souligne le caractère privé des sociétés pétrolières. Souhaitant sortir de son rôle de pays uniquement exportateur de pétrole, l'Algérie entend, par conséquent, être associée à tous les cycles de l'économie pétrolière. Toutefois, il est indéniable que l'initiative privée représente une barrière pour l'entrée de capitaux d'État algériens dans l'industrie des hydrocarbures. Ainsi, les Algériens envisagent les négociations à venir uniquement avec l'État français et non pas avec les sociétés pétrolières françaises : *« tous les problèmes concernant la production, le transport, la commercialisation et les réserves des hydrocarbures gagneraient-ils à être traités dans le cadre de conventions engageant uniquement les États intéressés*[10]*. »* Dès lors, la coopération d'État à État serait selon les Algériens le meilleur moyen d'envisager l'économie des hydrocarbures.

Les intérêts de la France sont nommément cités dans le mémorandum. La signature d'une nouvelle convention sur les hydrocarbures doit permettre, selon les Algériens, d'assurer la sécurité des investissements français réalisés au Sahara, celle de l'approvisionnement de la France et la poursuite de la collaboration pétrolière entre les deux pays[11]. Plus encore, une entente entre les deux pays aura une répercussion positive sur les relations futures entre la France et le tiers-monde. D'autant plus que les deux pays partagent une proximité géographique stratégique à la charnière de l'Europe et de l'Afrique[12]. Ainsi, au-delà de la question pétrolière, le mémorandum conclut en mettant en avant la singularité de la relation franco-algérienne et définit l'avenir de celle-ci : *« La réponse qui sera donnée au problème posé par l'Algérie à propos de l'exploitation de ses ressources en hydrocarbures permettra de juger si nos deux pays sont en mesure cette fois-ci ensemble, de donner au monde un exemple à suivre*[13]*. »*

Par ailleurs, le capital français n'est pas remis en cause par l'Algérie, comme le démontre le mémorandum. Il est perçu comme faisant partie de cette dynamique globale qui doit permettre à l'Algérie d'asseoir son indépendance économique. Dès lors, pour l'Algérie, la France peut jouer un rôle positif dans le développement industriel du pays. Encore faut-il que la France soutire suffisamment d'avantages pour accepter cette mission. Est-il dans l'intérêt de l'ancienne métropole de contribuer à l'indépendance

---

[10] Archives du Quai d'Orsay / Secrétariat d'État aux Affaires algériennes - 71 / Dossier 41 réservé / Conseil des affaires algériennes du 12 décembre 1963 / *Mémorandum du 29 novembre du gouvernement algérien sur les questions relatives aux hydrocarbures*, p. 3.

[11] *Ibid.*, p. 2.

[12] *Ibid.*, p. 5.

[13] *Ibid.*, p. 5.

économique de l'Algérie et, par conséquent, de perdre sa position stratégique au Sahara ? La participation algérienne dans les activités pétrolières et gazières sahariennes ne représente-t-elle pas une étape décisive vers une nationalisation accélérée ? Ces questions préoccupent les instances dirigeantes à Paris et, de par son importance, le contenu du mémorandum sera discuté dans les plus hautes sphères de l'État français lors d'une rencontre préparatoire tenue le 12 décembre 1963 et présidée par le général de Gaulle. Lors de cette réunion, entièrement consacrée au mémorandum algérien, la formule choisie par la France est d'adopter « *une attitude intermédiaire dictée par le souci de ne pas rompre, sans compromettre [ses] intérêts fondamentaux*[14]. »

Les négociations entre les deux parties s'étendent sur plus d'un an et demi. Un accord de compromis est finalement trouvé le 29 juin 1965, soit moins de deux semaines avant le coup d'État qui porte Boumediene au pouvoir. Une page dans les relations entre les deux pays se tourne et de nouveaux rapports basés, selon les textes, sur une coopération s'instituent. Pour autant, une relation d'égal à égal est-elle possible à moyen terme ? Les divergences d'intérêts ne sont-elles pas trop prononcées pour que s'inscrive l'avenir sous le signe de la coopération au Sahara ?

L'échec de la coopération au Sahara

Les objectifs à moyen terme des deux partenaires sont ambitieux, mais foncièrement contradictoires. Pour l'un, il s'agit de prendre le contrôle le plus rapidement possible de l'industrie pétrolière et pour l'autre, il s'agit de retarder la nationalisation des hydrocarbures. Pour ce faire, les Algériens entendent profiter pleinement de la coopération à tous les niveaux afin de se forger une industrie capable d'assurer l'indépendance économique du pays. Par contre, la partie française, qui prend de plus en plus conscience de l'imminence d'une nationalisation des hydrocarbures, s'engage *a minima* dans cette coopération alors que l'avenir des sociétés françaises en Algérie est plus qu'incertain. Ainsi, dès le départ, la coopération d'État à État est vouée à l'échec. Le maigre bilan de l'Association coopérative (ASCOOP) de la coopération gazière et de l'aide à l'industrialisation démontre la justesse de cette analyse.

La coopération franco-algérienne concerne trois grands domaines : le pétrole, le gaz et l'industrialisation. Dans le domaine pétrolier, c'est l'ASCOOP qui doit contribuer au développement de la coopération. Cette Association coopérative est composée de deux sociétés, l'une française et

[14] Archives du Quai d'Orsay / Secrétariat d'État aux Affaires algériennes - 71 / Dossier 41 réservé / Conseil des affaires algériennes du 12 décembre 1963 / *Proposition sur le fond et sur la procédure*, p. 4.

l'autre algérienne. Côté algérien, c'est la société d'État nouvellement créée, Société nationale pour la recherche, la production, le transport, la transformation et la commercialisation des hydrocarbures (SONATRACH) qui exécutera cette tâche. Côté français, c'est la Société pétrolière française en Algérie (SOPEFAL) qui accomplira le travail. Cette société, conformément au souhait de l'Algérie, est contrôlée par l'État français qui, par conséquent, dispose de toutes les compétences dans le domaine de la coopération pétrolière.

Dans le domaine gazier, cette tâche est dévolue à une société dont le capital est détenu en parts égales entre la France et l'Algérie. Cette firme a pour objectif *« d'étudier et de promouvoir la réalisation de tous les projets industriels de liquéfaction et de transport maritime par bateaux méthaniers du gaz algérien destiné au marché français. »* (Journal officiel de la République française 1965 : 12). Finalement, l'Organisme de coopération industriel (OCI), financé intégralement par la France, doit contribuer au développement des projets industriels sur le territoire algérien.

Selon les termes de l'accord pétrolier franco-algérien de 1965, l'ASCOOP doit remplir trois objectifs (Journal officiel de la République française : *ibid.*). Premièrement, il s'agit d'unir les efforts des deux parties dans les domaines de la recherche et de l'exploitation des hydrocarbures sahariens et, le cas échéant, de partager les produits des découvertes. Deuxièmement, le but de l'Association coopérative est d'assurer à l'Algérie un rôle d'opérateur. Troisièmement, il s'agit de faciliter le financement des activités d'exploitation de l'Algérie et de coopérer avec cette dernière pour la commercialisation des produits issus des découvertes sahariennes.

Dans le domaine gazier, l'accord offre à l'Algérie la possibilité d'acheter toutes les quantités de gaz saharien souhaitées, et ce, au prix de revient. La coopération entre les deux pays ne concerne que les activités liées à la liquéfaction, à la commercialisation et au transport du gaz vers la France (Journal officiel de la République française : *ibid.*). Pour ce faire, une société franco-algérienne devra être créée. Pour autant, l'Algérie n'est théoriquement pas dans l'obligation de consulter le partenaire français lorsqu'elle désire exploiter le gaz sur son territoire, ce qui n'est pas le cas pour le pétrole ou l'aide à l'industrialisation. Cela représente une avancée majeure pour les Algériens désireux de faire du gaz la base de leur politique industrielle. Cependant, si ces projets industriels liés à l'exploitation du gaz se concrétisent dans le cadre de l'Organisme de coopération industrielle (OCI), la France aura un droit de regard, ce qui peut, le cas échéant, limiter la souveraineté de l'Algérie sur cette ressource stratégique.

L'appui de la France à l'industrialisation de l'Algérie prend plusieurs formes. Côté financier, la France s'engage à fournir à l'Algérie une aide de 200 millions de francs répartis entre un don de 40 millions de francs et un prêt de 160 millions de francs avec un taux d'intérêt de 3 % remboursable sur 20 ans. Une aide technique et une aide à la formation professionnelle sont également fournies par la France. Finalement, la France accorde à l'Algérie *« un accès des produits, dans les meilleures conditions possibles, sur le marché français et, si cela s'avère utile, une assistance technique en matière de commercialisation.* » (Journal officiel de la République française : *ibid.*). Théoriquement, tout est alors réuni pour qu'une coopération élargie dans le domaine de l'industrialisation prenne forme le plus rapidement possible, comme souhaité par les Algériens.

En somme, la parité entre les deux partenaires représente le socle sur lequel la coopération franco-algérienne doit se construire. Si cette formule reflète la volonté d'instituer une coopération inédite et égalitaire d'État à État appelée à servir d'exemple, dans les faits elle sera à la base de nombreux blocages qui surviennent à partir de 1966, date d'application de l'accord de juillet 1965. Le bilan de cet accord est globalement négatif. Dans presque tous les domaines, la coopération n'a engendré que des résultats somme toute limités. L'ASCOOP, qui avait pour objectif d'introduire une relation pétrolière inédite, s'est heurtée aux divergences de vues inconciliables entre les deux parties. De même, dans le domaine industriel, le fonctionnement de l'OCI pose problème dès le départ. La structure paritaire de l'organisme a tendance à bloquer les projets les plus importants et révèle au grand jour les contradictions profondes qui existent entre les deux partenaires. Enfin, si un accord sur le gaz est trouvé deux ans après la signature de l'accord de juillet 1965, son application s'avère plus compliquée que prévu.

C'est dans ce contexte de tensions et de déceptions entre les deux « partenaires », qu'en novembre 1969 débute une nouvelle phase de négociations portant sur la fiscalité pétrolière au Sahara. L'échec de la coopération s'explique avant tout par les stratégies pétrolières foncièrement incompatibles. Le renforcement de la position algérienne au Sahara représente une menace pour les concessions pétrolières françaises dépendantes du Code pétrolier saharien. Dans ce cadre, l'échec de l'ASCOOP peut s'expliquer par le manque de volonté de la part de la France de renforcer la société pétrolière d'État algérienne, SONATRACH, désormais bien implantée au Sahara. Celle-ci est devenue en 1969 un des plus gros producteurs d'Algérie grâce, en grande partie, à la diversification de ses partenaires pétroliers. Pour la France, la politique de diversification pétrolière est en progression grâce aux profits engrangés par son industrie pétrolière au Sahara. En effet, les événements pétroliers survenus sur la scène internationale et, en premier lieu, la fermeture du canal de Suez en 1967, renforcent la compétitivité du pétrole saharien.

Ainsi, débute à la fin de l'année 1969 la renégociation des accords de juillet 1965. D'une part, le rapport de force entre les deux partenaires a grandement évolué. Désormais, forte de son expérience pétrolière acquise tout au long de ces quatre années, l'Algérie aborde cette nouvelle phase de discussions avec des atouts qui seront déterminants pour l'avenir. D'autre part, la France est convaincue que le pétrole algérien ne représente plus l'avenir. En somme, l'esprit de compromis qui prévalait lors des négociations menant à l'accord de juillet 1965 n'existe plus quatre ans plus tard.

Conclusion

En somme, trois phases structurent les rapports franco-algériens entre 1954 et 1971. Et elles sont toutes intrinsèquement liées au sort du Sahara. Jusqu'à la signature des accords d'Évian, le sort du Sahara est la principale cause du prolongement du conflit. Par conséquent, la paix n'intervient qu'une fois réglée la question de la souveraineté et l'avenir des ressources en hydrocarbures au Sahara.

La remise en cause des accords d'Évian qui mènent à la signature des accords de coopération en 1965 institue une relation originale et inédite entre une ancienne métropole et son ancienne colonie. La plus grande part de ces accords concerne le domaine des hydrocarbures sahariens.

À partir de 1969 et l'échec évident de l'accord de coopération de 1965 relatif au Sahara, une troisième phase des relations franco-algériennes débute sous le signe de la banalisation des rapports. Cette banalisation se renforce davantage avec la nationalisation des hydrocarbures annoncée unilatéralement par Boumediene le 24 février 1971. Dès lors, les deux pays ne sont plus interdépendants quant au Sahara. Si la France ne quitte pas définitivement le Sahara après la nationalisation et si les sociétés françaises restent présentes en tant qu'actionnaires minoritaires, d'autres partenaires internationaux s'investissent dans cette région.

L'Algérie réussit à diversifier ses relations économiques dans les années 1970, notamment grâce à la banalisation de ses rapports économiques avec la France, mais elle reste tout de même dépendante des sociétés occidentales pour son industrialisation. En effet, ce sont les sociétés occidentales, principalement américaines, italiennes, ouest-allemandes et britanniques qui participent à ce processus et qui tendent à remplacer la France. De ce fait, l'Algérie demeure pleinement intégrée à la Division internationale du travail capitaliste malgré ses choix socialistes déclarés. Cela est d'autant plus vrai lorsque l'on prend en considération ses exportations qui, durant les années 1970, sont constituées à plus de 90 % d'hydrocarbures sahariens à destination des pays capitalistes industrialisés. La part des hydrocarbures dans les exportations totales de l'Algérie atteint même le chiffre de 98,2 % pour l'année 1980.

Le bilan de la politique d'industrialisation par l'entremise d'industries industrialisantes semble mitigé. En effet, alors que l'Algérie réussit à subvenir à une partie de ses besoins matériels vers la fin des années 1970, elle continue à importer à prix forts des produits de base comme les produits agricoles et les biens de consommation. Plus encore, le financement des projets industriels conduit l'Algérie à s'endetter, alors même que le prix du brut est au plus haut. Ainsi, la décennie 1980 qui annonce la baisse des prix du brut entraîne une grave crise économique qui conduit le pays à abandonner son projet d'industrialisation par substitution aux importations et marque par conséquent l'échec de sa stratégie économique basée sur les hydrocarbures sahariens.

Pour sa part, la France a réussi au cours des années 1960 à diversifier sa production pétrolière surtout grâce aux capitaux sahariens et à sa relation pétrolière privilégiée avec l'Algérie révolutionnaire. Un nouveau modèle de rapport pétrolier interétatique est né au Sahara algérien. Désormais, la coopération entre une puissance capitaliste occidentale et un pays socialiste en voie de développement est possible. Dès lors, la France, par l'entremise de ses sociétés pétrolières françaises, se distingue sur la scène pétrolière mondiale. Ainsi, ces sociétés deviennent progressivement des concurrentes coriaces aux *majors* anglo-saxonnes en s'implantant dans des pays qui jusqu'alors ne traitaient qu'avec ces dernières. C'est le cas de la Libye du Colonel Kadhafi qui fait de la France, à la fin des années 1960, un partenaire pétrolier de premier choix et un concurrent pour le pétrole algérien.

Une étude comparative historique qui met en parallèle deux expériences pétrolières dans deux pays sahariens frontaliers et « socialistes », à savoir l'Algérie et la Libye, mérite d'être menée. Il s'agit d'analyser l'influence du modèle algérien sur la Libye. L'expérience pétrolière algérienne est-elle, comme l'a mentionné Destanne de Bernis en 1971, un modèle pour la Libye ? (Destanne de Bernis 197 : 867-892).

Bibliographie

ALIX A.,
1957, « Sahara et pétrole 1957 », *Revue de géographie de Lyon,* 32, 4, pp. 269-276.

ANDREFF W. et HAYAB A.,
1978, « Les priorités industrielles de la planification algérienne sont-elles vraiment “industrialisantes” ? », *Revue Tiers Monde*, 19, 76, pp. 867-892.

AURON É.,
1968, « La coopération industrielle franco-algérienne », *Projet*, 29, pp. 1064-1084.

BRANDELL I.,
1981, *Les rapports franco-algériens depuis 1962 : du pétrole et des hommes,* L'Harmattan, Paris, 188 p.

BROGINI M.,
1972, « Hydrocarbures et industrialisation en Algérie », *Cahiers de la Méditerranée,* 4, pp. 1-22.

BROGINI M.,
1973, *L'exploitation des hydrocarbures en Algérie de 1956 à 1971 : étude de géographie économique,* thèse de Ph. D., Université Nice Sophia Antipolis, Faculté des lettres et sciences humaines, 569 p.

COMBAZ A.,
2002, « Les premières découvertes de pétrole au Sahara dans les années 1950 : le témoignage d'un acteur », *Travaux du Comité français d'Histoire de la Géologie*, 16, 6, pp. 95-118.

DE LA GORCE P.M,
1966, « La coopération franco-algérienne », *Politique étrangère*, année 31, 3, pp. 276-290.

DESTANNE DE BERNIS G.,
1963, « L'industrialisation de l'Algérie », *Revue Tiers Monde*, 4, pp. 125-137.

DESTANNE DE BERNIS G.,
1971, « Les problèmes pétroliers algériens », *Études internationales*, 2, 4, pp. 575-609.

DESTANNE DE BERNIS G.,
1971, « Les industries industrialisantes et les options algériennes », *Revue Tiers Monde*, 12, 47, pp. 545-563.

DESTANNE DE BERNIS G.,
1971, « La Libye et l'Algérie : stratégie de développement comparée », *Annuaire de l'Afrique du Nord*, 10, pp. 267-296.

DESTANNE DE BERNIS G. et GHOZALI S.A.,
1969, « Les hydrocarbures dans l'industrialisation algérienne », *Revue algérienne des sciences juridiques, économiques et politiques*, 6, 1, pp. 253-294.

DE VILLIERS G.,
1987, *L'État démiurge : Le cas algérien,* L'Harmattan, Paris, 273 p.

EL-AZIZ KOUADRI M.,

1969, « Place et rôle du secteur pétrolier dans le développement de l'économie algérienne », *Revue Tiers Monde*, 10, 39, pp. 629-658.

ELSENHANS H.,

1999, *La guerre d'Algérie 1954-1962 : la transition d'une France à une autre. Le passage de la IVe à la Ve République,* Publisud, Paris, 1071 p.

FOSSET R.,

1962, « Pétrole et gaz naturel au Sahara », *Annales de géographie,* 71, 385, pp. 279-308.

HOFFHERR R. et MAUCHAUSSÉ P.,

1935, *Charbon et pétrole en Afrique du Nord*, Presse universitaire de France, Paris, 316 p.

JOURNAL OFFICIEL DE LA RÉPUBLIQUE FRANÇAISE,

1962, mars, *Accord de cessez-le-feu, Déclarations gouvernementales du 19 mars 1962*, Journaux officiels, Paris, 71 p.

JOURNAL OFFICIEL DE LA RÉPUBLIQUE FRANÇAISE,

1965, décembre, *Accord pétrolier franco-algérien*, Journaux officiels, Paris, 108 p.

MALL M.I.,

2006, *Les États-Unis et la guerre d'Algérie*, Soleb, Paris, 464 p.

MAZRI H.,

1975, *Les hydrocarbures dans l'économie algérienne,* Société nationale d'édition et de diffusion, Alger, 263 p.

MOUHOUBI S.,

1986, *La politique de coopération algéro-française : Bilan et perspective*, Publisud, Paris, 303 p.

MURAT D.,

1969, *L'intervention de l'État dans le secteur pétrolier en France*, Technip, Paris, 328 p.

NAYLOR C.P.,

2000, *France and Algeria : A History of Decolonization and Transformation,* University Press of Florida, Gainsville, 457 p.

PENNISI G. et WÜRKER G.,

1967, « The Franco-Algérien agreement on oil and industrial development : A special partnership », *Africa : Rivista trimestrale di studi e documentazione dell istituto italiano per l'Africa e Oriente,* année 22, 4, pp. 373-405.

PREURE M.,

1992, *L'économie mondiale des hydrocarbures et la stratégie d'un groupe pétrolier issu d'un pays producteur*, thèse de Ph. D., Université de Bourgogne, École nationale supérieure du pétrole et des moteurs, 320 p.

SAUL S.,

2006, « Politique nationale du pétrole, sociétés nationales et "pétrole franc" », *Revue historique,* 638, pp. 355-388.

SECRÉTARIAT D'ÉTAT AUPRÈS DU PREMIER MINISTRE CHARGÉ DES AFFAIRES ALGÉRIENNES,

1965, 29 juillet, *Accord entre la République française et la République algérienne démocratique et populaire concernant le règlement de la question touchant les hydrocarbures et le développement industriel de l'Algérie,* Journaux officiels, Paris, 102 p.

THABER M.N.,

1989, *Le secteur des hydrocarbures et le développement économique de l'Algérie*, thèse de Ph. D., Université d'Alger, Institut des sciences économiques, 559 p.

VALBERG P.,

1970, « Cinq ans après. Bilan des accords franco-algériens de coopération industrielle et pétrolière du 29 juillet 1965 », *Annuaire de l'Afrique du Nord*, 8, pp. 93-114.

VARIA

POÈTES SAHRAOUIS DE LA *GENERACIÓN DE LA AMISTAD*

DES NOMADES EN EXIL

MICK TROISVALLETS-GEWINNER

Résumé

La *Generación de la Amistad* regroupe des poètes sahraouis, unis par une histoire commune : celle d'une enfance vécue entre les années 1960 et 1970 dans les premières cités coloniales et les innombrables dunes du vaste Sahara, entre nomadisme et sédentarisation ; les premiers apprentissages entre l'instituteur espagnol et le marabout maure, la poésie en *hassaniyya* qui véhicule tous les savoirs transmis par leurs parents ; et sans crier gare, la guerre, l'invasion, l'exode vers la *hamada* algérienne de Tindouf loin de la mer et du désert fertile. Accueillis par Cuba, la bonne mère de substitution, ils y resteront entre six et quinze ans, dans un monde au climat, à la végétation, aux mœurs radicalement différents de ceux du monde bédouin. Revenant, jeunes adultes diplômés, aux campements de réfugiés, ils ont oublié la langue *hassaniyya*, les règles de la sociabilité maure, les vents de sable. La poésie en espagnol leur sert à exprimer les déceptions et traumatismes de ce retour parfois vécu comme un exil de Cuba. Sans perspectives d'avenir, ils choisissent peu à peu d'émigrer en Espagne. Dans ce nouvel environnement, ignorés par l'État espagnol, en proie aux difficultés des immigrés mais soutenus par certains intellectuels, ils explorent ensemble leur identité particulière de Cubaraouis, nourrissant leur poésie, puis leurs films ou récits en espagnol, de la poésie en *hassaniyya* redevenue indispensable. Néo-nomades assumés, ils reconstruisent, par leurs voyages ou par le web, des circulations régulières entre leur nouvel environnement et le monde saharien.

Mots-clés : Poètes, Sahraouis, camps de réfugiés, Cuba, émigration, espagnol.

Abstract

The *Generación de la Amistad* brings together Saharawi poets, united by a common history: that of a childhood lived between the 1960s and the 1970s in the first colonial cities and the innumerable dunes of the vast Sahara, between nomadism and sedentarization; the first apprenticeships between the Spanish teacher and the Moorish marabout, the poetry in *hassaniyya* which conveys all the knowledge transmitted by their parents; and without warning, the war, the invasion, the exodus to the Algerian *hamada* of Tindouf far from the sea and the fertile desert. Welcomed by Cuba, the good surrogate mother, they will stay there between six and fifteen years, in a world of climate, vegetation, morals radically different from those of the Bedouin world. Returning, young adult graduates, to refugee camps, they have forgotten the *hassaniyya* language, the rules of Moorish sociability, the sand winds. Poetry in Spanish serves them to express the disappointments and traumas of this return, sometimes experienced as an exile from Cuba. Without future prospects, they gradually choose to emigrate to Spain. In this new environment, ignored by the Spanish state, prey to the difficulties of immigrants but supported by some intellectuals, they explore together their particular identity of Cubaraouis, nourishing their poetry, then their films or stories in Spanish, from *hassaniyya* poetry again indispensable. Neo-nomads assumed, they reconstruct, by their travels or by the web, regular circulations between their new environment and the Saharan world.

Keywords : Poets, Sahrawis, refugee camps, Cuba, emigration, Spanish.

Comment peut-on être exilé quand on se prétend nomade ? Les poètes sahraouis hispanophones, fondateurs en 2005, à Madrid, sous la statue de Don Quichotte, du mouvement littéraire de la *Generación de la Amistad*, qui vivent en Espagne ou en Amérique du Sud, savent bien que cette question habite plus ou moins consciemment leurs hôtes, leurs collègues, leurs employeurs, les administrations qui gèrent leur diaspora. Nés bédouins et *beidan*, entre l'année où « *les chameaux avaient les dents vertes* », et l'année où « *l'eau émigrait vers le nord* », tous enfants de nuages et de vents, ils sont aussi nés[1] Espagnols entre 1962 et 1972, dans la province 53 du Rio de Oro et Saguia El Hamra, et furent inscrits comme tels dans le livret de famille de leurs parents, sous des identités certes plus ou moins floues.

Cette naissance sous le signe d'une double vie, entre nomade et sédentaire, allait marquer leurs tribulations entre quatre environnements

[1] Sauf Limam Boicha, né, par accident, selon lui, à Atar, et qui a passé sa prime enfance à Nouakchott, jusqu'à ce que son père décide de rejoindre les campements de Tindouf.

contrastés : ils passent leur prime enfance dans les bourgades coloniales de la côte atlantique bordant le Sahara, tout juste érigées autour d'une caserne ou d'un aéroport, tout près des dunes de la riche *badiyya* du Tiris, et près de l'Océan Atlantique ; après le départ précipité des Espagnols et l'invasion de leur territoire par le Maroc au nord et au sud par la Mauritanie, l'exode de leurs parents en 1975-1976 les entraîne à l'est, dans la stérile *hamada* de Tindouf, dans ce mélange de tentes aux alignements militaires et de quelques blocs en brique crue, premiers bâtiments administratifs et internats où, très rapidement, on leur enseigne l'arabe et l'espagnol. Réfugiés, mais aussi citoyens de la toute nouvelle République arabe sahraouie démocratique (RASD), république en exil en Algérie, ils seront au bout de quatre ans bénéficiaires d'une bourse d'études à Cuba. Et les voilà Sahraouis chez les Cubains, bédouins dans la Caraïbe, se formant à toutes sortes de nouveautés pendant dix à quinze ans, avant de revenir, adultes et diplômés, futurs cadres de leur jeune nation : les campements de Tindouf sont toujours là, mieux organisés, encore plus vastes, le mur marocain s'étend désormais sur 2 700 km, barrière infranchissable qui empêche l'accès à l'océan, et délimite strictement le corridor de désert contrôlé par le Front POLISARIO, un tiers du territoire des ex-provinces espagnoles. Au bout de quatre à huit ans, ils choisissent d'émigrer, dans de nouvelles îles, Canaries ou Baléares, puis en Espagne continentale. Ils y rencontrent tantôt les difficultés ordinaires d'immigrés maghrébins, tantôt la sympathie que suscitent ces Arabes hispanophones, notable exception, ces bizarres bédouins pétris de moeurs caribéennes, ces défenseurs infatigables de la cause du peuple sahraoui abandonné par le gouvernement espagnol, activistes culturels avant tout.

S'ils parlent et composent en espagnol, leur langue maternelle est pourtant le *hassaniyya*, langue saharienne porteuse d'une riche culture plus que millénaire, que des poètes érudits et lettrés ont transmise, depuis des générations, langue afro-arabo-berbère parlée de Tan-Tan à Saint-Louis du Sénégal, dans toute la Mauritanie, et jusqu'aux confins du Nord Mali et du Niger, étonnamment homogène malgré son extension dans le plus vaste désert du monde. Et la forme majeure de la culture transmise par leurs parents est la poésie saharienne en *hassaniyya*, le *ghna*, qui tisse des liens étroits avec la science des cheminements, avec une géographie des directions, comme chez tous les peuples nomades.[2]

---

[2] Poésie orale-écrite en *hassaniyya*, savante, complexe, riche en figures de style, jouant de la rime avec passion, et de la paronymie jusqu'au calembour, le *ghna* transmet toute la culture et les valeurs bédouines. Poésie récitée et surtout chantée, le *ghna* conserve les modes poétiques et même une langue *hassaniyya* archaïques, même pour dire l'actualité la plus brûlante, magnifie la voix et soumet l'invention de ses formes à la musique des instruments qui l'accompagnent, variation continue sur deux formes fixes, parfois combinées entre elles : soit le *gâv*, deux vers de deux hémistiches, et la *talˤa*, trois vers ou plus de deux hémistiches, composées respectivement de une à huit syllabes plus ou moins longues. Elle conserve tous

Toujours pris entre sédentarisation et nouveau départ, les poètes de la *Generación de la Amistad Saharaui* inlassablement s'adaptent, reconfigurent de nouveaux agencements suivis de nouvelles lignes de fuite, avec pour double constante la poésie et le désert. Ils prennent pour modèle les poètes latino-américains et les Espagnols de la *Generación del 27* pour dire leurs émois, leurs révoltes, leur quête d'identité, mais prolongent aussi, toujours en espagnol, l'antique ritournelle du *ghna*, pour l'empêcher de devenir simple résidu folklorique : la poésie en effet sera l'axe, la boussole, la possibilité d'un ancrage, tout au long de leurs tours et détours et parcours, littéralement déroutants.

De l'Atlantique à la *hamada*, une sédentarisation paradoxale

La vie double

Les colons espagnols avaient développé, dès 1905, de modestes bourgades dans leur province de Saguia el Hamra et Rio de Oro. Les nomades venaient s'y approvisionner ; les deux systèmes, nomade et sédentaire, cohabitaient plus ou moins, malgré la gêne de frontières absurdes au regard des transhumances annuelles. Des laissez-passer octroyés par les gouvernements français et espagnol tentaient de sauvegarder la fluidité des mouvements du bétail et des gens. Le gouvernement espagnol avait construit quelques écoles et hôpitaux autour des casernes. Il distribuait volontiers ses faveurs aux notables traditionnels qu'il voulait séduire, dédaignant les activités pastorales et la poésie qui lui était consubstantielle, ce qui permit d'ailleurs leur maintien et leur tranquille évolution, en parallèle à la vie coloniale.

Dès la fin des années soixante, les nomades, leurs troupeaux décimés par des années de sécheresse consécutives, viennent monter leurs tentes massivement, dans tout le Sahel, à la périphérie des villes. Certains trouvent du travail dans les gisements de phosphate de Boucraa, d'autres dans les gisements de fer de Zouérate, en Mauritanie, beaucoup dans l'armée, ou dans les services. Leurs enfants commencent à être plus systématiquement
197 scolarisés. Bahia Awah, né en 1960, rend hommage à ses enseignants espagnols, mais évoque avec nostalgie l'enseignement familial[3], et le temps

---

les savoirs et s'adapte à toutes les évolutions, ritournelle majeure qui contient et promeut la culture bédouine.

[3] Il publie en 2007 un récit détaillant les formes de cet enseignement, prodigué essentiellement par son grand-père et sa mère : Awah Bahia, 2011, *A la maestra que me enseñó una tabla de madera*, ed. Sepha, 126 p.

passé à surveiller les troupeaux : « *mon dromadaire est sage, et je me fie à lui, /aux leçons de mon grand-père aussi je me fie.* » (Awah *in* Generación de la Amistad 2016 : 181)

Le soir ou tôt le matin, un maître ou une maîtresse leur enseigne les versets du Coran, apprentissage très précoce de la religion et de la langue arabe classique par la poésie, récitée en choeur, copiée sur des tablettes de bois lavées et grattées après usage.

Yo bebí los versos de la madera
En mi infancia yo bebí
los versos de la madera.
Un almurabit me enseñó
a fundirlos en el alma.
En su mano colocó
una lisa madera
castaña de rostro bello.
Con tinta de carbón
empapaba su fina pluma.
Escribía versos
en la memoria de la madera.
Después de las lecciones
vertía agua en la poesía.
Un caudal de versos descendía.

"Tómatelo todo – dijo –
para que fecunde tu mente".
En mi infancia yo bebí
los versos de la madera.
Un almurabit me enseñó
a fundirlos en el alma.

(Boicha in *G.A. 2016 : 24)*

J'ai bu les vers de la tablette
Enfant j'ai bu
les vers de la tablette
Un marabout m'enseigna
comment les fondre en mon âme.
Dans sa main il déposa
une tablette de bel aspect,
lisse et d'un beau brun.
Dans l'encre de charbon
il trempait sa plume fine,
il écrivait des vers
pour la mémoire de la tablette.
Après les leçons
il versait de l'eau
sur la poésie, un ruisseau
de vers alors s'en écoulait.
Et il disait : Bois et bois tout,
ton âme en sera fécondée.
Enfant j'ai bu
les vers de la tablette
Un marabout m'enseigna
comment les fondre en mon âme.

(Boicha in *G.A. 2016 : 25)*

Le petit Mohamed Salem, dit Ebnu, vit mal ce biculturalisme imposé :

Amgala *[...]*
Bajo las estrellas
recito el nombre de Alá
las suras del Corán,
esquivo la extraña mirada
y las lágrimas se derraman
sobre el cuaderno de lengua castellana.
De la aburrida escuela
me iba al encuentro con el mar
mi seco río de orillas blancas y tibias
collar dorado que acaricia
las sombras de las montañas y los pastores

(Ebnu in *G.A. 2016 : 198)*

Amgala *[...]*
Sous les étoiles
je récite le nom d'Allah
les sourates du Coran
j'esquive le regard étranger
et mes larmes se répandent
sur le cahier d'espagnol.
Je quittais l'école de l'ennui
j'allais à la rencontre de la mer
mon fleuve desséché aux berges blanches et tièdes
collier doré d'estuaire qui caresse
les ombres de la montagne et les bergers

(Ebnu in *G.A. 2016 : 199)*

Ebnu, né en 1968, fils de nomade, est élevé en ville : « Je ne me souviens même plus comment c'était d'accueillir mon père après l'une de ses longues disparitions à l'extrême de la distance... »[4]. À l'école des nsâra[5], le maître espagnol, dont il a très peur, donne pourtant une forme de réponse à ce désarroi intime en montrant à ses élèves la carte du Sahara : « Je me souviens de ce jour avec beaucoup d'émotion, parce qu'il m'a libéré d'une peur que j'éprouvais depuis ma naissance. Je découvris avec une intense satisfaction que la terre ne se terminait pas avec l'horizon, et que le monde ne se limitait pas à l'immensité du désert ; et que, au-delà de l'horizon, il n'y avait aucun danger qu'on puisse se précipiter dans le vide ».[6]

Tous apprennent de leur famille la riche langue *hassaniyya* à travers la tradition orale, celle des contes, proverbes et devinettes :

Oceano oral
[...] Y así en la marea de las jaimas,
en el vocablo de nuestros
padres y abuelos,
en las alforjas de los viajeros,

Océan oral
[...] Ainsi dans la marée des tentes,
dans la voix des nôtres,
parents et grands-parents,
dans les sacoches des voyageurs

---

[4] Ebnu Abdelfatah Mohamed, « Recuerdos », https://blogs.elpais.com/donde-queda-el-sahara/2014/10/memoria-de-arena-03.html, 6 octobre 2014.

[5] Nazaréens, au sens propre ; le mot désigne en fait tous les étrangers.

[6] *id., ibid.*

cargadas de agradables
o misteriosos sucesos,
se esconde el océano oral
que no ha dejado de traer
a la orilla lunar de las dunas,
a la espuma efervescente
de las llanuras y las altas colinas,
versos a borbotones,
y ritos
y adagios,
y mitologías épicas, [...]

(Boicha 2018 : 154-155)

chargées d'agréables
ou de mystérieux événements,
se cache l'océan oral
déversant sans relâche
à la lisière lunaire des dunes,
à l'écume effervescente
des plaines et des hautes collines,
des frénésies de vers,
et de rites,
et d'adages,
et de mythologies épiques, [...]

(Boicha 2018 : 81- 82)

Ces enfants déjà bien sédentarisés entendent les récits de leurs parents, de leurs grands-parents surtout, et les poèmes psalmodiés ou chantés, sobrement accompagnés de trois instruments essentiels, *tidinitt*, *ardinn*, *tabal*. Ils parlent d'amour et de géographie, balisent les étapes de leurs déplacements réitérés, mémorisés sur quarante kilomètres ou trois mille par tous les pasteurs ou commerçants. Car le nomade est casanier, sa survie en dépend : suivant les saisons, les nuages, les vents, chargés de sable ou de pluie indiquent où trouver l'eau, et donc les meilleurs pâturages (ou les moins pires) de la *badiyya*, le désert fertile qui donne son nom au bédouin.D'étape en étape, de poème en poème, chantés par les griots[7] venus du sud, récités par les poètes de partout dans l'espace saharien, les toponymes, innombrables et presque toujours en berbère, cachent le nom d'une femme aimée, et celui d'un clan, maître d'un certain territoire, aux droits négociés et re-négociés entre tribus, lors des réunions des instances supra-tribales. Toutes ces circulations et les poèmes qui en conservent les contours et les rythmes permettent à un groupe, sans nation, sans État, de se prétendre maître d'un territoire parce qu'il l'arpente, le cartographie, et que les poètes le chantent. Comme par exemple ce Tagant du sud où nomadisent volontiers les pasteurs du nord :

Yewgui hatha mirad

Ça alors ! Ce droit chemin

[7] Les griots dans tout l'espace mandingue forment une caste d'artisans de la parole, comme les forgerons sont artisans du métal ; transmetteurs des traditions, communicateurs, facilitateurs dans leur société. Exclus des responsabilités politiques, ils orientent et conseillent les nobles (puis la nation) qu'ils servent. Ils sont poètes et musiciens, danseurs aussi parfois. Les Maures ont copié cette institution griotique, et créé la caste des *iggawan*, poètes, compositeurs et interprètes de la musique maure. Point de griots au Sahara occidental, mais ceux du Trarza ou du Tagant mauritanien y ont toujours été chaleureusement accueillis et diffusés par la radio.

Lewlad Entechayett
Sahel ten-yarg emgad
Mirad elhum vayett

d'abreuvement
que les troupeaux des Oulad
Netchayett tracent
à l'ouest de Ten Yarg est tout juste en face
de la trace d'un droit chemin d'abreuvement
que leurs troupeaux jadis tant piétinaient.
(Sidi ould Gasri)[8]

Mystérieuses agitations

Le processus de sédentarisation, voulu par les Espagnols, brutalement accéléré par la sécheresse, fut paradoxalement parachevé par la naissance de la notion d'État, chez les jeunes gens nés vers 1948, comme Basiri, qui la découvrent dans les universités du Maroc devenu indépendant en 1956. Que les mouvements indépendantistes revendiquent les anciennes frontières coloniales est un fait courant dans l'histoire des indépendances africaines. La Mauritanie obtient aussi son indépendance du colon français en 1960. Bachir Ahmed Aomar, né aux Canaries en 1954, revenu à 12 ans à El Ayoun, raconte[9] : « *Caprices du destin, nos enseignants espagnols, des militaires, étaient basques, catalans, des gens fichés. [...] Grâce à eux, nous commencions à entendre parler de Marx, Lénine, de littérature latino-américaine, d'Eduardo Galeano, de García-Márquez, de Mao, du Che, de la révolution cubaine et même de la guerre du Vietnam. C'étaient des gens politisés, beaucoup appartenaient au PCE, et c'était pour nous une illumination.* » La répression de juin 1970 contre le mouvement de Basiri, l'OALS, accélère le désir de transformer la colonie en un pays indépendant. Chejdan, Luali, Saleh, Limam, Ali Salem âgés de 4 ou 5 ans, Mohamed Abdelfatah, de 7 ans en 1975, ne comprendront que bien plus tard : « *Ces chuchotements que j'écoutais quand j'étais petit sur un prétendu Sahara Occidental, ces villes, ces quartiers, et mon père mort en défendant sa patrie, je sais maintenant que c'est vrai.* »[10]. L'Espagne réprime le

[8] Poète maure du Tagant, né vers 1852, mort vers 1929, très célèbre chez ceux du nord qui transhumaient dans cette zone montagneuse riche en eau, même après qu'elle fut devenue mauritanienne. Traduit par Maghlah Moctar-Gewinner Mick.

[9] Ex-délégué du POLISARIO en Catalogne et aux Baléares, responsable d'un programme de radio sahraouie aux Canaries. Membre de la *Generación de la Amistad* depuis 2007. Auteur de *Donde siguen los errantes*, 2017. Entrevue accordée à *Voz del Sahara Occidental en Argentina*, https://rasdargentina.wordpress.com/, traduction M. Gewinner.

[10] Mahmud Yazid Chejdan, *Exilios I y II*, texte aimablement fourni par l'auteur, traduction à paraître.

mouvement d'indépendance, puis accorde un référendum. Le POLISARIO est fondé en 1973 à Zouérate en Mauritanie, où certains collectent des armes pour les frères en lutte et d'autres, du parti Nahda, militent pour le Grand Maroc. Le POLISARIO crée des groupes de femmes, de travailleurs, d'étudiants, et une délégation de l'ONU le valide comme seul représentant du peuple.

Invasion, guerre, suivies d'exode

Mais en 1975, l'Espagne se retire précipitamment et les accords tripartites de Madrid livrent le nord de ses provinces au Maroc, le sud à la Mauritanie.

Sinopsis	***Synopsis***
Un tornado de petardos despertó el sueño de la noche	*Une tornade d'explosions éveilla le songe de la nuit.*
Cuando el desierto se empezaba a creer metrópoli.	*Juste quand le désert commençait à se croire un pays.*
El áspero viento del norte tocó las trompetas de la guerra.	*L'âpre vent du nord entonna les trompettes de la guerre.*
Y alguien en nombre de la libertad sacudió la memoria del tiempo.	*Et quelqu'un au nom de la liberté secoua la mémoire du temps.*
Desde entonces los días empezaron a nacer muertos.	*Depuis lors les jours commencèrent à naître morts-nés.*
Y nuestra infancia naufragó en la turbulenta marejada del éxodo.	*Et notre enfance naufragea dans les vagues tumultueuses de l'exode.*
(Lehsan in *G.A. 2016 : 62)*	*(Lehsan* in *G.A. 2016 : 63)*

L'invasion fut immédiate et brutale, les villes encerclées, les quelques nomades en déplacement avec leurs troupeaux dépouillés, hommes arrêtés ou tués, femmes et enfants abandonnés au désert et aux bombardements. La population civile dut se taire et cohabiter avec l'occupant, ou s'enfuir dans le désert, sans préparation, sans but, un véritable exode, absolument contraire aux lois du déplacement nomade. Les guerriers sahraouis, qui connaissaient parfaitement le désert, formés à la fois par l'armée espagnole et par les savoirs traditionnels des nomades, résistent héroïquement aux coups de boutoir du Maroc appuyé par la France et les USA. L'Algérie, alors la Mecque de tous les révolutionnaires, offre un bout de territoire près de Tindouf. Le POLISARIO aide les enfants, femmes et vieillards, partis quelquefois à pied, à se mettre à l'abri dans la *hamada*, ce lieu craint pour sa stérilité. « *Va-t-en à la hamada* », se dit couramment en *hassaniyya* pour maudire quelqu'un. Et c'est pourtant là que les femmes eurent alors la responsabilité de construire et de gérer les campements de réfugiés, tandis que les hommes repartaient au combat. Rien à voir avec un campement nomade. Il fallut gérer 16 000 réfugiés presque d'un coup, 50 000 la première année, 165 000 dix ans après.

De Tindouf à Cuba

Arrachement

Le POLISARIO, qui avait mis fin aux castes et au tribalisme, tenait par-dessus tout à développer l'accès de tous aux soins et à l'éducation. Il sollicita dès 1976 l'aide de différents pays : l'Algérie, la Libye offrirent leur soutien, Cuba aussi, qui menait une politique d'accueil de tous les enfants des peuples africains en lutte pour leur indépendance. Awah, né en 1960, était parti, seul, vers l'Algérie, où il fit ses études secondaires avant de rejoindre Cuba pour le cycle universitaire. Ebnu, né en 1968, était parti à Cuba en 1979. En 1982, Cuba offrit à nouveau 500 bourses complètes pour des enfants de dix à onze ans. Lehsan, Chejdan, Hamudi, Iselmu, Boicha firent partie de ce contingent. Chance inouïe ? Ou destin impossible à imaginer, littéralement innommable pour des Sahariens. Boicha raconte dans la première nouvelle de son recueil « *Arroz con suerte* »,[11] comment, un jour d'épouvantable tempête de sable, le représentant du POLISARIO, un mutilé de guerre appuyé sur sa béquille, affronte le silence angoissé des femmes, à qui il vient d'annoncer que leurs enfants vont partir à l'école de Cuba.

« Pendant ces années de guerre, Tandhim[12] était fort et personne n'osait ne pas respecter ce qui était dicté depuis les plus hautes instances, et encore moins remettre en question le rôle que remplissaient ceux qui dictaient les ordres, du plus simple au plus général, du nettoyage quotidien de la khayma et de tout son périmètre extérieur, jusqu'à la couleur des melhafas, ce que l'on devait manger chaque jour, la préparation militaire, les meetings, les cours d'alphabétisation, les débats politiques et même jusqu'à quelque chose d'aussi vital que le destin de leurs enfants »[13].

Et pourtant Mariem, qui vient de perdre son mari à la guerre et n'a plus qu'un fils avec elle, ose poser ses conditions :

- « Tu dis que nos enfants vont aller dans une « cuba » très loin. Eh bien, écoute-moi bien.

---

[11] Boicha Limam, *Arroz con suerte,* Recueil de nouvelles évoquant l'aventure cubaine, encore inédit en espagnol, texte aimablement fourni par l'auteur ; traduction en français à paraître.

[12] Nom donné à l'Organisation, c'est-à-dire au POLISARIO.

[13] Boicha Limam, *Arroz con suerte*, « Mariem », première nouvelle du recueil.

Mariam regarda l'homme droit dans les yeux.

- Mon fils n'ira pas à d'autre cuve que celle que nous avons ici à côté, dans notre quartier. Je te promets que, lorsque j'irai chercher de l'eau, je le laisserai là en train d'étudier, si c'est ce que vous voulez. Mais à cette cuve-là et pas plus loin. »[14].

Les enfants regardent sur une mappemonde, voient que c'est loin et que c'est une île, comme les Canaries. Mais personne ne leur explique les étapes du voyage. Au bout de pistes inconnues parcourues dans des camions, ils vont pourtant s'émerveiller – quand ils ne sont pas trop étouffés par les larmes ou le mal de mer – de la civilisation des miroirs, des fourchettes, des lits, dans le splendide transatlantique russe qui les emmène à La Havane. Un ferry les transborde ensuite en six heures sur la Isla de los Pinos, renommée ensuite Isla de la Juventud, à cause du nombre d'internats et d'écoles, lycées et collèges qu'on y avait construits.

Nomada en el exilio
Un beduino
se hizo a la mar.
A sus espaldas,
solas se quedaron las dunas.
El eterno abrazo con el mar.
En el mar un nómada,
en la inmensidad.
El océano parece un desierto,
desierto azul y verde,
blanco y oscuro infinito.
Colores de los peces,
las algas y los misterios.
¡Tierra a la vista!
Montañas y ríos,
belleza en otros ojos.
[...]

(*Ebnu* in *G.A. 2016 : 201-203)*

Nomade en exil
Un bédouin
s'est lancé sur la mer.
Derrière lui esseulées,
les dunes sont restées.
Embrasser la mer, éternellement.
Dans la mer un nomade,
immensément.
L'océan se fait désert
Le désert bleu et vert
blanc et sombre infiniment.
Les couleurs des poissons
les algues et les mystères
Terre en vue !
Montagnes et ruisseaux.
Beauté dans d'autres yeux.
[...]

(*Ebnu* in *G.A. 2016 : 203-205)*

Enchantement

Chejdan Mahmud Yazid apprend le premier jour, en débarquant de la guagua, le nom et la saveur du pamplemousse : « Oui, j'ai mangé des

[14] *ibid.* En espagnol, *cuba* signifie la cuve. Mariem ignore l'existence de la très lointaine île qui porte aussi ce nom.

pamplemousses sans jamais m'en rassasier, j'ai dansé et pleuré en leur honneur. Je me suis battu à l'école à cause d'eux, et mille et une fois j'en ai offert à mes amoureuses et me suis réjoui d'en recevoir en cadeau. Et puis, j'en ai maltraité, oui, parce que c'était ce qu'il y avait de mieux pour remplacer une balle de base-ball, notre sport favori. »[15].

Plus de trente ans après, Saleh Hamudi, composant un hommage à Cuba pour l'anthologie bilingue publiée en France, célèbre encore le pamplemousse :

Cubanía
[...]
saboreando por vez primera
en un festival de la toronja
el guarapo en la boca de una mulata.
Oh! Cuba que linda es Cuba:
por la libertad cultiva el saber.
y por la injusticia muere.
[...]

(Hamudi in *G.A. 2016 : 86 et 88)*

L'âme cubaine
[...]
Au festival du pamplemousse,
pour la première fois il savoure,
le jus de canne dans la bouche
d'une belle mulâtresse.
Oh ! Cuba, qu'elle est belle Cuba
qui pour la libertécultive le savoir,
et meurt en luttant contre l'injustice.
[...]

(Hamudi in *G.A. 2016 : 87 et 89)*

Rien de plus éloigné du Sahara de leurs origines que l'humidité épaisse, l'exubérance de la végétation, la forêt tropicale, avec ses fruits, ses arbres géants, ses ruisseaux et ses mares... Sans parler des fameux pamplemousses cultivés sur l'île. Tout est sujet de découverte et d'émerveillement.

Autopoetica
¡Todo el monte es una cabellera afro-verde! Todos los montes lo son en este apacible hogar, también lo es la tierra, el horizonte ; mis ojos se tornan plantas, ríos, saben a frutas mis manos. La brisa es suave, acaricia mi rostro y sonrío. Mis ojos descubren donde empieza y termina la palabra verde. Me adentro en el vientre del bosque, es una

Autopoétique
La montagne tout entière est une chevelure afro-verte ! Toutes les montagnes sont ainsi dans ce havre de paix, la terre l'est aussi, l'horizon ; mes yeux tournent plantes, rivières mes mains ont saveur de fruits. La brise est douce, caresse mon visage et je souris. Mes yeux découvrent où commence et finit le mot vert. Je m'enfonce dans le ventre

[15] Mahmud Yazid Chejdan, *Exilios I y II*, texte aimablement fourni par l'auteur, traduction à paraître. En espagnol, https://chejdan.blogspot.com/p/relatos.html, 10 octobre 2004.

inesperada aventura: todo es nuevo, colosal y luminoso y es oscuro y es una colonia infinita, enredadera empapada de rocío. Guarda su reserva de misterio y desasosiego, el agua es diáfana y sabe a helechos, algas, y troncos.	*de la forêt, aventure inattendue : tout est nouveau, colossal, lumineux, obscur, colonie infinie, plante trempée de rosée. La forêt garde sa réserve de mystère et d'anxiété, l'eau diaphane a le goût de feuilles, d'algues et de troncs d'arbres »*
(Boicha in *G.A. 2016 : 50)* [16]	*(Boicha* in *G.A. 2016 : 51)*

Apprentissages

Boicha pointe encore dans « Arroz con suerte » la difficulté à nommer les choses, dans un univers si différent du leur : « Abdati Buya et ses amis [...] mangeaient tout ce qu'ils trouvaient sur leur passage, fruits aux étranges saveurs, fruits inconnus la plupart du temps, qu'ils baptisaient de n'importe quel nom. »[17].

Logés en internat encadrés par des moniteurs sahraouis, les enfants travaillaient le matin aux champs, soit dans les vergers d'agrumes, soit dans le jardin qui fournissait leur cantine. Les cours avaient lieu l'après-midi et les études en soirée. Ils ont leur pavillon, proche de celui de l'Angola et du Mozambique.

Le retour prévu tous les deux ou trois ans, comme cela se faisait pour les enfants avant eux, est impossible à payer pour 500 enfants, réfugiés soumis à l'aide internationale. Ils resteront de six à quinze ans à Cuba, sans rentrer chez eux, avec une ou deux lettres par an pour tout contact avec leur famille et leur pays : ils mangent du riz à tous les repas et oublient peu à peu le *hassaniyya*, l'Islam, les codes pointilleux de la sociabilité sous la tente.

Cuba accueillit jusqu'à 22 000 enfants, qui y restèrent du CM2 à la licence, y compris pendant les années difficiles, quand l'aide soviétique vint à manquer après la perestroïka. « *En 15 ans, je n'ai jamais payé une inscription, jamais acheté ni un repas, ni un vêtement, ni un cahier ou un stylo.* »[18]. Le monde entier reconnaît la qualité de l'enseignement cubain, particulièrement dynamique et innovant dans les années 1980. C'était la volonté de José Marti, poète et fondateur de Cuba, exilé, comme eux, tué en débarquant à Cuba dès son premier combat, comme Luali, premier président sahraoui.

---

[16] Boicha Limam, *Arroz con suerte*, « Abdati buya», encore inédit en espagnol, traduction française à paraître.

[17] Boicha Limam, *ibid.*

[18] Entretien avec Boicha, Lyon, 2016.

Cubanía
[...]
- La mejor manera
de ser libre es ser culto,
dijo un día un hijo de esa tierra.

Y Cuba se hizo mundo,
y el mundo todavía se
pregunta :¿cómo? [...]

(Hamudi in *G.A. 2016 : 88)*

L'âme cubaine
[...]
Apprends, deviens savant, tu seras libre,
pas de meilleure manière
dit une fois un fils de cette terre.[19]
Alors Cuba se fit monde,
et le monde se demande encore : comment ? [...]

(Hamudi in *G.A. 2016 : 89)*

Étudiants

Après le bac, tous les jeunes Sahraouis sortent de l'internat pour aller suivre sur la grande île leur cursus universitaire. Reçus et tutorés par des familles cubaines, ils se mêleront à un monde chaleureux, exubérant et bruyant, où chaque jour apporte musique, danse et rhum, et démontre son goût du paraître ; un monde créole, véritable conservatoire de culture africaine, avec les religions Yoruba et Abacoa, leur musique, leur danse, et toute la réflexion sur le métissage, portée par Nicolás Guillén, entre autres. Hamudi célèbre les vertus multiples de cette « Cubanité ».

Cubanía
Cuba, vergel de humanidad
donde el que no tiene de conga tiene de carabalí.
- ¡Que bolaá hermano! dice cuando te abre una puerta un Cubano.

- Beduino, zulú, árabe, africano,
indio, mestizo americano,
hombres y mujeres de la tierra
os doy lo que tengo, mi mano franca.
...Y 3, ...y 2, entre palmas y cañas suena la clave,
la sabia del mundo se viste de fiesta,

L'âme cubaine
Cuba, verger d'humanité
où qui ne tient pas de la conga vient du pays carabalí.
- Quoi de neuf mon frère, comment ça va bien, dit en t'ouvrant sa porte un Cubain..
- Bédouin, zoulou, arabe, africain,
indien, métis américain,
hommes et femmes de toute la terre,
je vous donne ce que j'ai, ma main grande ouverte.
- Et 3, et 2, entre palmes et cannes résonne la Clave,
la plus sage du monde met ses habits de fête.

---

[19] José Marti.

y bajo el paraguas de la cubanía *un beduino da sus primeros pasos al ritmo* *del sucu-sucu,saboreando por vez primera* *en un festival de la toronja* *el guarapo en la boca de una mulata.[...]*	*À l'abri sous le parapluie des cubaneries,* *un bédouin fait ses premiers pas* *au rythme du sucu-sucu.* *Au festival du pamplemousse,* *pour la première fois il savoure,* *le jus de canne dans la bouche* *d'une belle mulâtresse.[...]*
(Hamudi in *G.A. 2016 : 88)*	*(Hamudi* in *G.A. 2016 : 89)*

Dans un monde ouvert aussi sur la technologie, les arts et les sciences, via le soutien de l'URSS, du Mexique, du Venezuela, les jeunes Sahraouis se jettent sur la littérature, espagnole et surtout latino-américaine, et sa poésie, militante et lyrique à la fois : leur amour pour l'espagnol vient de là plus que des très fugaces expériences dans les écoles de la colonie ou l'internat des campements ; ils composent pour animer les *tertulias*[20] estudiantines, tout en s'adonnant sans réserves aux joies de la plage, de la salsa, de la mixité entre filles et garçons. Boicha célèbre la « posture du caïman », dont Cuba a plus ou moins la forme :

La postura del caiman *Hay un humor que salva* *lagunas de hambre,* *cultura que hierve la sangre,* *batallas diarias* *como ráfagas y timbales* *y sexo bajo la sombra* *de proclamas revolucionarias.* *Cuando la nostalgia se antorcha* *frente a la página del viejo diario* *¡qué lejos está el mar y el verde monte!*	***La posture du caïman*** *Gaieté qui sauve des lagunes de faim,* *culture qui fait bouillir le sang,* *batailles de chaque jour* *comme rafales et timbales* *et sexe à l'ombre* *des proclamations révolutionnaires.* *Quand la nostalgie s'enflamme* *face à la page du vieil agenda* *qu'elle est loin la mer et la verte colline !*
(Boicha 2008 : 43)	*(Boicha 2014 : 44)*[21]

[20] Rencontres littéraires et musicales, moments de débats d'idées, de récitations et de lectures de textes importantes dans la diffusion culturelle dans toute l'Amérique latine et à Cuba.

[21] Traduction M. Troisvallets-Gewinner. Inédit.

Ebnu dans la pure tradition bédouine, pudeur et réserve en moins, confond l'amour du lieu et l'amour de sa belle :

Cubana
Cuba me acuerdo de ti, mojada Lehbib
El huracán
levanta las enaguas
de tu vieja ciudad en vela.
La lluvia
enviste la firme geografía
de tu cuerpo insular. [...]
Tu cintura
suda otro domingo
de carnaval entre las olas.
Mientras me evaporo
bajo las alas blancas
de un mosquitero de yagua.
listo para morir en la humedad
de tus muslos de primavera.

(Ebnu in *G.A. 2016 : 206)*

Cubaine
Cuba, je me souviens de toi, mouillée. Lehbib
L'ouragan
soulève les jupons
de ton antique cité qu'il réveille.
La pluie s'élance sur la ferme géographie
de ton corps insulaire. [...]
Tes hanches
mouillent de leur sueur
un autre dimanche
de carnaval entre les vagues.
Pendant que je m'évapore
sous les ailes blanches
d'une moustiquaire de yagua
prêt à mourir entre
tes cuisses humides de printemps.

(Ebnu in *G.A. 2016 : 207)*

Donc malgré une sédentarisation forcée durant plus de douze ans, ces enfants ont pu trouver des lignes de fuite compensatoires à leur immobilité : la forêt, les études, la cubanité, l'amour. Hamudi, dans un poème composé en 2015 reprend le mot-valise (!) que tout le monde utilise aujourd'hui pour désigner ces bédouins si mâtinés de culture cubaine : « *Et depuis le palmier et la pommarosa / jusqu'aux acacias atil du désert / un Sahraoui se fit Cubaraoui.* » (Hamudi *in* G.A. 2016 : 89).

Du retour aux campements au choix d'émigrer

Rentrer chez soi ?

Le départ fut déchirant, la nostalgie durable, la reconnaissance éternelle. Et le retour, traumatisant. Ils ne rentrent d'ailleurs pas chez eux, mais dans le lieu de leur premier exil, la *hamada* algérienne, les campements de réfugiés, divisés en wilayas désignées par le nom des bourgades de leur prime enfance. La guerre est mise entre parenthèses depuis le cessez-le-feu de 1991, le référendum d'autodétermination aussi, l'héroïsme des années 1980 a fait place à l'attente. Le lait avait un goût bizarre (Iselmu *in* G.A. 2016), et les intestins du sud gargouillent dans une langue énigmatique aux oreilles du nord (Lehsan *in* G.A. 2016), c'est-à-dire que le lait en poudre de l'aide internationale permet de survivre, mais ne remplace pas le lait de chèvre ou de chamelle tant mythifié pendant le séjour cubain.

Après dix à quinze ans d'absence, la famille a bien vieilli, de nouveaux frères et sœurs sont arrivés ; les parents peinent aussi à reconnaître leurs enfants dans ces adultes incapables de parler ni *hassaniyya* ni espagnol correctement. Au contraire des jeunes partis étudier en Algérie ou en Libye, pays arabo-musulmans, qui revenaient chaque année aux vacances, eux ont oublié les règles complexes de la *sahwe*, la pudeur maure, qui a survécu à la modernisation de la société saharouie. On ne les appelle pas encore les Cubaraouis, mais déjà *emcherguim*, les fous, on a honte d'eux. Boicha se désole de se sentir orphelin de la bonne mère d'adoption cubaine, alors qu'il est assis sous la tente familiale. Luali Lehsan s'insurge contre ces pointilleux gardiens de coutumes archaïques, en détournant hardiment le personnage essentiel au grand nomadisme pastoral, ce pisteur qui parcourt le désert à la recherche de chameaux perdus. Pour Lehsan, une sincère affection vaudrait tous les codes. Et si dieu n'a pas droit à une majuscule, ce n'est pas par étourderie.

El buscador

Busco un norte etéreo para el imán
de la brújula de mi corazón,
una razón para espantar las sinrazones
que golpean sin piedad las puertas de mi alma. [...]
Busco un hombro donde recostarme
que no sea el hombro de la patria,
un día sin memoria para desnudarme
ante dios sin pudor.
[...]

(Lehsan in *G.A. 2016 : 70)*

Sur la piste

Je cherche pour aimanter la boussole
de mon coeur un nord impalpable,
une raison pour effrayer les déraisons impitoyables
frappant d'arbitraire les portes de mon âme. [...]
Je cherche un appui une épaule
qui ne soit pas celle de la patrie.
Un jour sans mémoire pour me mettre nu,
déshabillé devant dieu, sans pudeur.
[...]

(Lehsan in *G.A. 2016 : 71)*

On les somme d'intégrer les valeurs héroïques de la RASD. Chejdan Mahmud Yazid refuse, peut-être à cause de sa mère devenue folle pendant sa longue absence, malgré son père mort pour la patrie.

Resolución: absuelto
No quiero ser
el hijo de un profeta.
No quiero ser el amigo de un valiente.
Tampoco quiero ser
un soldado desconocido.
Sería a lo mejor un cobarde,
un irracional,
una rata desgraciada.
No quiero ser
pariente de los hombres.
Ustedes, humanos
y sus lenguas sonámbulas
y pesados cerebros,
no paran de hablar
de los paraísos divinos.
Yo no lo quiero.
Quiero ser
amigo de mí mismo,
un irracional,
una rata desgraciada.

(Mahmud Yazid in *G.A. 2016 : 124)*[22]

Résolution : absolution
Non, je ne veux pas être
fils de prophète.
Ni ami d'un brave ;
Ni le soldat inconnu.
Au mieux je peux être
un peureux,
ou un extravagant
de la famille des hommes.
Vous les humains
avec vos langues somnambules,
et vos cerveaux balourds,
ne cessez de parler
des paradis divins.
Je n'en veux pas.
Je veux être
ami de moi-même
un insensé
un maudit rat,

(Mahmud Yazid in *G.A. 2016 : 125)*

Ebnu pointe la difficulté de vivre avec cet héritage héroïque :

[...] Sobrevivir a la guerra
es llevar acuestas el cuerpo ausente
y el corazón emboscado en una batalla,
lleno de gritos que nos congelan el alma.

(Ebnu in *G.A. 2016 : 214)*

[...] Survivre à la guerre
c'est porter sur son dos un corps absent,
un coeur embusqué dans une bataille, rempli de cris à vous congeler l'âme.

(Ebnu in *G.A. 2016 : 215)*

Et Lehsan leur identité problématique :

residuos de otros
somos el fragmento de un corazón

résidus d'autrui
nous sommes le fragment d'un coeur

---

[22] Chejdan Mahmud Yazid, *Exilios I,* « Résolution : absolution », *id., ibid.*

roto
el ultimo suspiro de un hermano muerto
somos el nido de un sueño ajeno que
caminamos abrazados al vacío de otro ser
cuyos pasos son el principio de nuestros pasos. [...]

(Lehsan in *G.A. 2016 : 71)*

brisé
le dernier soupir d'un frère mort
nous sommes le nid d'un rêve étranger
que nous parcourons enlacés au vide d'un autre
dont les pas sont le principe de nos pas. [...]

(Lehsan in *G.A. 2016 : 71)*

Désenchantement

Du coup, la génération qui vient de rentrer du monde afro-vert de Cuba souffre des rigueurs de l'environnement saharien, conjuguées aux désillusions de la situation politique. Sans le comprendre vraiment, tous voient le Sahara avec le regard et les mots des étrangers, ce qui blesse leurs proches et les exclut de leur communauté : les bédouins ne parlent pas du désert comme immensité, ou espace vide, mais comme une série d'étapes. Le sable est dur ou mou, rouge ou blanc, avec ou sans épines, il garde les traces des amis ou des ennemis ; pour Hamudi c'est surtout une pure malédiction :

[...]
vació el cofre de sus recuerdos
buscando sin cesar,
como se busca a un tesoro
sin mapa
su lejana infancia.
No, solo encontró arena y viento,
huellas borradas y piernas fatigadas
noches de ensueño sin almohada,
pastoreando su existencia.
[...]

(« Trésor perdu » in *Hamudi 2009)*

[...]
des souvenirs il vida le coffre,
cherchant sans relâche,
comme on cherche un trésor
quand on n'a pas de carte,
sa lointaine enfance.
Mais non, il trouva sable et vent seulement,
traces effacées, jambes lasses
nuits de rêves sans oreiller,
à chercher la pâture pour subsister.
[...]

(notre traduction inédite)

Les nuages annonçaient la pluie, le moment de lever le camp parfois ; eux se disent enfants des nuages pour revendiquer leur refus des frontières et du mur marocain. Les vents apportaient une bonne nouvelle, le souvenir d'une bien-aimée, ou bien empêchaient de rejoindre l'abri d'une tente amie ; pour

Iselmu, le sirocco permet le feu de l'âme (Iselmu *in* G.A. 2016) ; Lehsan voit l'immense plaine du Tiris comme un miroir de l'âme.

[...]
a veces es una vasta e interminable llanura
infinita silenciosa
donde la soledad se vuelve tan tangible
que puedes ver en sus cristales
los avatares del alma.

(Lehsan in *G.A. 2016 : 60)*

[...]
parfois c'est une vaste plaine interminable
silencieuse infiniment,
où la solitude est soudain si palpable
qu'on peut y voir réfractés en ses cristaux
les avatars de l'âme.

(Lehsan in *G.A. 2016 : 61)*

En quête d'identité

Les difficultés de la réadaptation auraient pu s'oublier dans le feu de l'action révolutionnaire : la RASD a réussi à développer un État, l'éducation, la santé, la parité entre hommes et femmes sont des objectifs pour tous, le tribalisme et les hiérarchies traditionnelles sont à peu près liquidées. Le cessez-le-feu tient depuis 1991, et sauf le danger causé par les milliers de mines que le vent déplace sous le sable qui causent encore d'atroces mutilations, le corridor entre Tindouf et le Mur marocain permet d'échapper un peu à l'enfermement des campements, en vivant en paix sous la *khayma* avec quelques animaux. Les militaires au pouvoir depuis vingt ans, après quelques révoltes, fuites et ralliements au Maroc, commencent à relâcher la pression sur les civils, la frontière avec la Mauritanie est redevenue poreuse, autorisant quelques mouvements de troupeaux et la contrebande. Mais les déclarations de l'ONU s'accumulent, aucun règlement n'est en vue, certains se rallient au Maroc, d'autres émigrent. Les « fous » se mettent au travail, dès le service militaire fini. Ils sont courageux, efficaces, on leur trouve un nouveau surnom, « Cubaraouis », officialisé par un long-métrage projeté au Festival du FISAHARA en 2005, « *Mujeres cubarauis* ».[23] Ils s'en feront un signe de reconnaissance. On les sollicite sans cesse à Rabuni où débarquent toutes les missions pour qu'ils se fassent traducteurs et interprètes de ces visiteurs étrangers apportant un peu d'aide et de grandes bouffées d'ailleurs. Partir avec eux en expédition représente une expérience fondatrice d'une

[23] Marquez Antonio, *Las cubarauis*, documentaire, 48', 2005, Espagne. Des femmes devenues dentistes, médecins, portant la *melhafa* et buvant le thé racontent leurs études, leurs expériences à Cuba, hauts talons et mini-jupes, plage et salsa. Nostalgiques mais fortes, optimistes, elles servent les gens et questionnent avec humour et fermeté les plans du POLISARIO pour elles (six enfants par femme !).

possibilité de vivre, autrement qu'à Cuba, entre leurs deux cultures, bédouine et hispanique. Cette échappatoire leur permet de parler littérature, cinéma, écouter de la salsa, danser, fumer en public, flirter, donner leur avis sur tout… et réciter leurs poèmes aux Espagnols et Latino-américains qui les encouragent. La poésie, qui leur permet d'exprimer la nostalgie de Cuba et le sentiment d'exil intérieur qu'ils ne devraient pas éprouver auprès de leur famille, devient finalement l'outil indispensable de leur quête d'identité.

La radio nationale, au centre d'une véritable « guerre des ondes » (avec Radio Rabat et Radio Mauritanie) les engage mais ne leur fait pas beaucoup de place. Même s'il y a des émissions en espagnol, le meilleur rôle revient aux poètes nationaux, qui sont âgés, ne badinent pas avec la *sahwe*, méprisent le vers libre, et ne tiennent pas à traduire leurs poèmes en espagnol. Depuis le début de la guerre, les poèmes d'amour étaient interdits par le POLISARIO, les poètes nationaux composent donc sur le mode épique et panégyrique, en *hassaniyya* et en arabe, pour encourager, maintenir l'union sacrée, rappeler les sacrifices des martyrs. Un seul poème, se vantent-ils, a amené soixante-dix personnes à rallier les campements, en un seul jour. Même si les Cubaraouis sont patriotes et même s'ils admirent la poésie engagée des Nicolás Guillén, José Marti, Pablo Neruda, ils ne comprennent plus assez le *hassaniyya* pour apprécier les Badi, Bechir, Belga... mais se souviennent assez de la tradition du *nâsib* pour composer, en espagnol évidemment, des poèmes redisant à l'envi leur nostalgie du territoire natal, inaccessible à cause du Mur marocain, ou de la seconde patrie, Cuba, définitivement perdue. Ou bien des *ghazel* très amoureux, dédiés à leurs lointaines amantes cubaines ou à leurs nouvelles conquêtes bédouines. La rencontre avec leur tradition poétique est tout de même manquée, il faudra un nouveau détour, par l'Espagne cette fois, pour la retrouver.

De Tindouf à l'Espagne

Migrer

Au bout de quelques années, sans perspectives d'avenir, le statu quo s'éternisant, la réadaptation à la vie des campements toujours difficile, ils partent les uns après les autres, pour trouver du travail à la hauteur de leur formation, aider leur famille depuis l'extérieur, échapper à l'enfermement dans les campements. Les îles Canaries sont proches :

Un beso	***Un baiser***
¡Qué enigma entre las aguas !	*Quelle énigme entre les eaux.*
El apellido. (Nicolás Guillén)	*Le nom. (Nicolás Guillén)*

Un beso, *solamente un beso,* *separa* *la boca de África* *de los labios de Europa.*	*Un baiser,* *un baiser seulement* *sépare* *la bouche de l'Afrique* *des lèvres de l'Europe.*
(Boicha in *G.A. 2016 : 34)*	*(Boicha* in *G.A. 2016 :35)*

Ce départ-là ne fut ni exode, ni arrachement, mais choix délibéré. Bachir Aomar Ahmed, né en 1954 à Fuenteventura (d'un père qui se vantait d'avoir été le premier Sahraoui immigré en Espagne, en 1942), anime aux Canaries un programme de radio sahraouie, Suzy Alvarado, fille de coopérants espagnols, qui a passé toute son enfance au Rio de Oro, y dirige une maison d'édition. Chejdan Mahmud Yazid s'y est installé dès 1997. Ebnu le proclame : les émigrants, authentiques nomades, font un travail titanesque pour empêcher la dérive des continents :

Emigrantes *Año tras año* *cruzan el estrecho* *buscando la paz.* *De norte a sur.* *De sur a norte.* *Su libertad* *no conoce de leyes* *ni de permisos* *ni de fronteras.* *Bajan y suben.* *Suben y bajan,* *uniendo los continentes* *que separan a los hombres.*	***Émigrants*** *Année après année* *ils traversent le détroit* *à la recherche de la paix.* *Du nord au Sud.* *Du Sud au Nord.Leur liberté* *ne connaît rien aux lois* *ni aux autorisations* *ni aux frontières.* *Ils descendent et ils montent.* *Ils montent et ils descendent* *réunissant les continents* *qui séparent les hommes.*
(Ebnu 2016 : 214)	*(Ebnu 2016 : 215)*

Hamudi, qui travaille comme professeur dans les campements, se résout le dernier à partir, au bout de huit ans. Il s'y décide quand son frère, qui vit déjà à Mallorca, lui apprend que ses poèmes sont publiés dans une anthologie, « Añoranza », en 2002.

Me iré *- Dónde vas a ir, sin saber a dónde.* *- Aunque no lo sé, déjame solo ir*	***J'irai*** *Où t'en iras-tu, sans savoir* *où aller ?*

me iré con el viento y no importa no.
dejar huellas.
Me iré de nube a nube aunque
no llueve
me iré con las estrellas aunque no
brillan
me iré descalzo y no solo por ir
por las guerras, las indiferencias,
el hambre
[...]
- A dónde vas a ir, sin saber a
donde.
- El dónde no importa, solo déjame
ir

(Hamudi in *G.A. 2016 : 88-90)*

- Je n'en sais rien, laisse-moi juste
aller.
Je m'en irai avec le vent et laisser
des traces, non, cela n'importe pas.
Je m'en irai de nuage en nuage
même s'il ne pleut pas
je m'en irai avec les étoiles même si
elles ne brillent pas
je m'en irai nu-pieds pas seulement
pour fuir
les guerres les indifférences la
faim.[...]
Où t'en iras-tu sans savoir où aller ?
Le but importe peu, laisse-moi juste
aller

(Hamudi in *G.A. 2016 : 89-91)*

La question initiale : « *Où t'en iras-tu, sans savoir où aller ?* », est fondamentale pour un nomade, qui prévoit toujours soigneusement ses étapes. La réponse rejette les savoirs et les objectifs qui organisaient jadis les déplacements : mener ses troupeaux suivant les vents, les nuages et la pluie, s'orienter avec les étoiles, commercer suivant les routes des caravanes... Hamudi utilise le mot nomade comme figure romantique de la liberté, qui refuse toute espèce de barrière et de frontière. L'insistance « *laisse-moi juste aller, je m'en irai que tu le veuilles ou non* », rappelle les réticences du POLISARIO, pour qui le départ de ces jeunes diplômés bien formés à Cuba déjouait le plan de développement de la république en exil, la privant de ses futurs cadres, risquant même d'entraîner un mouvement de fuite loin des campements.

Les jeunes Cubaraouis retrouvent la mer, la pluie, les villes, plus quelques remords d'avoir abandonné la famille, la RASD, d'avoir trahi les espoirs placés en eux. Le POLISARIO, qui finalement se débarrasse de potentiels contestataires, leur a demandé « *un triple engagement : le retour aux campements chaque fois que ce serait nécessaire, ce qui transforme leur installation en Espagne en quelque chose de temporaire ; le maintien de l'unité du peuple sahraoui dans l'espace de la diaspora ; et le travail pour la cause dans les différents lieux de leur installation.* » (Gómez-Martín et Omet 2009). Ils s'y engagent tous, veulent travailler, gagner de l'argent, aider leur famille. Mais l'Espagne des années 2000, où règne le racisme ordinaire envers les immigrés, Arabes ou Latinos, auxquels on les assimile, n'est pas le pays fantasmé à partir des échanges avec les Espagnols en mission dans les campements. Ils doivent endurer les tracasseries administratives et les travaux ingrats, précaires et mal payés, qui permettent tout juste de survivre. Nouveau sentiment d'exil et de frustration, nostalgie de la famille et de la fiancée restées aux campements, du territoire perdu, plus simple pourtant, sinon moins douloureuse, que de se sentir exilé de Cuba sur un morceau de terre qui n'est pas le leur.

S'unir

Tous échangent leurs poèmes, « *éventail de vers pour effaroucher la solitude* » (Lehsan *in* G.A. 2016 : 59). De nombreux intellectuels espagnols s'y intéressent. Contrairement aux poètes nationaux sahraouis, que seuls les anthropologues de l'Université autonome de Madrid étudient. En 2002, une anthologie « *Añoranza* (Nostalgie) » est publiée par une association de soutien aux Sahraouis de Majorque. Plus de douze autres suivront. En 2005, réunis pour les premières assises de la langue *hassaniyya* à Madrid, ils fondent la *Generación de la Amistad saharaui*. La forme anthologique les unit dans la diaspora, entraîne de nouveaux venus dans leur bande aux contours flous, qui rassure sans rien empêcher et devient un mouvement littéraire fécond, une petite société sans État, sans administrateur et sans chef de file, tendue pourtant dans la même direction : pas un seul d'entre eux par exemple ne pense jamais retourner en territoire occupé :

El grito desahogado	***Le cri libéré***
De una bocacalle ingrata *o una avenida traidora* *salen, como moscas en bandadas,* *los militares de la discordia* *y riegan con sus armas* *la intranquilidad del turbio aire.*	*D'une rue ingrate ou d'un traître boulevard* *sortent, comme des mouches en nuées,* *les militaires de la discorde* *et ils arrosent de leurs armes* *l'intranquillité de l'air louche.*
(Mahmud Yazid in *G.A. 2016 : 122)*	*(Mahmud Yazid* in *G.A. 2016 : 13)*

Agrandir l'espace

Les Sahraouis comme tous les gens du désert, sont hyper-connectés et deviennent des cyber-activistes culturels. La tradition orale se poursuit grâce à Skype, Youtube, plus tard Facebook et Whatsapp, qui font le lien avec ceux des campements ou des territoires occupés : là où il y a du réseau, il y a la vie. Les poèmes de la *Generación de la Amistad* sont récités, accompagnés de musique et d'images, clips partagés, repris dans les classes d'espagnol des campements. La Biblioteca virtual Cervantes les publie régulièrement dans sa section Africana, ils sont donc étudiés dans les départements d'études ibériques, au Gabon par exemple. Des revues en ligne, en Argentine, en Angleterre, aux USA, publient des essais et des anthologies.[24] Même le fameux quotidien espagnol El País consacre à la littérature sahraouie un blog, avec un titre qui interpelle le lecteur : « *¿ Y donde queda el Sahara occidental ?* » (« Mais où est donc le Sahara occidental ?). On les invite dans des festivals, des salons du livre, des universités. Ils voyagent, en Espagne bien sûr, en Amérique latine, au Canada, aux USA, moins en Europe. Ils pratiquent une sorte de défense et illustration de la culture sahraouie. convertissant la langue de l'oppresseur colonial en marqueur d'identité, en moyen de résistance, en preuve que les opprimés, même minoritaires, même si leur pays n'est pas universellement reconnu, existent. Et des millions de lecteurs possibles s'offrent à eux dans l'espace latino-américain, déjà rompu à la réappropriation du castillan, langue majeure[25] par les langues mineures du continent.

Circulations

Seule diaspora au monde, selon le HCR, à revenir dans un campement de réfugiés, les Cubaraouis font le va-et-vient, chaque année ou presque, entre Espagne ou Uruguay (pour Ebnu) et campements de Tindouf. Ils accompagnent aussi souvent des archéologues, romanciers, cinéastes, anthropologues, dans le corridor de désert sous contrôle du POLISARIO, et dans les zones mauritaniennes. Avec eux, Awah, Ebnu, Boicha, Iselmu réapprennent le désert et la poésie *hassaniyya*, en particulier au cours de la collecte et publication des poèmes « nationaux », que des anthropologues de la UAM (Université autonome de Madrid) ont menée pendant dix ans. Les vieux poètes nationaux apprécient qu'ils retrouvent le rôle primordial de communicateurs et de porte-voix de leur collectivité, revendiquant, comme eux, le territoire natal, ou protestant, comme eux, à chaque exaction subie par des Sahraouis, par un poème ou par une anthologie entière, comme « *Aaiun, gritando lo que siente* », « *La primavera sahraui, Escritores unidos contra Gdeïm Izik* », etc. Ebnu proclame: « *La poésie en hassaniyya est la synthèse de notre histoire, l'encyclopédie de notre existence, l'archive qui conserve notre mémoire.* »[26] Les poètes cubaraouis, pour expliquer à l'étranger leur identité, redécouvrent donc leur riche héritage littéraire et culturel : ils connaissent assez les deux mondes désormais pour pouvoir partager la poésie bédouine, si allusive qu'elle en devient hermétique, parfois au prix de nouvelles formes, hybrides, adaptées à leur position

---

[24] Voir la sitographie. Le blog du quotidien espagnol El País conserve des archives remontant à 2013, et représente une source appréciable pour des textes non encore édités.

[25] Concept présenté par Deleuze et Guattari.

[26] Revue en ligne Ariadna, 2004, « La memoria en la cultura sahraui », http://www.ariadna-rc.com/numero25/sahara/sahara052.htm

d'entre deux. Dans son ouvrage « *Tiris, rutas literarias* », Bahia Awah, membre du projet de collecte de poèmes en *hassaniyya* lancé par les anthropologues de l'UAM, mêle hardiment l'essai littéraire, la traduction de poésie *hassaniyya*, ses poèmes personnels et les récits des érudits du Tiris.

Pregúntales
Procedo de los legendarios campos,
leyendas del sur,
de la dorada sabana, tierra cristalina,
de distantes islotes de galaba
de tórridas estepas de nsil, murcba,
askaf, acacias de hojas y tamat.
En tiempos de lejrif mi campo es gozo,
en tifisqui es toda humanidad,
en saif, generoso, prudente,
con su fresco odre y grata sombra.

(Awah in *G.A. 2016 : 180)*

Demande-leur
Je viens de terres de légendes,
des légendes du sud,
de la savane dorée, d'un sol cristallin,
des îlots éloignés des galaba
des steppes torrides de nsil,
murcba, askaf, acacias à feuilles et tamat.
Dans le temps du lejrif, ma terre est pur bonheur,
dans ceux de tifisqui, pure humanité,
dans les temps de saif, généreuse prudente,
elle offre outre fraîche, ombre bienveillante.

(Awah in *G.A. 2016 : 181)*

Limam Boicha, comme Bahia Awah dans ses « Versos refugiados »[27], métisse le *hassaniyya* et l'espagnol, systématiquement, dans un recueil entier d'anthropoésie, où il détaille en vers et en prose les traditions sahraouies :

Salam aleikum (el saludo)
Hay tiempo, incluso si en la hammada
el viento azota, para preguntar:
"¿Alguien de la familia está enfermo?"
¿Shtari mn lajbar?, ¿Alguna novedad?
Ninguna, por lo que parece, solo
Al'lá eli tafrah bih, la novedad que te anuncia alegría.

Salam aleikum (l'art du salut)
Même si le vent violemment fouette
dans la hamada, on prend son temps
on demande : la famille va bien,
personne n'est malade ?
Shtari mn lakhbar ? Y a-t-il du nouveau ?
Que non, à ce qu'il paraît, sauf
Al'la eli tafrah bih, la nouvelle porteuse de joie.
Yak kulshi bikheir ? insiste

---

[27] Le mot-valise est de son invention.

Yak kulshi bijeir?, se insiste, ¿Todo en armonía?
Bijeir ua aalá jeir, todo en armonía, dicha y bienesta.

(Boicha 2018 : 30)

quelqu'un. Tout est en harmonie ?
Bikheir ua aalà kheir, tout est
harmonie, joie et bien-être.

(Boicha 2018 : 30)

Mohamed Abdelfatah Ebnu écrit à propos des poètes sahraouis de langue hassaniyya : « Badi et tant d'autres poètes sahraouis connaissent chaque territoire des quatre points cardinaux de notre géographie. Ils ont parcouru le Sahara, le décrivant en vers qu'ils distribuaient, en guise d'offrande, là où, surpris par la nuit, ils faisaient halte. »[28] Et traduit un fameux ghazel chantant, comme il se doit, une bien-aimée et son Tiris natal :

En tu rostro pace la sombra
Tu cabello se vuelve ceniciento
Pero no pierdes el embrujo con los años
Y tu belleza se hace aún más hermosa

L'ombre en ton visage pâture.
Ta chevelure devenue cendre,
tu ne perds pas tes sortilèges
malgré ton âge, et ta beauté
se fait toujours plus belle encore.

Puis réinterprète, en vers libres et en espagnol, l'amour des lieux et des femmes :

Homenaje a Badi
Como en un poema de Badi
Voy de tus labios a tus pies
recorriendo tu geografía de ilusiones
y esperanzas prematuras.
Como en un verso del poeta
mido tus contornos,
tus alrededores, tus espacios
y me detengo en tus lagunas de abrevaderos
donde sucumben mis ganas y mis dromedarios.

(Ebnu in *G.A. 2016 : 222)*

En hommage à Badi
Comme en un poème de Badi
je vais de tes lèvres à tes pieds
parcourant ta géographie
d'illusions et d'espoirs prématurés
Comme en un vers du poète
je mesure tous tes contours
tes alentours, tes espaces
et je fais halte auprès des mares
de ces abreuvoirs où succombent
mes désirs et mes dromadaires.

(Ebnu in *G.A. 2016 : 223)*

[28] Revue en ligne Ariadna, 2004, « La memoria en la cultura sahraui », http://www.ariadna-rc.com/numero25/sahara/sahara052.htm

Néo-nomades

Certaines voix se sont tues, d'autres s'élèvent, d'autres se spécialisent dans la traduction de la poésie en *hassaniyya*[29], passent au récit de vie, au film, hommage au désert fertile du Tiris, berceau de poètes et d'érudits, territoire des origines dans la géographie mentale des poètes de la *Generación de la Amistad.* La dernière anthologie en espagnol, publiée en Uruguay, célèbre « *le libre passage du vent par les territoires refusés, convoque l'espérance des victimes déterritorialisées. La voix de la poésie comme celle du vent traverse barbelés et clôtures, se fait leur porte-voix, pour qu'on les entende au loin.* »[30] Un éditeur cubain, en 2019, vient de leur demander une nouvelle anthologie. Boucle bouclée, circuit réactivé, entre les archipels de leurs expériences ? Fin des errances vagues (Awah), néo-nomadisme assumé ?

Bibliographie

BOICHA L.,

2018, *Les rites de la tente*, ed. bilingue espagnol-français, trad. Gewinner M., éd. Atelier du Tilde, Lyon, 181 p.

CARO BAROJA J.,

2008, *Estudios saharianos*, Ed. Calamar, Madrid, 592 p. (Première édition en 1955).

DELEUZE G., GUATTARI F.,

1975, *Kafka, Pour une littérature mineure*, éd. Minuit, Paris, 160 p.

GÓMEZ MARTÍN C.,

2016, « La génération sahraouie de la guerre : des études à Cuba à la migration économique en Espagne », *Revue européenne des migrations internationales,* [en ligne], 32, 2, mis en ligne le 01 septembre 2018, consulté le 03 mai 2019. URL : http://journals.openedition.org/remi/7803

GÓMEZ MARTÍN C., OMET C.,

2009, « Les 'dissidences non dissidentes' du Front POLISARIO dans les camps de réfugiés et la diaspora sahraouis », *L'Année du Maghreb* [En ligne], V, mis en ligne le 01 décembre 2012, consulté le 08 octobre 2019. URL : http://journals.openedition.org/anneemaghreb/575 ; DOI : 10.4000/anneemaghreb.575Poésie sahraouie contemporaine en français

GENERACIÓN DE LA AMISTAD,

2016, *Poésie sahraouie contemporaine*, trad. Gewinner M., éd. Atelier du Tilde,

[29] Larosi Haidar, Universidad de Granada. Bahia Awah, Universidad autonoma de Madrid, surtout, Ebnu, plus rarement mais avec talent.

[30] Tatiana Oroño, poète et essayiste uruguayenne, Montevideo, 27 mars 2014, préface de l'anthologie *Las voces del viento,* dirigée par Ebnu.

Lyon, 253 p.
GEWINNER-TROISVALLETS M.,
2015, « La generación de la amistad », *revue Po&sie*, n° 153-154, pp. 297-317.

Poésie sahraouie contemporaine en espagnol

AWAH B.,
2007, *Versos refugiados*, ed. Universidad de Alcala de Henares, 117 p. (Nueva edicion Bubok, 2015).
2009, *Literatura del Sahara Occidental*, auto edicion, Madrid, 57 p.
2016, *Tiris, rutas literarias*, ed. Ultima linea, Malaga, 419 p.
ARAGUAS V., CADENAS J. I., POLO A., CADENAS J. A. y BOICHA L.,
2010, *A los cuatro vientos*, ed. Ariadna R-C., 124 p.
BOICHA L.,
2004, *Los versos de la madera*, ed. Puente Palo, Canarias, 72 p.
2012, *Los ritos de la jaima*, ed. Bubisher, Madrid, 139 p.
EBNU M. A.,
2003, *Voz de fuego*, ed. Universidad de Las Palmas, Canarias, 94 p.,
2008, *Nomada en el exilio*, ed. Asociación Cultural Almenara, Marbella, 57 p.
HAMUDI S. A.,
2009, *La arena de tus huellas*, bilingue castillano-catalán, trad. S. Vidal-Joan, ed. Lleonard Muntaner, Mallorca.
HASNAOUI Z.,
2017, *El silencio de las nubes*, ed. Arma poetica, Madrid, 102 p.
ISELMU A. S.,
2008, *La musica del sirocco*, ed. Um Draiga, Amigos del pueblo sahraui en Aragon, 76 p.

Anthologies

BOICHA L., LEHSAN L., EBNU M. A., HAMUDI S. A., ISELMU A. S., CHEJDAN M. Y.,
2003, *Bubisher*, ed. Puente Palo, Las Palmas de Gran Canaria, 77 p.
EBNU M. A., HAMUDI S. A., ISELMU A. S., CALAFAT B. (fotos),
2002, *Añoranza*, ed. Associació d'Amics I Amigues del Poble Sahrauí de les Illes Balears, 70 p.
GENERACIÓN DE LA AMISTAD SAHARAUI,
2006, *Aaiun gritando lo que siente*, ed. Universidad Autónoma de Madrid y Editorial Exilios, 100 p.
2007, *Treinta y uno-Thirty one*, Antólogo: Pablo San Martín, Universidad de Leeds, ingles-castillano, ed. Sombrerete, Sandblast, 106 p.
2010, *Las colores de la espera*, Antologia de nueva poesia argentina, ed. Espacio Hudson, Patagonia argentina, 97 p.
2011, La primavera sahraui, escritores con Gdeim Izik, Antologa Conchi Moya, ed. Bubok, 140 p. (Le printemps sahraoui. Écrivains unis contre Gdeïm Izik,

traduction en français inédite).

2013, *Poetas sahrauis*, ed. El perro y la rana, Caracas, 109 p.

2014, *Las voces del viento*, Antólogo : Mohamed Salem Abdelfatah Ebnu, ed. Consejo de Educación Técnico Profesional SUAT, Uruguay, 202 p.

Sites et blogs

https://journals.openedition.org/anneemaghreb/1490

http://poemariosaharalibre.blogspot.com.es/

http://generaciondelaamistad.blogspot.com.es/

http://tirisnoviadepoetas.blogspot.com.es/

http://blogs.elpais.com/donde-queda-el-sahara/

https://chejdan.blogspot.com/p/relatos.html

http://www.ariadna-rc.com/numero25/sahara/sahara052.htm

https://rasdargentina.wordpress.com/2013/06/17/cronicas-de-saharauis-en-la-habana-la-cooperacion-de-cuba-con-la-rasd-parte-ii/

https://poetassigloveintiuno.blogspot.com/2016/02/bachir-ahmed-aomar-18074.html

THE EQUITY AND RECONCILIATION COMMITTEE (IER)
LIMITATIONS AND CHALLENGES OF THE TRUTH COMMISSION FOR SAHRAWI VICTIMS OF ENFORCED DISAPPEARANCE

MARÍA LÓPEZ BELLOSO

Post Doctoral Researcher, University of Deusto.

Abstract

There is no doubt that the Equity and Reconciliation Committee in Morocco (known as IER for the French wording : Instance Equité et Réconciliation) which embodies the first transitional justice instrument in the region, is clearly a ground-breaking initiative in the Arab world. However, both the context and the circumstances in which the process was implemented, as well as the information provided in its Final and Follow-up reports, demonstrate that there were many shortcomings that surrounded the process from a Transitional Justice (JTr hereinafter) point of view. This article will focus on analysing both the creation and implementation of this instrument, as well as the process and results it achieved for the Sahrawi victims of enforced disappearance. The article is based on a qualitative research emerging from the work developed for the book "the Oasis of the memory" and the PhD dissertation of the author, awarded with the Brunet Award for thesis on Human Rights and argues that the investigations performed by the IER not only do not answer to the international standards of Transitional Justice, but also meant an important discrimination of the Sahrawi victims and neglected their access to truth, justice and reparation.

Keywords : Transitional Justice, IER, enforced disappearance, truth, justice and reparation.

Résumé

Il ne fait aucun doute que le Comité d'Équité et de Réconciliation au Maroc (connu sous le nom de IER pour le libellé français Instance Équité et

Réconciliation), qui représente le premier instrument de justice transitoire dans la région, est clairement une initiative révolutionnaire dans le monde arabe. Toutefois, le contexte et les circonstances dans lesquelles le processus a été mis en œuvre, ainsi que les informations fournies dans sa version finale et dans les rapports de suivi, révèlent des lacunes qui entourent le processus du point de vue de la justice transitionnelle (Jtr ci-après). Cet article se concentre sur l'analyse de la création et de la mise en œuvre de cet instrument, ainsi que sur le processus et les résultats qu'il a obtenus pour les victimes sahraouies de disparitions forcées. L'article est basé sur une recherche qualitative émergeant des travaux conduits pour le livre « L'Oasis de la mémoire » et pour la thèse de doctorat de l'auteure, lauréate du Prix Brunet pour les thèses sur les droits de l'homme, et soutient que les enquêtes effectuées par l'IER non seulement ne répondent pas aux normes internationales de la justice transitionnelle, mais signifient également une discrimination importante des victimes sahraouies et négligent leur accès à la vérité, à la justice et à la réparation.

Mots-clés : Justice transitionnelle, IER, disparition forcée, vérité, justice et réparation.

Introduction

The Equity and Reconciliation Committee in Morocco (known as IER for the French wording : Instance Équité et Réconciliation) embodied the first transitional justice instrument in the region, was clearly a ground-breaking initiative in the Arab world. However, both the context and the circumstances in which the process was implemented, as well as the information provided in its Final and Follow-up reports, demonstrate that there were many shortcomings that surrounded the process from a Transitional Justice (JTr hereinafter) point of view.

The IER focused its attention on the crimes of forced disappearance and arbitrary detention. Although the victims of these crimes were mostly Sahrawi, their mistreatment in behalf of the IER is one of the main shortcomings and limitations of this body.

This article will focus on analysing both the creation and implementation of this instrument, as well as the process and results it achieved for the Sahrawi victims of enforced disappearance. The article is based on the in-depth analysis of 95 cases of Sahrawi victims in the context of the Sahrawi conflict. It will analyse cases related to victims who were released in 1991 after spending long periods of time in detention centres, and to missing persons which were reported as deceased in the IER reports. These testimonies were collected for the Oasis of the Memory (Beristain &

González Hidalgo 2012), and analysed in depth for the author´s PhD Dissertation, awarded with the Brunet Award for thesis on Human Rights (López Belloso 2019). The analysis carried out allowed us to question, the investigations performed by the IER according to the international standards of Transitional Justice. Additionally, it allows us to analyse the underlying political will (or the lack of it) in the application of JTr tools, in a country which has proclaimed itself to be a benchmark for stability and openness in the region.

Transitional Justice in the Arab World : Moroccan's IER flagship transitional justice initiative

The Arab world has been deeply affected by a history of colonization and its societies have suffered the consequences of old and contemporary conflicts.[1] However, JTr has not been presented an option to address these issues, and rebuild these societies, until recent times, when Morocco and Tunisia became pioneers of JTr in the region. Traditionally, Arab governments have preferred to forget, and the rhetoric on the self-proclaimed goal of reconciliation as occurred in the cases of Algeria after the civil war (1991-2002) or Lebanon. In Lebanon, an international tribunal was created to investigate the killing of former Prime Minister Rafiq Hariri (the Special Tribunal for Lebanon). However, despite this step, the families of approximately 17 000 Lebanese individuals who disappeared or were kidnapped during the civil war (1975-1990) are still in search of the truth about their relatives (Samaha 2015). In Iraq, the prosecution and execution of Saddam Hussein and the massive purges of former members of the Baath party led to criticism about what was considered brutal acts of retribution and vengeance. The attempts to establish JTr mechanisms that followed the so-called Arab Spring have either been unsuccessful or delayed, as was the case with Egypt (Massagee 2015 : 39-40 ; Mamdouh 2017). In Libya, the execution of Muammar al-Gadhafi and the disagreements which erupted over the prosecution of his son Saif al-Islam (whether he should be judged in the ICC or in domestic courts) shifted the debate to JTr. However, in December 2013, the General National Congress passed a law on JTr that has not been implemented due to the context of violence and political

[1] Even though there is no universally accepted definition of what the Arab World is, there is consensus on considering it to be made up of the twenty-two countries belonging to the Arab League. However, this territorial definition should be completed, according to Frishkopf, with 'a linguistic one (use of the Arabic language, or its recognition as critical to identity), and thereby extended into multiple diasporas, especially the Americas, Europe, Southeast Asia, West Africa, and Australia.'

rivalrieswhich currently plagues the country. Morocco, in the first place, and Tunisia after the uprisings of 2010-2011, can be considered flagship initiatives of JTr in the region. In Tunisia, first steps to come to terms with the injustices of the past were taken shortly after the ousting of Zine el-Abidine Ben Ali on 11 January 2011. The first two interim governments headed by the former Prime Minister of Tunisia, Mohamed Gannouchi, until February 2011, and Beji Caid Essebsi, until the elections of the National Constitutional Assembly of 23 October 2011, adopted a variety of ad hoc measures in order to cover the different pillars of the transitional justice "tootkit" (Andrieu 2016).

In terms of truth-seeking, three commissions – the National Commission for the Investigation of Bribery and Corruption, and the National Commission for the Investigation of the Facts of Abuses Recorded During the Period from 17 December 2010 and the High Commission for the Fulfilment of Revolutionary Goals, Political Reform and Democratic Transition – were established. In spite of the important contribution of the commissions in terms of revealing the truth, both were subjected to political pressures and the findings of their reports were not followed by accountability measures (Andrieu 2016 : 269-271). The commissions were established at the same time that prosecutions were initiated against the former President, members of his family and former officials (Lamont & Boujneh 2012 : 39-40).

The Kingdom of Morocco is usually described as a 'moderate bridge state.'[2] However, as Opgenhaffen & Freeman have argued, the appearance of moderation conceals the brutality of both past and current human rights violations (Opgenhaffen & Freeman 2005 : 2). After gaining independence in 1956, King Hassan II´s response to political instability was characterized by repression, suppression of dissent and mass human rights violations.[3] These violations, were mainly directed at areas struggling for independence, such as the Rif and Western Sahara, and at the so-called 'potential enemies' which included Marxists, intellectuals, Islamists, etc.

Due to both international and domestic pressure, a gradual process to address repression and human rights abuses started in the early 90s. This process culminated in the release of hundreds of political prisoners in 1991, and the creation of the Advisory Council on Human Rights, commonly known by its French name 'Conseil Consultatif des Droits de l'Homme' (hereinafter CCDH). The establishment of this committee represented the first official step towards dealing with past human rights violations.

---

[2] Morocco is considered to be a moderate Arab state, with potential to act as a bridge between the radicalization occurring in the Sahel and North Africa, and its western allies. See also : Migdalovitz 2010 : 9 ; Maghraoui 2009.

[3] This period is commonly known as the 'years of lead' (Vairel, 2006 : 230 ; Daoud, 2007).

Nevertheless, the CCDH focused on legal and administrative reforms and failed to address the human rights violations that occurred during the 'years of lead'. In addition to the establishment of this body, the role of international and national human rights organizations gained in prominence in Morrocco and they began to increase the pressure for accountability measures to be implemented. In addition, Morocco ratified a number of international human rights treaties (International, 2010)[4]. In 1998, the CCDH published a limited list of the names of 112 missing persons. Although this procedure was limitated,[5] it marked the starting point of a series of important steps, which led to the creation of the Equity and Reconciliation Committee (IER) in 2004, the first truth commission in the Arab world.

The IER was eventually created, under the rule of Mohamed VI, Hassan II's successor, through Dahir (Decree) 1.04.42 on the 10 April 2004. It had an initial mandate of nine months, which was later extended to November 2005. The first 'Truth Commission', as it was coined, in the Arab world was created to investigate the human rights violations that took place between 1956 and 1999. However, following the definitions contained in art. 5.4 of the Dahir, this Commission only applied to those 'victims of arbitrary detention or enforced disappearance.' In response to this narrow definition of victimhood, the IER applied the definition contained in the Basic Principles (UN General Assembly 2005) which broadened its scope. The IER also recommended a Collective Reparation Programme (CRP) that meant a great innovation, by linking collective reparations with those regions that suffered especially the systematic violations of human rights. By including the regions where principally incurred human rights violations within the reparation programme, the CRP was noted for its positive contribution to the conceptualization of victims in the JTr process (Guillerot 2009 : 26). The IER collected 22 000 applications and presented its final report in December 2005. Despite this unprecedented achievement, namely having paved the way for 85 million dollars in reparations (Pham 2011), the limited implementation of its findings has severely undermined the pursuit of JTr in Morocco (López 2014).

As many other JTr initiatives, the IER placed special emphasis on violations of civil and political rights rather than violations of social and cultural rights, (Hayner 2012 : 172-174). According to Hayner, violations of

---

[4] A detailed list of the treaties ratified by Morocco con be found in López Belloso 2019 : 271.

[5] This intervention was heavily criticized by both local and international organizations as it provided no information about the circumstances in which said victims had disappeared, or about the place, date and causes of their deaths or the whereabouts of either the missing or the alleged perpetrators (AI 1999 : 2). Even though the most of the victims of enforced disappearance in those years were people from Western Sahara, this list omitted them (Opgenhaffen & Freeman 2005).

civil and political rights have captured more attention within JTr processes with respect with economic, social and cultural rights that, even being directly related to the causes of conflicts (OHCHR 2014 : 19 & 61). In this framework, cases of enforced disappearances represented a substantial part of the work of the IER. Nevertheless, this work was not devoid of difficulties. For instance, enforced disappearance in Morocco was often confused with other human rights violations, such as arbitrary detention due to some of its characteristics (CCDH 2009b : 101) . The difficulties in distinguishing the two lay in the characteristics which both human rights violations share, namely : the temporary issue, the subtraction to the protection of the law and the denial of information and the active subject.

Against this background the paper will argue that the IER , despite its innovation and novelty presented several limitations. These included the lack of implementation of the reform of state institutions and a prohibition in its mandate to assign responsibility to individuals (Hazan 2008 : 400). However , this article will not delve into these limitations in detail, but will focus on the discrimination of Sahrawi victims of enforced disappearance during the process of the claim collection, and the neglecting of their rights to truth, justice and reparation by this Committee. Sahrawi victims were affected not only for the general shortcomings of the IER, but also suffered specific discrimination and mistreatment as the deadlines and periods for formal claiming to then examine in detail the information, their access to the Committee and, above all, redress provided by the IER to Sahrawi victims.

In order to build this argument the information on the victims provided by the IER was compared to the testimonies collected in the framework of the elaboration of the "Oasis of the Memory" (Beristain & González Hidalgo 2012). Later, the author analysed in depth a total of 94 testimonies of victims of enforced disappearance. The selection of testimonies was carried out according to their significance (identification of emblematic cases, more complete testimonies and cases with complementary documentation) and finally 43 interviews with victims of forced disappearance that reappeared in 1991 (15 women and 28 men) and 43 interviews of victims of forced disappearance that have not been found or have been reported as deceased by any of the Moroccan reports (22 men and 21 women) were selected. To these testimonies were added the testimonies of the people interviewed after the finding of 9 bodies (of men) in mass graves in the Amgala area in 2013 (Martín Beristain & Gabilondo 2013).Therefore, we will start examining these weaknesses while paying special attention to how they affected to the Sahrawi victims. This will enable us to analyse the limitations of the IER in relation to the Saharawi victims of enforced disappearance. This paper will finish by drawing main conclusions with a tone for the conflict.

Limitations of the IER

General limitations of the IER

Despite the milestone of performing the first truth commission in the arab world and the contribution made to the progression of human rights in Morocco, the IER presented some important limitations. In the lines below we will analyse those, to then emphasize the impact they had for Sahrawi victims and how the Committee failed to compensate them and moreover to contribute to a real transition and the solution of the conflict.

Composition

As mentioned above, the IER was created by a royal decree (dahir) that defined in the preamble its composition, and the selection of its members by the king with the advice of the CCDH .Out of the 16 members of the Commission (there was only one woman among the 16 members), 9 belonged to the CCDH, including the president, and the rest were elected among the political prisoners, torture survivors and Moroccan activists (Opgenhaffen & Freeman 2005 : 13).

"Taking into account all these considerations, the Equity and Reconciliation Commission whose members' names follow drew up and adopted unanimously the present statutes :

President : Driss Benzekri ; Members : Ahmed Chawki Benyoub ; Abdelaziz Benzakour ; Mohamed Mustapha Raissouni ; M'barek Bouderka ; Mahjoub El Haiba ; Mohamed Berdouzi ; Latifa Jbabdi ; Mustapha Iznasni ; Abdeltif Menouni ; Brahim Boutaleb ; Mae El Ainine Mae El Ainine ; Salah El Ouadie ; Abdelaziz Bennani ; Driss El Yazami ; Abdelhay Moudden ; Mohamed Nesh-nash"[6].

No Saharawi activists were included among its members, despite the large proportion of Saharawi cases among the victims of enforced disappearance and arbitrary detention. Although Amnesty International points out that there was a Saharawi among the members of the IER (Amnesty International 2010 : 14), this was Mae El Ainine, the president of the El Aaiun Court of Appeal. He is a well-known lawyer of Saharawi origin and defender of the Moroccan arguments about the Western Sahara. His election to the Commission was, therefore, due to his legal experience, and not due to his work as an activist or defender of human rights in the region. In addition, his positioning on the conflict puts into question his impartiality to analyze the demands of the Saharawi victims. This lack of impartiality,

[6] Dahir n° 1.04.42 of 19 safar 1425 *April 10, 2004, p. 3.

goes directly against Article 12 of the International Convention for the Protection of All Persons from Enforced Disappearance (ICPPED) which establishes that the investigation must responds to international standards (effectiveness, speed, impartiality and independence). Given that the conflict of Western Sahara constitutes a "national cause",[7] and a taboo issue within the country, together with religion and the king (Allah, Malik wa Watan)[8], the composition of this truth commission, raises, serious doubts.[9]

Additionally, despite pretending to maintain a gender focus in its work (CCDH 2009 a : 79), as previously mentioned, only a woman was included in the Commission, Latifa Jbaddi, an activist from the Moroccan Association for Human rights (AMDH), and from the Union de l'Action Féminine (UAF) (Guillerot 2011 : 17). This single participation clearly shows that an equitable representation of women was not achieved (CCDH 2009e).

Mandate and conceptualisation of the victim

In article 5 of its mandate, the IER defined victims as "victims of enforced disappearance or arbitrary detention." [10] If we compare this definition with the one laid down in art. 24.1 of the ICPPED[11], we notice that, unlike the IER, the ICPPED considers victims not just disappeared persons, but also those who had suffered prejudice as a consequence of the disappearance. According to the Final report, and maybe aware of its own limitations the IER, the Committee considered the violations subject of study and analysis (CCDH 2009c : 22) as :

---

[7] The consideration Western Sahara conflict as a "national question" underlies the whole process of the IER. For instance, the language used, always referring to the territory as "southern provinces", and not recognizing the violence occurred in the Sahara as derived violence of the political conflict ; the impossibility of victims to question the Moroccan sovereignty of Western Sahara, or ignoring the entire discussion on refugees, clearly biased the process.

[8] Article 7 of the Moroccan Constitution establishes the national motto that includes the three untouchable and unquestionable issues for the regime : the Islamic religion, the Alaouite monarchy, and national unity. The question of Western Sahara constitutes the main argument for questioning this alleged "national unity" and thus has turned the Saharawi conflict into a national issue.

[9] It is true that the ICTJ advised the IER process, but as an external agent to reinforce activity in some parts, such as the protocols of public hearings, or the design of the collective reparations program. (https://www.ictj.org/our-work/regions-and-countries/morocco) access date : June 22, 2015.

[10] Dahir art. 5.Vid. supra note 6.

[11] Article 24.1, establishes that : "For the purposes of this Convention, victim means the disappeared person and any individual who has suffered harm as the direct result of an enforced disappearance."

"Mainly in the enforced disappearance and arbitrary detention, although other cases of violations were proceeded for pre-trial (...) the Arbitration Tribunal has considered serious violations in the frame of non-judicial resolutions serious violations :

- *The enforced disappearance ;*
- *The arbitrary detention ;*
- *The violations committed during the sad events ;*
- *The enforced exile out of the national territory ;*
- *The enforced exile within the national territory".*

Still, the Final Report did not specify which article they relied on to define these violations. The inclusion of the enforced disappearance and the arbitrary detention is clear, as they are specified in the literal wording of the IER mandate. The nature of the enforced disappearance as a multiple human rights violation is somewhat included with the reference to "the violations committed during the sad events", which indicate instances of torture. However, the non-explicit inclusion of the link between enforced disappearances and torture resulted in a very important limitation . Moreover, it is hard to understand according to which disposal of the mandate the IER included among its study cases, cases of enforced displacement, and if so, why it did not included Sahrawi victims of this.

Finally, although the IER marked a major step towards democratization and acknowledgment of past abuses, it was mainly focused on civil and political rights and limited to individual reparations. As it will be discussed later, the IER monitored a total of 18.457 cases. It paid particular attention to financial compensation, which was provided to at least 9,779 victims, and also recommended the provision of other means of redress, such as medical and psychological rehabilitation, to individual cases of human rights violations (Guillerot 2009). The innovative CRP developed by the ERC, as well as recommended institutional and legal reforms, were marginally implemented by the time of the Arab Spring rising (López 2014). In 2010, the Gdem Izik camp in Western Sahara set the stage for the Arab Spring. However, it was only after the uprising in Tunisia that Moroccan civil society started demanding institutional reform. On the 20th of February 2011, thousands of people demonstrated for 'justice, freedom and dignity' (EFE 2014). To prevent revolts similar to those in Tunisia, Mohamed VI swiftly and cleverly announced a constitutional reform only fifteen days after the demonstration. By the time that this announcement was made, the joint reparation programme and recommendations for institutional reform, advocated by the IER, were both at a very early stage (López 2014). Mohamed VI took advantage of this and included most of the IER´s recommendations in his constitutional reform, which meant a major step towards the reinforcement of human rights in Morocco. The new constitution included a new subsection devoted to citizens' rights, binding together many different rights that had been dispersed in the former 1996 constitution (Muldering 2014). The most remarkable improvements included the acknowledgement of Amazigh as an official language (art. 5), the proclamation of gender equality (art. 19) and the new regional administrative organization (arts. 1 and 137). However, this new regional administrative organization established an unequal power relationship between the elected regional assemblies and the representatives of the central government (wallies) (Madani 2012 : 7). In addition, the article on gender equality retains some problematic aspects, such as polygamy and inheritance[12]. The official acknowledgement of Amazigh was initiated during the Adyir Royal Discourse of October 2001 (Ferrié 2013) but the Amazigh associations still claim to be marginalized (Stitou 2015) . While the 2011 Constitution reinforced the parliament and the judiciary, it did not succeed in restraining the King's prerogatives (Stiftung 2014). These steps showed that the monarchy advocated and implemented reforms based on good governance, however, corruption in Morocco's public sector has continue to worsen.[13]

Therefore, the Moroccan constitutional reform represented the regularization of an already ongoing change. It did not resolve the key issues, but it did open possibilities, leaving the task of prioritizing and pushing for implementation in the hands of social interaction Most of the changes proposed by the new constitution emerged from the IER´s recommendations, which were poorly implemented in the wake of the Arab Spring (Fisher & Stewart 2014 : 66).

Economic dimension of redress

The IER began its work in February 2004, and in November 2005 delivered its final report to the King and was made public in January 2006. It was structured in working groups, being one of them related to research. As the IER defends in its final report, the research methodology used to clarify the truth was based on "the participation of all interested parties, especially former victims and their families" and consisted of (CCDH 2009b : 32) :

---

[12] Although full equality of the sexes was established in Article 19 of the constitution in 2011, it has not yet been enforced. A civilian movement gathering human rights groups, feminists and Amazigh minorities, is now organising regular demonstrations in favour of the unconditional implementation of Article 19. Poligamy and discriminatory inheritance for women were mantained under the new Family code arguing that they related to islamic obligation (Ferrié 2013).

[13] Transparency International's Corruption Perceptions Index ranked Morocco 91 out of 177 countries in 2013, in contrast with ranking of 80 in 2011.Transparency International, 'Corruption Perceptions Index 2013,' http://cpi.transparency.org/cpi2013/results (accessed 8 June 2015).

- "Gathering and analyzing data obtained from different sources ;
- Receiving communications from former victims ;
- *Receiving communications from former or current public officers ;*
- *Perusing registers and documents kept by the public authorities ;*
- *Undertaking in situ visits (detention centres, places of burial etc.) ;*
- *Communicating directly with security officials.*"

Most of the victims of forced disappearance who submitted reparation claims to the IER, including Sahrawi victims, mainly obtained reparations of an individual and monetary nature. According to the data of the Final Report of the IER, of the 16,861 cases studied by the Committee, 6 385 cases were resolved with material compensation (37.9%), 1 895 (11.2%) received material compensation along with the recommendation of repair the other damages, and 1 499 (8.9%) were resolved with a recommendation on other forms of reparation, leaving the reparation to the victims depending on the political will to assume or not those recommendations (CCDH 2009c : 63). According to the IER Follow-up Report (2009), the IER Monitoring Committee has monitored the implementation of individual reparations for a total of 18 457 cases distributed as shown in the graph below :

Graph. N° 1 : Classification of total files submitted to the IER under follow-up
Source : CCDH 2019 : 56

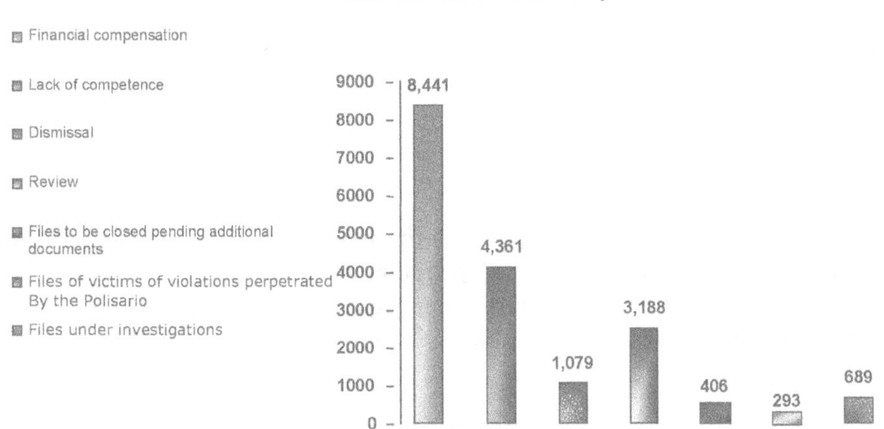

In order to implement the reparation to the victims, the IER contemplated different programs for the reparation of damages and losses, which according to the Committee itself had to transcend material compensation to include also other individual and collective reparation measures. However, this perspective was more declarative than real in practice, and even more e for Sahrawi victims.

Thus, the repair programs provided by the IER were the following (CCDH 2009c : 32) :

a) The restitution of dignity through the clarification of the truth and the eradication of the consequences of violations ;
b) Financial compensation ;
c) Medical and psychological rehabilitation ;
d) Social reintegration ;
e) The monitoring of education and vocational training ;
f) The regulation of the legal situation ; y
g) The PRC.

The innovation of the collective reparation suggested by the IER ended up being more focused on regional development than on the reparation of victims themselves. Some victims felt that collective reparations should have gone beyond development measures and have criticized the authorities' stance with regard to this. They understood there was a lack of political commitment with regard to implementing the CRP and protecting victims of enforced disappearance. Victims argued that timing was also used as a tool to delay the process so that the victims' demands or even the victims themselves, will give up (Gabriel, Guillerot & Segal 2011 : 16-17). To be fair, some measures have been taken, with regard to illegal detention centres, archives and memory, however, community reparations have been approached more from an economic point of view than from a human rights perspective (Gabriel, Guillerot & Segal 2011 : 15). The central issue of turning detention centres into memorials or "sites of conscience" has generated intense debate between victims and other stakeholders (Gabriel, Guillerot & Segal 2011 : 20).

Responsibility of the perpetrators

A major issue that raised numerous critiques of the IER mandate was the prohibition to provide details of perpetrators' names and the prohibition to holding them accountable for their human rights violations, pleading the lack of jurisdictional competence of the Tribunal[14]. This approach coined by

[14] Art.6 Dahir 1.04.42 :"The prerogatives of the Equity and Reconciliation Commission are non-judicial and do not call into question the individual responsibility for the violations. These prerogatives include the inquiry, the investigation, the assessment, the arbitration,

Pierre Hazan as a "sanction-free approach" (Hazan, 2008 : 400) consisted of one of the most recurring critiques of the IER process (HRW 2004 : 16), as the victims were unable to name their perpetrators.

While some of the activists and organisations viewed this approach as a pragmatic solution in order to reach the ultimate objective of the IER, due to the lack of procedural guarantees and the judicial independence which would guarantee the processes in the short term, the most critical ones considered the absence of individual responsibility as a measure of impunity and as an operation of "ethical washing" of the monarchy. (Hazan 2008 : 404).

The issues mentioned above are the main criticisms that have been made to the Committee, although in general the IER has been valued more for its achievements and innovations. Some of the texts that have pointed out these deficiencies and limitations (Amnesty International 2010), have also highlighted the weaknesses of the process for the Sahrawi victims. The following section will analyze the work of the IER in contrasting the information and reparations granted by the Committee to the Sahrawi victims with the testimonies collected for The Oasis of Memory, which has already become a work of reference.

Limitations of the IER in relation to the Saharawi victims of enforced disappearance

The shortcomings mentioned affected in general to all victims claiming to the IER, even though some of these limitations had greater implications for Sahrawi victims that to victims from other regions. However, Sahrawi victims not only were affected by those, but also by other issues affecting only to the group of sahrawi victims, what meant a clear mechanism of discrimination and abuse. The following section we will detail which specific measures or issues affected to Sahrawi victims, highlighting the impact not only on the victims themselves, but also on the conflict.

Limitations to the participation of the Saharawi victims

As already mentioned, it is noteworthy that between the members of the Commission, no Saharawi activist were included, despite the large proportion of Saharawi victims of enforced disappearance and arbitrary detention. The activity of the IER ran in 4 stages from February 2004 to October 2005. According to the statutes of the IER (art. 4), the submission of

---

and the recommendation" United States Institute for Peace (USIP). Available at : http://www.usip.org/sites/default/files/file/resources/collections/commissions/Morocco-Charter.pdf access date : 23 June 2015.

applications, had to be done within a month (from 12th of January to the 13th February 2004). Apart from the claims submitted within that period, the IER also analysed the files presented before the Independent Arbitration Tribunal (IAT). In particular, the Committee analysed “the decisions related to the compensation, omission or incompetence in order to get a clear opinion about the character and the nature of the case law of the previous tribunal” (CCDH 2009a : 77). From the total of 16 861 claims submitted, 7 082 were rejected and 9 779 were admitted, 2 995 of them were related to Sahrawi victims. (CCDH 2009c : 54).

Graph. Nº 2 : Number of claims submitted to the IER
Source : Selfmade

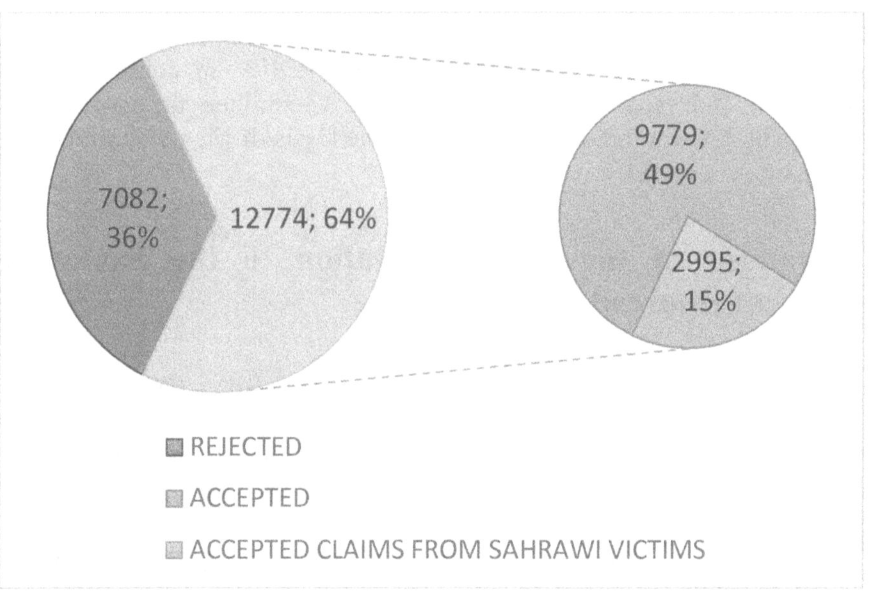

The intervention of the victims in the IER process generated different levels of participation : firstly, the presentation of the claims ; secondly, the meetings held with the victims and relatives in the field ; and thirdly, the public audiences celebrated in different moments and places between December 2004 and May 2005 (CCDH 2009e : 43).

The participation of the Saharawi victims was determined from the start of the process by a crucial factor : the information about the process itself and about the way to participate. This factor meant a fundamental difference between the Saharawi victims themselves : the victims living in the Occupied Territories, and the victims in refugee camps. While the victims of the occupied territories knew about the IER process, mainly due to the victim’s association such as ASVDH or CODESA, the victims in the refugee camps had limited knowledge about the process, and even less about the adequate time and conditions to guarantee their participation. Numerous victims expressed :

1. Their complete lack of knowledge about the IER process, in the occupied territories, as well as in the refugee camps of Tinduf. The absence of information is captured, for instance in the testimony of Maiziza Nayem Mohamed : "I never saw that list" ; or Anzatta y Luali-Hamadi Luali who stated that "We don´t know anything about the report or any list"
2. Their lack of knowledge even after the IER final report was published. In fact, in some cases the report included the name of their disappeared relative and they remained unaware. This was the case, for example, of Fatma Bachir : "We heard about the report through AFAPREDESA. My husband was in the list." Also, Luina Sidi affirmed that : "Last month 3 they came with some list, and they told me that he does not exist anymore. AFAPREDESA told me".

Despite the difficulties, 2.995 Saharawi victims filed a claim before the tribunal, or the tribunal revised the previous claim filed before the IAI. Therefore, Sahrawi constituted the largest collective of victims. This information is not explicit in the report, but deducted from the table on the geographical distribution of the victims :

During the stage of visits to the field and interviews with relatives, the Saharawi victims received various visits from the Committee. The final review of the IER expresses that during the phase of visits to the field the IER staff visited the cities and provinces of : Azilal, Beni Mellal, Alhucemas, Nador, El Aaiun, Bojador, Smara, Dajla, Tantan, Tata, Goulmim, y Assa-Zag between December 2004 and April 2005 (CCDH 2009e : 90). However, the report does not specify how many visits were conducted in relation to each case. The tables included in the final report allow us to do an approximation of the number of visits. These are detailed below :

Table Nº 1 : Geographical distribution of the victims (CCDH 2009c : 57)

Province	Commune or town where the reception centre is	Date
Azilal	Anergui Commune	13-15 Dec 2004
	Zaouiat Ahensal Commune	17-19 Dec 2004
	Tilouguit Commune	21-27 Dec 2004
	Afourar Commune	29 Dec 2004
	Ouaouizeght Commune	13-19 Dec 2004
	Ait Ouqebli Commune	21-25 Dec 2004
	Azilal town	27-28 Dec 2004
	Tagleft Commune	13-28 Dec 2004
Beni Mellal	Beni Mellal town	13-14 Dec 2004
	Taghzirt Commune	15-20 Dec 2004
	El Ksiba Commune	21-24 Dec 2004
Laâyoune	Tarfaya Commune	4-6 Feb 2005
	Laâyoune	4-13 Feb 2005
Boujdour	Boujdour	8-9 Feb 2005
Dakhla	Dakhla	11-12 Feb 2005
Tan-Tan	Tan-Tan	4-7 Feb 2005
Assa-Zag	Assa-Zag	9 Feb 2005
Tata	Tata	11 Feb 2005
Guelmim	Guelmim	11 Feb 2005
Es-Smara	Es-Smara	4-11 Feb 2005
Nador	Nador	26-30 Apr 2005
Al Hoceima	Al Hoceima	26 Apr 2005

Table N° 2 : Visits to the field and number of forms collected per month (CCDH 2009e : 72)

The increasing number of data forms received by reception and as a result of field visits

Year	Month	Number
2004	Jan	10
2004	Feb	5
2004	May	42
2004	Oct	20
2004	Nov	456
2004	Dec	982
2005	Jan	4,175
2005	Feb	275
2005	Mar	8,559
2005	May	414
Total		14,938

According to this data, there were approximately 275 files related to the Western Sahara which corresponded to the month of February 2005, when the visits to Saharawi cities were carried out. If we compare this number to the 2.995 Saharawi victims (showcased in table number 6) which filed a claim before the IER, there is a noticeable reduction in the number of files (nearly by 90%) from the stage of submission to the visiting phase. Apart from this significant reduction, Sahrawi victims felt that the aim of the IER was not to investigate their claims, but to convince them to accept compensation. This was the case of Sukeina Yed Ahlu, who stated that "The president came to Smara to meet with the families′ committee. He came and told them : Here you have the file, the compensation is ready. Either you accept or this file is going to close forever. This was the declaration of President of the Human Rights Advisory Council".

Finally, regarding the participation of the Saharawi victims in the public hearing, the only public hearing scheduled in the Western Sahara Territory, Aaiun, originally scheduled for May 2005 in El Aaiun, was delayed for security reasons. After initial delays it was finally cancelled, rendering it the only public hearing to be cancelled (Opgenhaffen & Freeman 2005 : 18 ; Beristain & González Hidalgo 2012 : 272 (T2)). Only a Saharawi (man) was able to take part in the hearing, which took place in Rabat[15]. Therefore, the official numbers from the IER pointed out that just a 2% of the violations to human rights told in the audiences were referred to the Occidental Sahara.

According to this and as shown in graph N° 2, the process meant the complete neglect of sahrawi victims and the reduction in the scope of the human rights violations in the region.

[15] The oficial versión of Mr. Ghali Ahmed Lahsen (Ghali Bara according to the IER) was available here : http://www.ier.ma/article.php3?id_article=1352, last accessed : August 30. 2015.

Graph. Nº 3 : Process of invisibilization of Sahrawi victims
Source : Selfmade

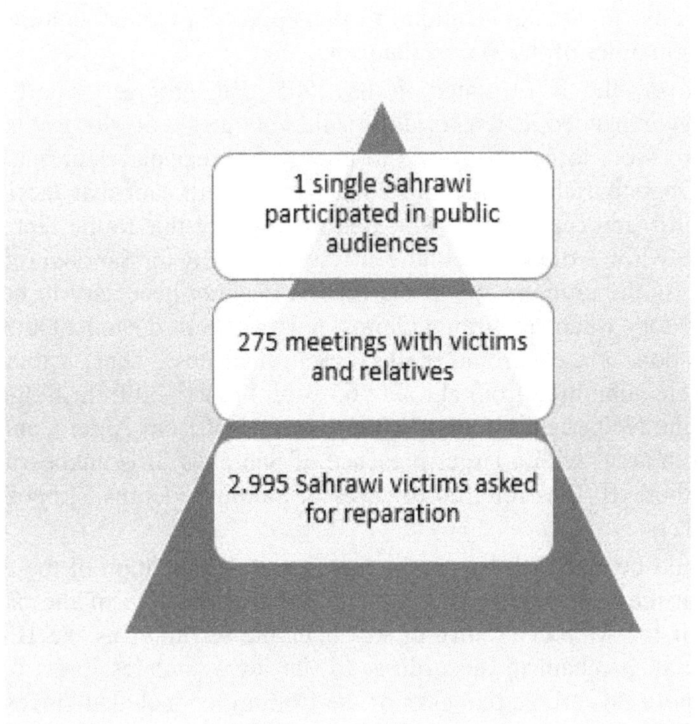

This neglect was worsened by the language employed by the IER in its Reports. The final report refers to the territory of Western Sahara as "southern provinces" and to the conflict as "armed confrontations". There is no analysis or recognition of the persecution of a large part of the Saharawi population in the process, nor in the published reports, nor is there study of the violations committed in the region.

Besides these shortcomings related to the participation of Sahrawi victims, the process developed by the IER also meant a discrimination Sahrawi victims of enforced disappearance. This approach will be examined in the next section.

Limitations to the process

As mentioned above, the work of the Committee meant a series of deficiencies, especially in the treatment of the Saharawi conflict. This clearly showcases a lack of political will from the Committee and from the Moroccan state to find a solution to the conflict. Moreover, the IER examined human rights violations in the country, including the territory of

Western Sahara. The refusal to the address the conflict, and the legal implications of such inclusion under the sovereignty of Morocco, without even mentioning the existence of a controversy, showed a political intentionality in the application of the approach, which contradicts the guiding principles of the JTr mechanisms.

Moreover, the ICTJ stated in its 2005 IER progress report that the Committee expanded its territorial jurisdiction outside of Morocco as "many Moroccans were forced into exile to Europe or other places during the lead years" (Opgenhaffen & Freeman 2005). It is significant that the IER paid attention to Moroccan people who fled the country due to the repression of Hassan II, while it did not facilitate access to the IER for Sahrawi refugees in Tindouf. As the progress report clarifies, it was not necessary to be present in the territory when submitting claims, nor to submit documentation, which could be done via electronic mail or traditional post. Thus, a total of 121 claims were submitted from abroad : 65 from France, 20 from Belgium, and 13 from the Netherlands. Only 7 claims were sent from Algeria and 3 from Spain, both areas with a larger presence of Sahrawis. It is unknown though, whether these 10 files referred to cases of Sahrawi victims. (López Belloso 2019 : 252)

It should be clarified that the inclusion and participation of the Saharawi victims in the IER process did not entail the acceptance of the participant victims of the Moroccan sovereignty over the territory, as the IER was a non-judicial mechanism according to its own statutes (art. 6 Dahir). According to this article the tasks of the Committee included "investigation, advice, arbitration and recommendation." In addition, this article established among the objectives of Committee the determination of the responsibility, from the State or from any other organisms, in the violations of human rights submitted to the IER. Regarding the Saharawi victims of enforced disappearance, in most cases, that responsibility was held by the Moroccan State security forces in compliance with a State directive to detain and even eliminate those persons related to the POLISARIO. This entails the necessity to request Moroccan State responsibility as established in the abovementioned art. 9. Moreover, for a large number of Saharawi families, the claims to the IER meant a way to enforce their rights and to hold Morocco be responsible for its acts, even though this meant a important hindrance for other victims. This debate among Sahrawi victims is captured in the testimonies of Mohamed Salem, relative of the missing child Sidi Salec or Fatma Mustasfa. While Mohamed Salem affirmed : "Through his uncle we got the information about if we wanted the compensation we would have to go there but we have not accepted, because we are part of the Sahrawi Republic and only through the Saharawi Republic we will take our rights", Fatma explained that even though the economic compensation will not replace her loss, she lives "in bad circumstances" and "it would not be bad to take that help", because she needs it.

The responsibility of an occupying power in cases of enforced disappearance has already been addressed in the Cyprus vs Turkey case. This case reinforces the argument that the participation of the Sahrawi victims in JTr mechanisms did not imply the recognition of sovereignty over the territory. This was also stated in East Timor where, in 1999, 81 Indonesian officials were condemned for the violations committed against the Timorese population.

In addition to the lack of political will for a real transitional process, the results of the IER work was not satisfactory for Sahrawi victims. The analysis of the information provided by the IER allowed us to affirm that the right of the Sahrawi victims to the truth was not guaranteed according to the responsibility assumed by Morocco at the international level. On the one hand, Morocco has provided scant information on the whereabouts of its relatives, and, in the cases in which it has revealed information, this has included shortcomings and contradictions, and the denial to access their relatives remains (López Belloso 2019). The dissatisfaction of victims is reflected, for instance in the above referred testimony of Fatimetu Mustasfa. She claims that she need not only the truth, but also information on his father burial : *"I need to know if he is alive or dead. If he is alive I want to see him, to know him. Know what he does, what is his life. And if he is dead, I want to be able to pray for him, see his grave, be able to make his remains rest in peace. Both my mother as I have the right to know what has happened to him. That is the right from anyone".*

Graph. Nº 4 : Figures of Saharawi people disappeared according to the reports of the IER.
Source : López Belloso 2019 : 319

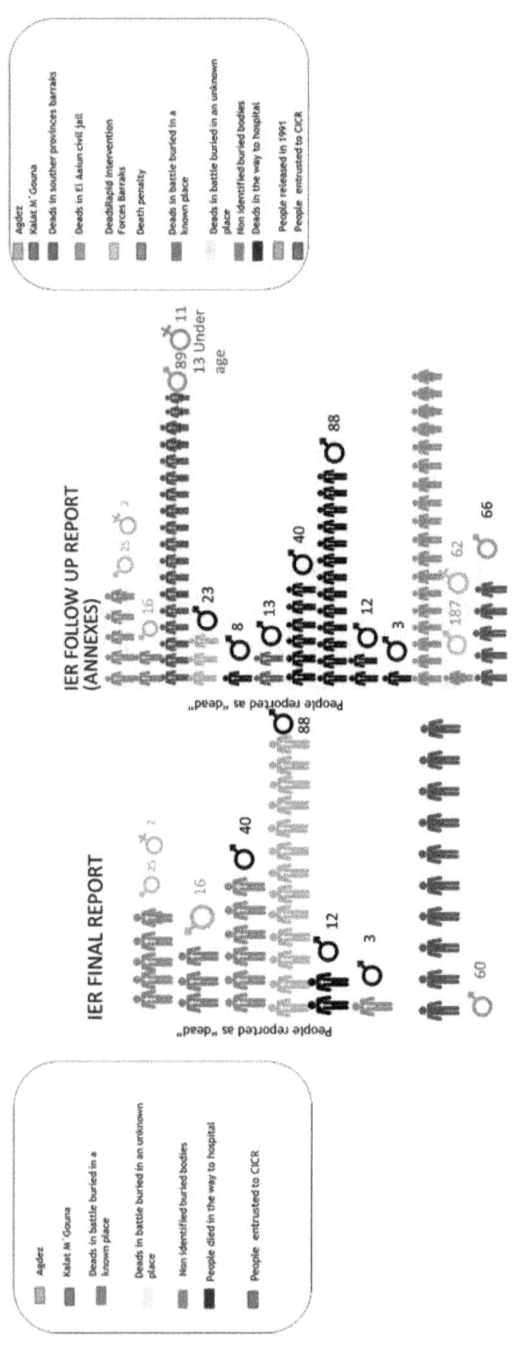

Considering the information captured in the IER reports and annexes (the Final Report and the Follow-up Report, and the annexes) information was offered on a total of 347 Saharawi people, whose classification is summarized in the following graphic :

As shown in the graph, there are substantial differences between the information provided by the documents[16]. Firstly, the Final Report, only includes people who died in Agdez and Kalaat M'gouna, among the persons who died in detention centres. The 2010 Annex includes, people who died in prisons, military barracks or jails. This document also provides more data than those included in the 2006 Report on the location of the graves in these centres, although the information about deceased persons is incomplete in both documents. In addition to these differences, the contrast between this information and victims′ testimonies reveals numerous shortcomings and contradictions (López Belloso 2019 : 214 & ss).

Despite these shortcomings, there is also a lack of consistency in the information provided by Morocco to different entities, such as the Working Group on Enforced or Involuntary Disappearances (WGEID), or to James Baker, special envoy of the Secretary General of the United Nations, in 1999 (Martín Beristain and Etxeberria Gabilondo, 2015 : 48). The inconsistency between different versions and the testimonies of victims, particularly those verified by the forensic analysis in the case of the Meheris grave, (López Belloso 2019 : 226 & ss) demonstrate that the information provided to Sahrawi victims, is not in line with international standards required by the ICPPED or the practice of the Truth Commissions.(López Belloso 2019 : 227)

Reparations obtained by the Sahrawi victims, as aforementioned, were limited to economic reparations and, moreover, they were not proportional to the violations suffered, nor comparable to those received by other Moroccan victims. Sahrawi victims obtained mainly reparations of an individual and monetary nature. According to the data of the IER final report, out the 16 861 cases examined by the Committee, 6 385 cases were resolved with material compensation (37.9%), 1 895 (11.2%) received material compensation together with the recommendation to repair other damages, and 1 499 (8.9%) were solved with a recommendation on other forms of reparation (CCDH, 2009c : 63).

The IER introduced an innovative approach to the concept of community reparations through the Community Reparation Programme (Guillerot & Carranza 2009 : 12 ; Gabriel, Guillerot & Segal 2011 : 7). The IER considered that in regions where systematic human rights violations had

[16] The contradiction between the information provided by the different documents is explained in detail in López Belloso 2019 : 212.

taken place, the entire community has suffered. In light of this, it proposed in its recommendations a series of measures aimed to preserve the memory and address the 'deprivation' of traditionally repressed regions (Opgenhaffen & Freeman 2005 : 50). It included programmes for the socioeconomic development and memorialization of a number of regions in which serious human rights violations had occurred (Hazan 2006). In order to select these regions, the ERC used two criteria : the location of illegal detention centres ; and/or areas that had experienced 'mass repression, denial of public services, or deprivation of state development funding' (Guillerot & Carranza 2009 : 8). The selected regions were : Figuig, Nador, El Hoceima, Errachidia, Khenifra, Ouarzazate, Zagora, Hay Mohammadi (Casablanca), Tantan, Azilal, and Khémissat. Inexplicably, Western Sahara was not included in the list of regions where serious violations occurred (Gabriel, Guillerot & Segal 2011 : 27) albeit according to the ERC's own numbers, almost a quarter of the people who identified themselves as victims to the IER were originally from the occupied Spanish colony. It must be noted that Moroccan regionalisation has never resulted in relevant structural changes in the country power organisation, but in a 'deconcentration' (Ojeda García 2015 : 50). Therefore, as already noted, it was not until the 2011 constitutional reform that a more real advanced regionalisation was established.

The CRP had two dimensions : the socio-economic dimension and development of the marginalized regions and the symbolic reparation (Gabriel, Guillerot & Segal 2011). For the CRP the IER tried to adapt a participatory approach and organized national forums that engaged a significant number of organizations and experts (Guillerot & Carranza 2009)[17]. The implementation of the IER recommendations was assumed by the CCDH, including the CRP. Although IER reparation scheme marked a major step forward for democratization and acknowledgment of past abuses, it was mainly focused on civil and political rights and limited to individual reparations. It paid particular attention to financial compensation for individual human rights violations, which was provided to at least 9 779 victims, and also recommended the provision of other means of reparation, such as medical and psychological rehabilitation. The innovative CRP developed by the ERC, as well as recommended institutional and legal reforms, had been marginally implemented by the time of the Arab Spring (López 2014). To develop the CRP, the CCDH established a partnership agreement with external organisations, particularly with the European Union, and signed several agreements with both ministries and local authorities (Gabriel, Guillerot & Segal 2011 : 9). In order to guarantee the

---

[17] The full list of the consultations performed by the IER can be found in the Volume 5 of the IER Final Report (CCDH 2009e : 53 and onwards).

participatory approach, the CCDH launched different calls for proposals for community reparations projects between 2008 and 2009. By 2009 83 projects had been selected for implementation. 19 % of the selected initiatives were projects dealing with the symbolic dimensions of the collective reparation, while the majority of the selected projects addressed issues such as capacity building, income generation or social infrastructure (Gabriel, Guillerot & Segal 2011 : 9). As Gabriel, Guillerot and Segal outline the CRP was perceived more as an economic development process than a collective process, as some of the actions implemented were framed in the CRP but did not mean a real reparation of the systematic marginalisation (Gabriel, Guillerot & Segal 2011 : 16)

Final Remarks

The IER has shown numerous limitations and lack of adequacy to the standards of JTr consolidated in international practice, both from the formal point of view and from the content of its mandate. A further issue that has been contested with regard to the IER´s implementation is that there has been an adequate transition from the previous regime. Truth commissions' instruments are usually created at a time of clear transition (after a civil war, the ousting of a dictator, or a long period of oppression) as mechanisms to help consolidate democracy and the rule of law. In the case of Morocco, even though some institutional reforms in the field of human rights had been made at the time when the IER was created, the country had not experienced any institutional break from the past. Moreover, some of the perpetrators of the gross human rights violations of the past remained in place. In addition to these important limitations which have led to widespread criticism of the Committee, there have been a series of shortcomings, especially in dealing with the Saharawi conflict, which are a clear sign of the lack of political will for the IER to play a role to find a solution for the conflict.

The deficiencies of the IER process are especially relevant for the analysis of the treatment that the IER has given to the Saharawi victims. After the analysis of its work, we can conclude that :

- The right to truth of the victims has not been respected. The information provided to the Saharawi victims through the tribunal has not been adjusted neither to the international standards established by the JTr, nor to the disposals of the OHCHR.
- The deadlines established for the submission of the claims and the applications before the Tribunal and the requested documentation for the accreditation for the cases of the opening of the files has conditioned the Access to the Saharawi victims to the IER.

- The reparation obtained by the Saharawi victims has been mainly economic, with a limited coverage of important components of reparation, such as health and social redress.
- In the cases of enforced disappearance, one of the main components of victims right to reparation is linked to proper investigation of facts, access to truth the exhuming of the remains and their return to the relatives and the possibility of doing mourning or burial rites. This has been one of the main claims of the victims. However, the information revealed by the IER in relation to the disappeared Saharawi victims has showed important deficiencies, even falsehood, while in collectives of Moroccan victims the information given has been much more complete.
- Western Sahara has been excluded from the PRC, even though it fulfilled with the two criteria established by the IER itself. This exclusion was not due to legal reasons but to the political intention of obscuring the intensity of the violence in the territory.

Bibliography

AMNESTY INTERNATIONAL,

2010, *Broken promises : The Equity and reconciliation Commission and its Follow-up,* MDE 29/001/2010, London : Amnesty International Publications.

ANDRIEU K.,

2016, « Confronting the Dictatorial Past in Tunisia : Human Rights and the Politics of Victimhood in Transitional Justice Discourses Since 2011 », *Human Rights Quarterly*, 38(2) : 261-293.

BELL C. et O'ROURKE C.,

2007, « Does Feminism Need a Theory of Transitional Justice ? An Introductory Essay », *International Journal of Transitional Justice,* 1(1), pp. 23-44.

CCDH,

2009a, *IER Final Report. Truth, Equity and Reconciliation*, Vol. I, Rabat : Conseil consultatif des droits de l'Homme.

2009b, *IER Final Report. Establishing truth and responsibility regarding Human Rights Violations*, Vol. II, Rabat : Conseil consultatif des droits de l'Homme.

2009c, *IER Final Report. Justice and Reparations for Victims,* Vol. III, Rabat : Conseil consultatif des droits de l'Homme.

2009d, *IER Final Report. The components of reform and reconciliation,*Vol. IV, Rabat : Conseil consultatif des droits de l'Homme.

2009e, *IER Final Report. The organization of work and activities of the Commission,*Vol V., Rabat : Conseil consultatif des droits de l'Homme.

2019, *Follow-up Report on the Implementation of Equity and Reconciliation Commission Recommendations,* Rabat : Conseil consultatif des Droits de l'Homme.

DAOUD Z.,

2007, *Morocco, The Years of Lead, 1958-1988 : Chronicles of a Resistance*, Houilles : Manucius.

EFE,

2014, « Los marroquíes tienen menos miedo a protestar gracias al movimiento 20 de febrero », *El Diario*, 19 February.

FERRIÉ J. N.,

2013, « Marruecos tras la reforma constitucional », *Afkar ideas : Revista trimestral para el diálogo entre el Magreb, España y Europa,* Issue 40, pp. 35-37.

FRISHKOPF M.,

2010, *Music and media in the Arab world*, Cairo : American University in Cairo Press.

GABRIEL B., GUILLEROT J. et SEGAL L.,

2011, *Transforming Sites of Detention : A Review of a Roadmap for Reparations and Memorialization*, International Coalition of Sites of Conscience (ICSC).

GUILLEROT J. et CARRANZA R.,

2009, *The Rabat Report : The Concept and Challenges of Collective Reparations*, New York : International Center of Transitional Justice.

GUILLEROT J.,

2011, *Morocco : Gender and the Transitional Justice Process*, New York : ICTJ and Fundation for the Future.

HAYNER P.,

2012, *Unspeakable Truths : Facing the Challenge of Truth Commissions*, New York and London : Routledge.

HAZAN P.,

2006, *Betting on a truth and Reconciliation Commission, Special report*, Washington : s.n.

HAZAN P.,

2008, « The nature of sanctions : the case of Morocco's Equity and Reconciliation Commission », *International Review of the Red Cross,* Issue 90.870, pp. 399-407.

HUMAN RIGHTS WATCH ,

2005, « Morocco's Truth Commission Honoring Past Victims during an Uncertain Present », *Human Rights Watch*, vol. 17, n° 11(E).

LAMONT C. K. et BOUJNEH H.,

2012, « Transitional Justice in Tunisia : Negotiating Justice during Transition », *Politica misao*, 49(5) : 37.

LÓPEZ BELLOSO M.,

2019, *Procesos de verdad, justicia y reparación a las víctimas de desaparición forzada en el Sahara Occidental,* Pamplona : UPNA.

LÓPEZ G.,

2014, « Justice in Morocco : Achieving an Integrative Approach to Reform », *Nonviolence International Publications*, Issue July.

MADANI M., MAGHRAOUI D. et ZERBOUNI S.,

2012, *The 2011 Moroccan Constitution : A Critical Analysis*, Stockholm : Strömsborg : International Institute for Democracy and Electoral Assistance.

MAGHRAOUI D.,

2009, « The Strengths and Limits of Religious Reforms in Morocco », *Mediterranean politics*, 14(2), pp. 195-211.

MAMDOUH R.,

2017, *Does a change introduced by the recent Cabinet reshuffle signal the end of transitional justice ?* [online] available at : https://www.madamasr.com/en/2017/02/21/feature/politics/does-a-change-introduced-by-the-recent-cabinet-reshuffle-signal-the-end-of-transitional-justice/ [accessed 6 February 2018].

MARTIN BERISTAIN C. et GONZÁLEZ HIDALGO E.,

2012, *El Oasis de la Memoria*, Bilbao : Hegoa, Universidad del País Vasco (UPV-EHU).

MARTIN BERISTAIN C., ETXEBERRIA GABILONDO F., GONZÁLEZ HIDALGO E., HERRASTI ERLOGORRI L., RÍOS FRUTOS L., CITRONI G. et VILLA ALEJANDRO V.,

2013, *Meheris. La esperanza posible. Fosas comunes y primeros desaparecidos saharauis identificados,* Bilbao : Hegoa, Universidad del País Vasco (UPV-EHU).

MARTIN BERISTAIN C.,

2015, *Los otros vuelos de la muerte,* Bilbao : Hegoa y Asociación de amigos de la RASD de Sevilla.

MASSAGEE A.,

2015, « Building a Future, Exhuming the Past : The Struggles for Accountability in the Wake of Regional Uprisings », *in* FISHER K. et STEWART R. (eds.), *Transitional Justice and the Arab Spring,* Abingdon : Routledge, pp. 48-65.

MIGDALOVITZ C.,

2010, *Morocco : Current Issues*, Washington DC : Library of Congress.

MULDERING C. M.,

2014, « New Constitution, Old Tricks : Moroccan Exceptionalism During the Arab Spring », *in* SULLIVAN D. J. et TOBIN S., *Understanding Today's Middle East People & Places of the Arab Spring,* Washington : Boston University, ProQuest Dissertations Publishing, pp. 1-7.

OJEDA GARCÍA R. et SUAREZ A.,

2015, « The Project of Advanced Regionalisation in Morocco : Analysis of a Lampedusian Reform », *British Journal of Middle Eastern Studies*, 42(1), pp. 46-58.

OPGENHAFFEN V. et FREEMAN M.,

2005, *Transitional Justice in Morocco : A Progress Report,* Nueva York : International Center for Transitional Justice.

PHAM P.,

2011, « Moroccan Exceptionalism ? », *World Defense Review*, [online] available at : http://worlddefensereview.com/pham021011.shtml [accessed 5 June 2015].

SAMAHA N.,

2015. « 50 Years on : Lebanon´s Missing Open "Old Wounds" of War », Al Jazeera, http://www.aljazeera.com/news/2015/04/40-years-lebanon-missing-open-wounds-war-150412061040966.html, 12 April 2015, [accessed 5 June 2018].

STIFTUNG BERTELSMANN,

2014, *BTI 2014. Morocco Country Report*, Gütersloh : Bertelsmann Stiftung.

STITOU I.,

2015, « Morocco's Amazighs still feel marginalized », *Al Monitor* [online], available at : http://www.al-monitor.com/pulse/originals/2015/05/Morocco-language-Amazigh-constitution-education.html [accessed 4 July 2015].

U.N.,

2005, *Doc. A/RES/60/147 (December 16, 2005),* available at http://www.ohchr.org/EN/ProfessionalInterest/Pages/RemedyAndReparation.aspx

VAIREL F.,

2006, « L'Instance Équité et Réconciliation au Maroc : lexique international de la réconciliation et situation autoritaire », *in* LEFRANC S. (éd.), *Après le conflit, la réconciliation ?*, Paris : Michel Houdiard, pp. 229-253.

ARCHÉOLOGIE DES HACHES DU SUD MAROCAIN

SUSAN SEARIGHT-MARTINET

Archéologue indépendante

Résumé

La question de l'origine des armes métalliques – notamment des haches – dans le sud du Maroc surgit périodiquement. Les gravures rupestres sont actuellement les seules preuves de leur existence, car jusqu'à présent aucune vraie arme n'a été trouvée. Des gravures de « hallebardes » au Sahara Occidental et au Mali s'ajoutent aux images de haches. Cet article examine l'hypothèse d'une invention locale d'armes métalliques au sud de l'Atlas, ne devant rien à l'importation d'armes de l'Espagne. Des découvertes récentes pourraient soutenir cette thèse. Une telle proposition est loin de recevoir l'approbation de tous les chercheurs mais la question reste néanmoins ouverte.

Mots-clés : haches, hache Metgourine, Maroc, Sahara Occidental, Mali.

Abstract

The question of the origin of metal weapons in southern Morocco – principally axes – comes up from time to time. Rock engravings are so far the only proof of their existence. Halberds of the Westen Sahara and Mali are included. This article examines the hypothesis of a local invention south of the Atlas, owing nothing to the importation of weapons from Spain. New discoveries support this idea.

Keywords : axes, Metourine axe, Morocco, Western Sahara, Mali.

Les premières gravures d'armes métalliques dans le Haut-Atlas

En 1949 les premières gravures rupestres ont été découvertes sur les rochers du Haut-Atlas marocain. Par la suite, les recherches de Jean Malhomme ont révélé l'existence de centaines de gravures, dont les plus frappantes représentaient des armes métalliques, notamment des poignards et des hallebardes.

Malhomme soupçonnait ces armes d'avoir une origine dans l'Âge du Bronze espagnol. Cette thèse fut confirmée par Robert Chenorkian en 1988, dont l'analyse typologique très poussée a montré que les armes gravées au Maroc étaient des copies de vraies armes mises au jour dans les sites de la culture espagnole d'El Argar, en Andalousie. Les nouveaux calculs des anciennes dates au C14 pour l'extension de cette culture dans le sud-est de la péninsule ibérique donnent un âge d'environ 2 250 à 1 550 cal BC à son rayonnement (Lull *et al.* 2005).

Plusieurs chercheurs ont étudié les gravures du Haut-Atlas. Après les découvertes de Malhomme, Chenorkian a été le premier à proposer une typologie et une chronologie des armes métalliques du Haut-Atlas, basées sur les formes des poignards et des hallebardes, mais il a également réfléchi sur les haches et des objets qu'il a appelés haches-peltes.

Les haches marocaines

Le sujet des haches marocaines est traité en détail ici, car c'est autour de cette arme que tournent les questions concernant sa fonction et son origine, et en conséquence l'éventualité d'une invention de la métallurgie dans le Sud marocain.

Selon Chenorkian (1988 : 183) un seul type de hache métallique est gravé dans le Haut-Atlas. Elle est représentée par une lame rectangulaire, trapézoïdale, montée à l'extrémité d'un manche court, droit ou angulaire, sans aucun signe de jonction entre la lame et le manche (fig. 1). Elle semble être la transition à l'Atlas de la hache en pierre gravée en quelques sites néolithiques du sud du pays, fabriquée maintenant en cuivre ou bronze. De telles haches faisaient parfois partie du mobilier funéraire de la culture d'El Argar[1].

[1] La culture d'El Argar est une culture archéologique de l'Âge du bronze qui s'est développée au sud-est de la péninsule Ibérique, de la fin du IIIe au IIe millénaire av. J.-C. (Wikipedia).

Cependant, une autre hache qui l'intriguait était celle appelée « Metgourine », d'après le site néolithique d'Adrar n'Metgourine du Sud marocain où elle était gravée (fig. 2). Cette hache ne figurait pas parmi les images du Haut-Atlas mais elle était gravée sur plusieurs sites du Sud marocain. La question de son origine s'était donc posée.

Cette hache présente, avec beaucoup de réalisme, une lame solide, fortement courbée (décrite parfois comme « spatulée ») emmanchée au bout d'un manche vraisemblablement en bois. Chenorkian soulignait que ce type de hache n'avait aucun correspondant méditerranéen, apparaissait uniquement en milieu « saharien » et pourrait être une arme métallique autochtone.

Haches-peltes[2] du Maroc

Sous cette appellation bizarre, Chenorkian (1988 : 187) a groupé des gravures qui représentent une certaine similarité générale mais avec une grande variabilité de forme, avec une « tête » ovale, rectangulaire ou ronde, mince ou épaisse, toujours attachée au milieu d'un manche qui est également de grande variabilité : courbé, angulaire ou droit (fig. 3). La fonction qu'il attribue à cette arme est implicite dans son emploi du mot « hache ».

Tous les chercheurs ne sont pas d'accord sur cette fonction pour les images de la figure 3, tant les formes sont variables. Malhomme (1959) appelait les plus épaisses des « massues », par exemple la gravure qu'il appelle « L'Homme à la massue » (Gr. 107) qui montre un homme dont la tête est frappée par une « massue ». Une équipe marocaine qui a étudié les gravures d'Oukaimeden (Salih *et al.* 1998), considérait que si l'image de la figure 1 représentait bien une hache, une autre image aussi représentait une hache : il s'agissait d'un rectangle courbe ou rectiligne, le tranchet étant droit ou convexe (probablement en métal), attaché au milieu à un manche court fortement angulé au niveau de l'emmanchement (fig. 3c). Par contre, quand la « tête » était une masse rectangulaire, ovale ou presque circulaire, montée au milieu d'un manche droit elle n'était pas une hache mais une massue typique très probablement en pierre, percée pour l'attacher au manche (la présence de rivets notée par quelques chercheurs ne prouvant pas que la tête était en métal).

Rejetant la distinction entre haches et haches-peltes, Rodrigue (1994 et 1999) estimait que toutes les images de la figure 3 représentaient des haches. Si son type a correspond, sans problème, à la figure 1, son type b est composé d'une variété de formes comprises ici dans la figure 3, et son type c

[2] Pelte : petit bouclier en forme de croissant.

comprend certains des éléments aussi illustrés à la figure 3 ainsi que la hache de type Metgourine de la figure 2 de cette étude.

Les recherches d'une équipe espagnole (Collado 2014) sur le site d'Oukaimeden dans le Haut-Atlas ajoutaient une nouvelle identification aux diverses formes des haches-peltes : une « mace » (en anglais, un disque rond au bout d'un bâton, signe d'autorité) était ajoutée aux formes de haches et de marteaux. L'image considérée par Salih *et al.* (1998) comme une hache (fig. 3c) est restée toujours une hache, sa massue est devenue une « mace » carrée ou ovale. Son marteau reste un marteau. La plupart des « maces » et les marteaux auraient été en pierre.

En bref, on peut donc constater que plusieurs fois les mêmes images ont été identifiées comme des haches, des massues, des marteaux ou des « maces », mais qu'une seule image représentait incontestablement une hache pour tous les chercheurs (fig. 1), et que les objets figurés dans la figure 3 ne sont pas tous forcément en métal.

Origine espagnole des premières armes métalliques du Haut-Atlas

Aucun doute ne subsiste sur le fait que les quelques armes et outils en bronze ou cuivre trouvés dans les fouilles de la région de Tanger, dans le nord-ouest du Maroc, et les images d'armes gravées dans le Haut-Atlas, ont leur origine en Espagne. Mais rien ne prouve que cette utilisation de métal à la place de la pierre ait été transmise au sud de l'Atlas. N'est-il pas possible d'envisager que les armes de toute évidence métalliques gravées dans quelques sites du Sud marocain aient une origine non atlasique ? Cette proposition concerne surtout la hache de Metgourine, absente du Haut-Atlas.

Quant à ses haches-peltes, Chenorkian estimait qu'elles pouvaient être la « traduction essentiellement atlasique des haches du type de l'Adrar Metgourine ».

La possibilité d'une invention de la métallurgie dans le Sud marocain a été reprise dernièrement avec de nouveaux arguments (Auclair *et al.* 2015). L'idée n'est pas originale. Déjà Hachid, dans son étude sur les Berbères (2000), a noté que dans des régions aussi éloignées les unes des autres que le Niger, la Libye ou au Tassili des Ajjer en Algérie, des gravures rupestres indiquaient la connaissance d'une métallurgie locale au moins pour le IIe siècle av. J.-C. et souvent plus tôt. Les matériaux utilisés étaient des pépites de cuivre et, plus tard, le fer.

La distribution des haches Metgourine et des haches-peltes

La situation géographique des sites du Sud marocain pouvait-elle éclaircir la question de l'origine de la hache Metgourine ?

Des sites de gravures de haches de ce type se trouvent le long de la rive droite de l'Oued Draa Moyen, de Foum El Hassan à l'ouest de Tata jusqu'à environ une centaine de kilomètres à l'est de Tata (fig. 4). Dans cette zone les gravures sont soit polies soit piquetées. Pour des raisons peut-être chronologiques – les polies sont considérées comme les plus anciennes – les haches Metgourine sont localisées surtout dans les sites à gravures polies. Plusieurs sites dans cette zone portent des gravures de haches Metgourine, par exemple Ouaoglout, O Meskao. Trois autres sites (parmi lesquels Ait Ouarzig, Rodrigue 2006) sont bien plus à l'est, dans la région de Zagora. Au sud-ouest, à 70 km environ au sud-ouest d'Assa et à 80 km de l'embouchure de l'Oued Draa, plusieurs haches de ce type viennent d'être signalées à Azrou Klane (Akka sur ma carte), un site multi-période, très visité et très publié (article pertinent pas publié). Un site bien plus au sud d'Assa, sur l'Oued Zag, trouvé en 2014, s'est révélé très riche en haches Metgourine, avec une trentaine d'images, toutes piquetées (Ewague, en cours). Quelques-unes de ces haches Metgourine se détachent de la normale avec un manche courbé. L'auteur estime que ces objets représenteraient des armes de jet.

Les haches-peltes dans leurs formes les plus généralisées (fig. 3b), où la lame est composée d'un croissant très mince, ou, parfois, assez épaisse, mais toujours montée au milieu d'un manche fortement angulé ont une distribution plus étendue (voir Auclair *et al.* 2015). Un groupe de sites qui contient ce type de hache couvre la même zone le long de l'Oued Draa que les haches Metgourine mais aussi dans la zone où les gravures sont piquetées (par exemple O Meskao) (Rodrigue 2006). Plus au sud, le site éloigné d'Azrou Klane en contient une (voir plus haut). Un autre groupe de haches-peltes est localisé dans la Saguia el Hamra (Sahara Occidental) : deux dans un site à proximité de Smara, cinq autres à une vingtaine de kilomètres au sud de Smara. Cinq gravures trouvées dernièrement par des chercheurs espagnols au Tiris, dans le sud-est du Sahara Occidental, étaient décrites comme étant de type Metgourine, mais elles sont en réalité des haches-peltes (Saenz de Buruaga 2013-2014).

Déja en 1971 Martin Almagro a signalé la présence de six gravures dans la Saguia el Hamra qu'il estimait pouvoir être la stylisation d'une hache. L'une était tenue par un homme. Elles étaient en effet des haches-peltes.

Une origine au sud du Haut-Atlas

La situation de sites de gravures du type Metgourine semble alors indiquer que cette hache avait été fabriquée dans le Sud marocain par les pasteurs qui vivaient sur les rives droites de l'Oued Draa. Plus au sud, dans la région d'Assa, les nouvelles découvertes de gravures de ces haches forment un lien avec le Sahara Occidental.

Réfléchissant sur son absence du Haut-Atlas, Chenorkian suggère que la hache Metgourine a été adoptée et simplifiée par d'autres populations. Ces populations auraient transformé la forme la plus simple et la plus typique du groupe qu'il a appelé « haches-peltes » et l'ont gravée dans les mêmes secteurs que le type Metgourine et plus loin encore – jusqu'au Haut-Atlas, à Oukaimeden et au Yagour (mais pas au Jbel Rat). Ici, le nom hache-pelte est retenu pour la distinguer de la hache Metgourine.

Ce scénario implique, évidemment, « l'invention indépendante… de la métallurgie dans le Sud marocain », comme proposaient Auclair *et al.* (2015).

Quel que soit le lieu exact de la production de ces nouvelles armes, la matière brute utilisée n'était très probablement pas du cuivre ou du bronze – trop rare – mais du fer, plus facile à manipuler. D'ailleurs il n'y a aucune manière de savoir si toutes les armes du Haut-Atlas gravées après la première phase étaient en effet en bronze. Dans ce contexte, ni au Haut-Atlas ni dans le Sud marocain le matériel et l'équipement nécessaires pour la production d'objets métalliques n'ont été découverts. Mais comme tout le monde sait, l'absence de preuve n'est pas preuve d'absence…

Hallebardes du Sahara Occidental et du Mali

L'hypothèse d'un centre de production métallurgique dans le Sud marocain est soutenue par la découverte de peintures d'armes appelées « hallebardes » dans les montagnes du Zemmour, au nord-est du Sahara Occidental (Soler i Subils *et al.* 2006, Soler i Subils 2007). L'étude concernait 113 abris avec un total de 2 723 peintures dans les secteurs de Rekeiz Lemgasen, Wadi Kenta, Abri d'Asako, Abri de Wadi Ymal et Abri Rekeiz Ajahfun. La plupart des peintures étaient de couleur rouge et cinq styles étaient définis. Des animaux (domestiques et sauvages), des anthropomorphes, des arcs, des bâtons de jet, des hallebardes, des boucliers, des lances/javelots et des épées étaient identifiés.

Cherchant des méthodes de datation, Soler i Subils comparaît les hallebardes du Zemmour (fig. 5a) aux hallebardes du Haut-Atlas, qu'il situait dans le Bronze Ancien. Mais les images de « hallebardes » illustrées sont loin de celles du Haut-Atlas. Quoiqu'incontestablement métalliques, les lames de ces armes du Zemmour sont très minces et légèrement ondulées, loin de la lame solide et triangulaire de celles du Haut-Atlas (fig. 5c). Son attribution au Bronze Ancien n'est donc pas très convaincante.

S'agissant encore de hallebardes, mais bien plus loin au sud, au Mali, dans l'Adrar des Iforas, Dupuy (1994) a relevé sur ces gravures soixante-douze objets qui étaient de toute évidence métalliques dans un contexte animalier de bovins, de girafes et d'autruches. Ces gravures figuraient une lame courbée, pointue, montée à l'extrémité d'un manche court et droit, en général à un angle droit. En dehors de ces caractères communs, les lames présentaient des profils variés, tantôt triangulaires, tantôt en segments de cercle, tantôt en croissant (fig. 5b). La plupart était munie d'un crochet.

Sur ces soixante-douze objets, Dupuy estime que douze d'entre eux qui avaient des lames triangulaires et un profil rectiligne ressemblent à quelques hallebardes gravées dans le Haut-Atlas. Cependant, un examen attentif des objets coudés de l'Adrar des Iforas révèle que ce profil dit rectiligne est loin de correspondre aux formes des hallebardes atlasiques (fig. 5c).

Dupuy avance aussi la possibilité que ces objets coudés de l'Adrar des Iforas auraient représenté non pas des hallebardes mais des couteaux de jet.

Quoi qu'il en soit, et quelle qu'ait été leur fonction, ces armes avaient des lames métalliques. Elles répondaient sans doute à un besoin local et étaient fabriquées localement. En effet, les hallebardes de l'Adrar des Iforas et celles du Zemmour ont une forte ressemblance et laissent supposer une possible origine commune. La grande distance entre le Haut-Atlas et les figurations de hallebardes du Sahara Occidental et celles du Mali exclut tout lien direct ; pourtant toutes réclamaient une parenté avec celles du Haut-Atlas.

En regardant vers le sud, vers le centre de production minier d'Akjoujt en Mauritanie, non seulement les gravures rupestres de la Saguia el Hamra et de l'Adrar des Iforas ne ressemblent pas aux objets fabriqués à Akjoujt, mais le vide géographique qui existe entre ce centre et ces régions exclut aussi tout lien (Vernet 2012).

Tout suggère alors la possibilité que plus d'une localité participe dans cette avancée technologique si importante.

Retour à l'Algérie

Récemment, reprenant l'idée que Hachid avait lancée en 2000, Hachid et Chentir (2018) décrivent des sites dans l'Atlas saharien, dans les Monts des Ksour. Les peintures de ces sites montrent des personnages qui correspondent à ceux du style que Soler i Subils (2007) dans son travail au Zemmour appelle « Dark Style ». Dans ce groupe du Zemmour, des hommes brandissent des hallebardes que Soler i Subils comparaît à celles gravées dans le Haut-Atlas. Il pouvait alors dire que ce style remontait à l'âge du Bronze. Quels que soient les doutes qu'on peut avoir sur l'âge de ces armes, elles sont certainement métalliques (même si elles n'ont rien à voir avec les hallebardes du Haut-Atlas). Hachid (corresp. pers.) conclut que les peintures d'hommes trouvées dans l'Atlas saharien, dont le style correspond parfaitement à celui des Dark Style, étaient l'œuvre d'un groupe de chasseurs-pasteurs remonté du Zemmour vers le sud du Maroc d'où ils ont atteint l'Atlas saharien. Suivant Soler i Subils, elle situe ces populations dans l'âge du Bronze – même si aucune image d'armes ne figure.

Date de cette métallurgie indépendante

Comme il a été dit plus haut, les premières gravures d'armes en métal, des copies de vraies armes trouvées dans les fouilles argariques, dateraient au plus tôt de 2 250 av. J.-C. Après avoir pris en considération plusieurs facteurs, et avec quelques hésitations, Auclair *et al.* estiment que la hache-pelte aurait été l'adoption et l'altération (simplification) de la hache Metgourine, et qu'elle daterait alors des derniers siècles du 2e millénaire av. J.-C. La production des haches de type Metgourine aurait alors commencé plus tôt, au 3e millénaire av. J.-C. Les données chronologiques de ces étapes sont malheureusement trop rares pour être affirmatifs.

Conclusion

Les sites où figurent des images des deux types de haches, Metgourine et hache-pelte, sont suffisamment nombreux maintenant pour soutenir avec certitude qu'il y a bien eu l'invention indépendante d'armes métalliques au sud du Haut-Atlas.

Cette invention semble avoir eu son origine quelque part le long de l'Oued Draa Moyen, et peut-être plus au sud, avec la production de la hache Metgourine. Les gravures de cette hache, très réalistes au début (voir fig. 2), s'écartent de ce modèle dans les sites plus à l'est. Par la suite, la hache Metgourine avait été modifiée par d'autres populations qui ont fabriqué celle qu'on appelle la « hache-pelte » et l'ont gravée dans de très nombreux sites au Maroc, y compris dans quelques endroits du Haut-Atlas.

Dans l'état actuel de nos connaissances, la production de ces haches aurait commencé au 3e millénaire av. J.-C. avec la hache Metgourine, pour poursuivre avec les haches-peltes au 2e millénaire av. J.C.

Illustrations

Figure 1. Hache, Haut-Atlas (Malhomme 1956)

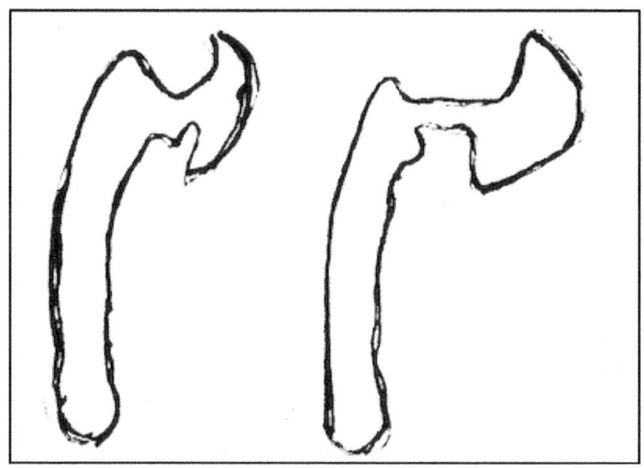

Figure 2. Hache Metgourine (Simoneau 1972)

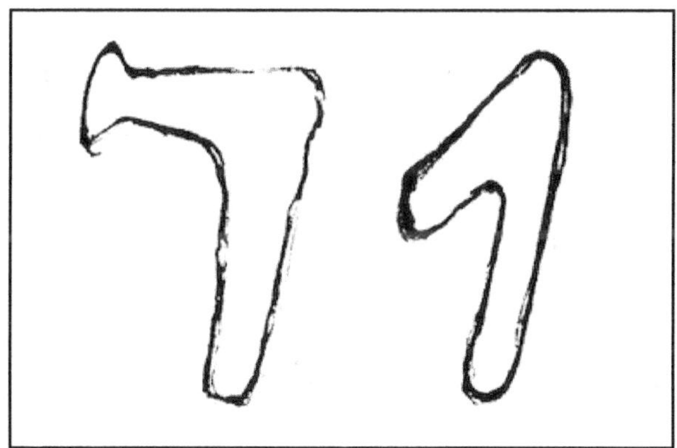

Figure 3. Sélection de haches-peltes (Chenorkian 1988)

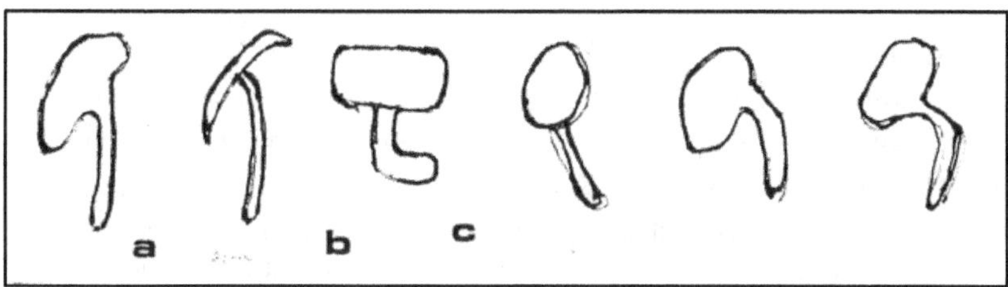

Figure 4. Distribution de gravures de haches dans le Sud marocain

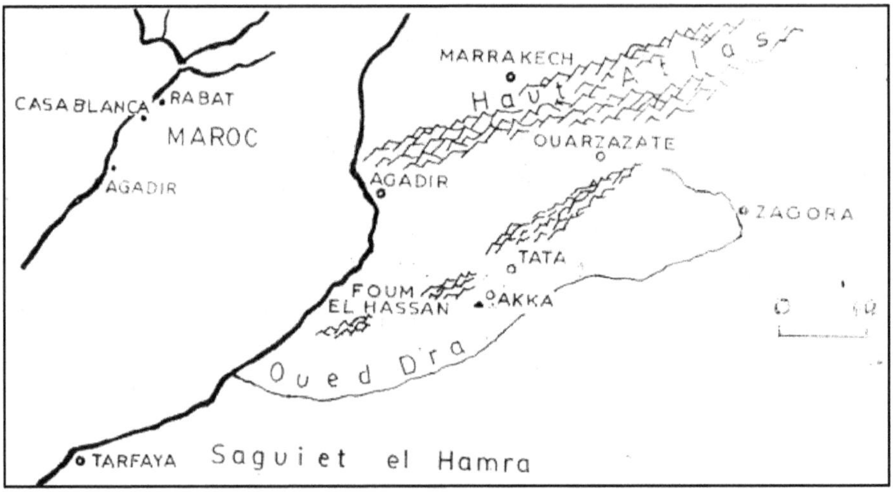

CASABLANCA
RABAT
MAROC
AGADIR
MARRAKECH
Haut Atlas
OUARZAZATE
AGADIR
ZAGORA
TATA
FOUM EL HASSAN
AKKA
Oued Dra
TARFAYA
Saguiet el Hamra

Figure 5. Hallebardes.
a) Zemmour (Soler i Subils 2007)
b) Adrar des Iforas (Dupuy 1994)
c) Haut-Atlas (Malhomme 1956)

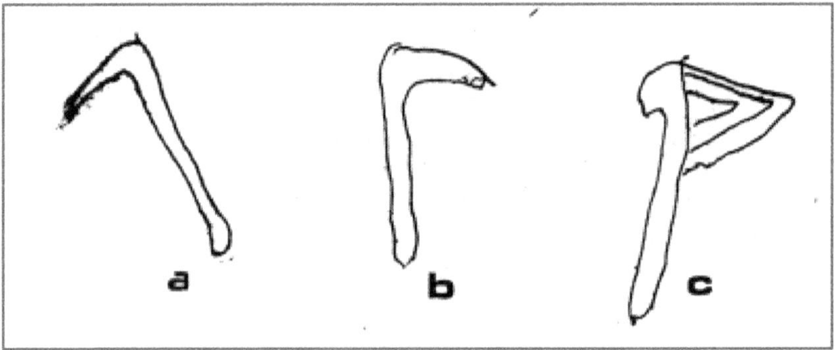

Bibliographie

ALMAGRO M.,

1971, « A proposito de unos objetos hachiformes representados en el arte rupestre del Sahara Occidental », *Munibe*, Fasc. 1, San Sebastian/Guipuzcoa.

AUCLAIR L., HOARAU B., EWAGUE A.,

2015, « Les chasseurs du Sahara atlantique ont-ils inventé la métallurgie ? Les haches « à tranchet en éventail » dans l'art rupestre du sud marocain », *L'anthropologie*, 119, pp. 72-88.

CHENORKIAN R.,

1988, *Les armes métalliques dans l'art protohistorique de l'occident méditerranéen*, CNRS, Paris

COLLADO H.,

2014, « Main Characteristics of Oukaimeden Rock Art (Morocco) », *Complutum*, vol. 25 (2), pp. 141-166.

DUPUY C.,

1994, « Signes gravés au Sahara en contexte animalier et les débuts de la métallurgie ouest-africaine », *Préhistoire Anthropologie Méditerranéenne*, 3, pp. 103-124.

EWAGUE A., « L'Oued Zag : nouvelle station rupestre majeure de la région d'Assa-Zag », en cours.

HaCHID M.,

2000, *Les Premiers Berbères*, Ina-Yas, Alger, Edisud, Aix-en-Provence.

HACHID M., CHENTIR F.,

2018, « Des Noirs dans l'archéologie rupestres de l'Atlas saharien (Algerie), du Maroc présaharien et dans l'Ouest saharien », *in* HUYGE and VAN NOTEN (eds), *What Ever Happened to the People ? Humans and Anthropomorphs in the Rock Art of Northern Africa*, Bruxelles, pp. 119-154.

LULL V., PERÉZ R.M., HERRADA C.R., RISCH R.,

2005, « Property Relations in the Bronze Age of South-Western Europe : an Archaeological Analysis of Infant Burials from El Argar (Almeria, Spain) », *Proc. Prehist. Soc.*, 71, pp. 247-269.

MALHOMME J.,

1959, *Corpus des gravures rupestres du Grand Atlas*, vol. 1, Pub. Service Antiq. Maroc, Rabat.

1961, *Corpus des gravures rupestres du Grand Atlas*, vol. 2, Pub. Service Antiq. Maroc, Rabat.

RODRIGUE A.,

1994, « Les représentations de haches dans l'art rupestre du Maroc méridional », *Société d'Études et de Recherches Préhistoriques Les Eyzies, Bulletin 43*, pp. 27-34.

1999, *L'Art Rupestre du Haut-Atlas Marocain*, L'Harmattan, Paris.

2006, *Images gravées du Maroc*, Editions Kalimat Babel, Maroc.

SAENZ DE BURUAGA A.,

2013-2014, « Grabados rupestres de hachas de "tipo Metgourine" en el entorno artistico de Lejuad (Tiris, Sahara Occidental) », *Almogaren*, 44-45, pp. 173-201.

SALIH A., OUJAA A., HECKENDORF R., NAMI M., EL GRAOUI M., LEMJIDI M., ZOHAL H.,

1998, « L'aire rupestre de l'Oukaimeden, Haut-Atlas, Maroc. Occupation humaine et économie pastorale », *Beiträge zur Allgemeinen und Vergleichenden Archäologie*, 18, pp. 253-295.

SIMONEAU A.,

1972, « La station bovidienne de l'Adrar Metgourine », *Almogaren*, 03, pp. 267-272.

SOLER I SUBILS J.,

2007, « Les peintures rupestres préhistoriques du Zemmour (Sahara Occidental) », *Documenta Universitaria*, Girona.

SOLER I SUBILS J., SOLER MASFERRER N., SERRA SALAMI C.,

2006, « The painted rock shelters of the Zemmour (Western Sahara) », *Sahara*, 17, pp. 129-142.

VERNET R.,

2012, « Le chalcolithique de Mauritanie (3000-2500 cal BP). Etat de la question », *Sahara*, 23, pp. 7-28.

COMPTES RENDUS

Bertrand GRAZ [1], Vincent BARRAS [2], Anne-Marie MOULIN[3], Corinne FORTIER[4], *Le Recueil des vertus de la médecine ancienne de Maqari, La médecine gréco-arabe en Mauritanie contemporaine*, version française, présentation et notes, 2017, Éditions BHMS, Lausanne, 360 p.

Ce gros ouvrage soigneusement édité représente le fruit d'une enquête de l'ONG Médecins du Monde Suisse, menée entre 2001 et 2003, sur les pratiques de médecine traditionnelle en Mauritanie. L'équipe de recherche, formée de Bertrand Graz et Vincent Barras, auxquels se sont jointes Anne-Marie Moulin et Corinne Fortier, a entrepris la traduction du Recueil de Maqari, précédée de cinq présentations.

On doit l'introduction à Graz et Barras. À Toujounine, banlieue de Nouakchott, ils ont rencontré le tradipraticien Mohammed Yeslem, actuel chef de file de la famille Maqari[5], une des trois lignées, avec les Awfa et les Ajja, de thérapeutes « traditionnels » en Mauritanie. Le « *Recueil des vertus de la médecine ancienne* » constitue son ouvrage de référence, rédigé à la fin du XXe siècle par son oncle, Mohammed Beïba bin Sidi Ahmed al-Maqari al-Alawi, né entre 1892 et 1902, des ˁIdaw ˁAli al ˁAbiod de Tidjikja (Tagant). L'ouvrage, qui reproduit des manuscrits rédigés entre 1942 et 1952, n'a été imprimé qu'en 1997 par le fils de l'auteur. C'est un manuel à la fois théorique et pratique, fondé sur les principes de la tradition de la médecine gréco-arabe.

Un autre référentiel utilisé en Mauritanie, « *al ˁUmda* » (la base), est un long poème rédigé par Awfa et utilisé par la famille de tradithérapeutes du même nom[6]. Awfa est le premier érudit maure à avoir écrit un traité de

[1] Médecin, spécialiste de santé publique, chercheur associé à l'IHM, Institut des Humanités en Médecine, CHUV.

[2] Médecin, historien de la médecine, professeur ordinaire à l'IHM, Institut des Humanités en Médecine, CHUV.

[3] Médecin, historienne et philosophe de la médecine, CNRS, Paris VII.

[4] Anthropologue, spécialiste des questions liées au corps, CNRS, Laboratoire d'anthropologie sociale, Collège de France, Paris.

[5] Âgé d'environ 90 ans, il a mis fin à ses activités en 2017.

[6] Awfâ b. Babakkar as-Samsawi al-Alfaġi (m. 1882) – Aoufa ould Abou Bekrin ould Etfagha Massar, 1780-1850, selon Mohamed-Saïd ould Hamody, 2014, « Repères historiques de l'écriture manuscrite ouest-africaine », *in* Jacques Habib Sy (éd.), *L'Afrique, berceau de l'écriture*, vol. 1, Paris, L'Harmattan, pp. 175-201.

médecine. De larges extraits en ont été publiés par Paul Dubié[7] et Corinne Fortier en a fait l'objet de sa thèse.

Les formes modernes de médecine gréco-arabe, regroupées sous le terme « *unani tibb* », médecine ionienne, donc grecque, sont pratiquées principalement sur le sous-continent indien. De nombreuses études sur ces pratiques médicales existent. Parmi celles qui concernent la Mauritanie et le Sahara Occidental et qui ne sont pas citées, mentionnons la très complète « *Phytothérapie maure* » d'Albert Leriche[8] (qui cite 28 fois Awfa et deux fois la famille Maqari), le « *Catálogo razonado de las plantas del Sahara español* » (Emilio Guinea 1948), et « *Traduciendo retazos de flora saharaui : larak, teishatt, atil y otras plantas del Sahara Occidental* », de Larosi Haidar, 2018, ainsi que les nombreux travaux de Gabriele Volpato, comme « *Plantas Medicinales Saharaui* » (2008).

La contribution « *Médecine gréco-arabe et médecine moderne : regards cliniques croisés* » a été rédigée par Graz en collaboration avec Lambert[9]. Pour ces deux médecins, les tradipraticiens mauritaniens sont de fins lettrés qui discutent volontiers de leur expérience et qui pratiquent une médecine savante, vivante, évolutive, adaptée aux conditions locales et très prisée en Mauritanie : « *Nous ne sommes pas face à un charlatan qui prétendrait tout comprendre et tout guérir à partir d'une pensée unique* ». Dans un rapport rédigé à l'intention du ministère de la Santé mauritanien, Graz et Lambert comparent les résultats des traitements ordonnés par la famille Maqari à ceux de la médecine « moderne ». Ils s'appuient sur le témoignage de Lambert, qui a suivi les consultations, où les problèmes digestifs et les affections fonctionnelles psychosomatiques sont fréquents. Pour ces deux scientifiques, une collaboration entre thérapeutes traditionnels et modernes est possible, en se concentrant sur le patient et en faisant abstraction de la théorie. L'évaluation d'un problème de santé est souvent semblable, son évolution identique à ce que l'on attendrait de nos jours en médecine. Une réunion hebdomadaire de médecins « traditionnels » et « modernes » avec présentation de cas difficiles a été instaurée. Elle durera jusqu'en 2006. La médecine gréco-arabe peut donc prendre en charge un nombre important de patients avec des maladies notamment chroniques, fonctionnelles ou mentales. En l'intégrant dans le système de santé européen, elle pourrait connaître un regain d'intérêt.

Corinne Fortier analyse ensuite, sous le titre « *Les "maux" du médecin : savoir, expérience et dévouement* », les aspects éthiques du Recueil de

[7] « "El Omda" : poème sur la médecine maure », trans. ould Ebnou Aden M., BIFAN, 5, 1943, pp. 38-66.

[8] Mémoires de l'IFAN, Mélanges ethnologiques n° 23, Dakar, 1953, pp. 266-306.

[9] Bernard Lambert, médecin consultant à Médecins du Monde France.

Maqari. Celui-ci conçoit son activité comme un bienfait divin, que chacun a le devoir d'utiliser pour se soigner. La théorie de la prédestination peut sans contradiction coexister avec le fait que l'individu peut agir sur sa santé.

Pour Maqari, le savoir livresque est une aide importante, ainsi que la transmission orale des connaissances. Il insiste sur sa responsabilité professionnelle. L'appartenance à une famille de médecins n'est pas un gage de compétence, et Maqari critique sévèrement certains membres de sa famille ou de celle d'Awfa qui s'intitulent médecins sans en avoir les connaissances et qu'il qualifie de faux médecins.

Maqari met aussi en avant les qualités morales du médecin, qui doit être humble, digne, exemplaire, noble, généreux, en particulier avec les plus pauvres. Ceux-ci sont doublement vulnérables ; ils doivent être soignés sans contrepartie financière. Le médecin se doit d'apporter un espoir, son sourire est important. L'intention philanthropique de Maqari est indéniable, conclut Fortier.

Dans « *Humeurs et tempéraments* » Barras, l'historien de la médecine, présente le fondement théorique du Recueil, la théorie humorale. Le corps est composé de quatre humeurs, bile jaune, sang, phlegme, bile noire. Ces humeurs peuvent être chaudes ou froides, sèches ou humides. L'équilibre des humeurs détermine l'état de santé. C'est la quintessence de la « médecine des humeurs », transmise depuis l'antiquité gréco-latine. Maqari s'appuie sur Hippocrate et sur Galien, pour qui « les corps des animaux sont le résultat d'un mélange de chaud, de froid, de sec et d'humide, et la part de chacune de ces qualités n'est pas égale dans le tempérament. » Avec Avicenne, ils forment la « trilogie sacrée » de la « médecine ancienne ».

Anne-Marie Moulin, dans sa contribution intitulée « *Lecture contemporaine d'un traité de médecine maure du XX*e *siècle* », va plus loin. Les auteurs dont s'inspire Maqari se réclament du prophète et des grands théologiens musulmans. Sa perspective est profondément religieuse. La démarche clinique de Maqari consiste à trouver ce qui se passe à l'intérieur du corps, grâce au dialogue, à l'observation du patient (physiognomonie) et aux trois principales sources d'information : pouls, rêves, urines. L'effet des médicaments est certain, présumé ou supposé – tout comme le diagnostic. Maqari souligne l'importance de l'alimentation et des remèdes, en tenant compte d'un environnement bien caractérisé.

Enfin, Graz et Barras précisent que la traduction, faite par trois personnes restées anonymes, a été approuvée par un membre de la famille. Les dénominations des maladies ne correspondent pas toujours avec certitude à des entités connues. Les plantes ont été identifiées par Jacques Falquet, biochimiste et botaniste. Une bibliographie clôt l'ouvrage.

Venons-en à l'ouvrage lui-même, 289 pages, dont « *L'introduction concernant la médecine selon la sharî'a ; ce qu'il faut prendre et laisser de cette science* » est pour nous, lecteurs occidentaux, le chapitre le plus important et le plus intéressant du Recueil. Maqari y précise les qualités aussi bien morales que professionnelles du médecin. Pour lui, la médecine est utile : « *De mauvais esprits disent que la médecine ne sert à rien, puisque tout est réglé d'avance par Dieu* ». Pour Maqari, le Coran exhorte les gens à conserver leur santé. Il s'appuie sur « la médecine du prophète », titre donné à leur ouvrage par de nombreux auteurs. « *Il faut aussi continuellement s'instruire et travailler* ». Une discussion approfondie avec le patient précède l'examen. Il n'y a pas d'exclusive, les médecins non musulmans ont leur mot à dire.

Les qualités du médecin sont, selon Maqari, fidélité, discipline, maîtrise de soi, clairvoyance et patience. Il doit être exemplaire, généreux, traitant chaque personne sur le même pied, d'un esprit noble, d'une grande dignité, de bonne présentation physique, de bonne éducation, source d'optimisme, intègre, incorruptible. Suivant Hippocrate, Maqari souligne que le médecin doit s'abstenir de tout ce qui peut porter préjudice (*primum non nocere*). En pratiquant une cautérisation, une saignée ou en posant une ventouse, le médecin doit agir avec beaucoup d'attention. Il doit observer l'effet des médicaments, aucun n'est sans action secondaire. Tout ce qui peut soulager la douleur est recommandé. Pour Maqari, le médecin doit pouvoir tout voir, y compris les parties intimes. Il élargit cette permission aux médecins femmes qui examinent un homme, malgré l'opposition des religieux sur ce point. Le prix des traitements doit être fixé en fonction de l'importance de la maladie, par accord préalable avec le patient. Maqari distingue trois groupes de malades : les savants, les religieux et les pauvres, soignés gratuitement. Les autres doivent payer.

Dans son lexique des médicaments, Maqari mentionne par ordre alphabétique plus de 170 agents thérapeutiques divers, utilisés soit en application, en ingestion ou par introduction dans un orifice naturel. Les éventuelles actions secondaires sont décrites. Parmi ce grand nombre d'agents thérapeutiques, 46 sont issus de végétaux, 78 d'animaux (viande, graisse, pattes, intestins, plumage, etc.), 7 de l'être humain, 25 consistent en prescriptions alimentaires et 16 sont des minéraux. S'asseoir, par exemple, sur la peau d'un animal soulage certaines affections. Plus anecdotique, on prescrit contre l'épilepsie une bague à la main gauche provenant de la corne gauche d'une vache.

Vient ensuite la description et le traitement des maladies des différents organes, de la tête aux pieds, en fait par systèmes : maladies nez-gorge-oreilles et dentaires, cardio-pulmonaires, gastro-intestinales, urologiques, gynéco-obstétriques, proctologiques, du système locomoteur et de la peau. Suivent les affections qui atteignent tout l'organisme. Une trentaine d'affections différentes sont décrites avec leurs causes, symptômes et traitements.

Certains traitements pratiqués par Maqari sont peut-être inspirés de la médecine « moderne » : la ponction d'ascite, l'incision des abcès, la contention en cas d'oedèmes des jambes, le traitement des plaies par nettoyage et rapprochement des lèvres, la fixation des fractures, le traitement des morsures de serpents. La contagiosité de la lèpre et de la peste est connue.

Maqari termine par des conseils au sujet de certains sujets importants, comme maigrir ou grossir. Il prône la modération en toutes choses. L'obésité est pour lui la conséquence du manque d'exercices, de l'excès d'aliments gras et sucrés. Il conseille du pain d'orge ou de mil, sans viande, ni beurre, ni graisse, ni lait. Le potage de viande et le pain à base de coloquinte renforcent l'organisme. « *L'excès des moments de plaisir est nuisible pour le sang, de même que le grand amour, la richesse et le pouvoir.* » Maqari conclut en écrivant avoir volontairement évité certains chapitres difficiles, comme l'anatomie, la science du pouls, les maladies rares. Son but, rendre la médecine accessible au public.

Il faut saluer la traduction du traité de médecine ancienne de Maqari, un apport nécessaire à la compréhension des thérapies traditionnelles basées sur la théorie des humeurs. La démarche des médecins modernes, qui se préoccupent de médecine traditionnelle avec un regard objectif, neutre et sans arrogance, ainsi que l'ouverture d'esprit des tradipraticiens mauritaniens montrent qu'une collaboration entre eux est possible et devrait être développée. Celle-ci peut permettre, par exemple, la prise en charge de nombreuses affections par les tradipraticiens. Il est cependant nécessaire de délimiter clairement les domaines d'intervention de chacun.

Emmanuel Martinoli, docteur en médecine, Delémont

Alice WILSON, *Sovereignty in Exile. A Saharan Liberation Movement Governs*, 2016, University of Pennsylvania Press, Philadelphia, 296 p.

Este era un libro necesario, y es ya un libro imprescindible para comprender una parte fundamental de la coyuntura política y social de los últimos cuarenta años en el oeste del Sáhara. Ha habido que esperar todo este tiempo para que una nueva generación de estudiosos sea capaz de mantener la distancia suficiente para investigar, en profundidad, las relaciones de poder que se dan en torno al movimiento de liberación saharaui.10

La antropóloga Alice Wilson ha realizado una etnografía del orden y las relaciones políticas en una situación de exilio y transitoriedad como es la de los campamentos de refugiados saharauis en la provincia argelina de Tindouf. Se muestra así como digna continuadora de la tradición en Antropología Social de entender que hay conflicto, negociación y orden entre gobernantes y gobernados – que hay, en definitiva, política – más allá del estado ; y lo hace desde la sensibilidad que los antropólogos han ido adquiriendo, no sin esfuerzo, hacia el cambio histórico.

Frente a otras situaciones de refugio, los campamentos saharauis son administrados y gobernados a través de un gobierno propio, a quienes tanto el estado argelino como las organizaciones internacionales sobre refugiados delegan sus potenciales funciones. Uno de los hallazgos de este libro es identificar al gobierno que mantiene el Frente POLISARIO y la República Árabe Saharaui Democrática, proclamada en 1976 en el exilio, con la categoría de « movimiento-estado » (state-movement). A partir de esta conceptualización, procede a analizar etnográficamente algunas de las relaciones habituales que se dan entre gobernantes y gobernados, en el contexto particular de los campos de refugiados: la elaboración, reconocimiento y aplicación de leyes (capítulo 3), la extracción y redistribución de recursos (que en este caso no son tanto fiscales, como laborales y de la ayuda humanitaria: capítulo 4) y la participación en la generación de igualdades y desigualdades sociales (capítulo 5).

El argumento fundamental de la autora es la existencia de una relación de tensión entre el proyecto nacionalista, igualitarista y centralizador del movimiento-estado, y el orden político tribal dominante previamente en la

[10] Otros esfuerzos en este sentido han sido los de Alejandro García, Sáhara Occidental. El mejor y el peor de los mundos, Madrid, 2001 ; Sophie Caratini, La république des sables. Anthropologie d'une révolution, París, 2003 ; Pablo San Martín, Western Sahara : The refugee nation, Cardiff, 2010 y Stephen Zunes y Jacob Mundy, Western Sahara : War, Nationalism and Conflict Irresolution, Syracuse, N.Y., 2010.

región hasanófona en torno a las kabilas (capítulo 1). El contexto en el que esta tensión se ha desarrollado ha experimentado importantes transformaciones desde la época colonial, a través del periodo revolucionario inicial durante el conflicto armado con Marruecos (1975-1991) y durante lo que ella denomina el periodo revolucionario tardío desde el alto el fuego. Si sobrevive lo que ella identifica como un contrato moral entre el movimiento-estado y refugiados, en torno a la consecución de la libre determinación del pueblo saharaui (Conclusión), muchos otros aspectos han sufrido importantes cambios.

La dependencia total de las familias respecto a las raciones de la ayuda internacional gestionadas por la RASD, la participación casi universal en el ejército, por parte de los hombres, y la administración de los campos, inicialmente por parte sólo de las mujeres, la justicia popular impartida a través del Comité de Asuntos Sociales y Justicia, la prohibición de referirse a la kabila de origen de cualquier persona, o las facilidades oficiales para contraer matrimonio, han dado paso a una situación en la que parte de las necesidades básicas deben cubrirse a través de los diversos mercados que han ido surgiendo en todas las dairas, ha aumentado el sector privado y asalariado, se ha profesionalizado la justicia y otros servicios públicos, se han profundizado las diferencias sociales, o las redes personales y familiares de la kabila parecen haberse reforzado, más allá de los esfuerzos del movimiento-estado por domesticarlas y utilizarlas.

Efectivamente, si el movimiento-estado se fundó sobre el objetivo explícito de acabar con el « tribalismo », y generar una nación de ciudadanos con unos mismos derechos y obligaciones (capítulo 3), el orden de las kabilas no ha desaparecido, y se ha rearticulado en la nueva situación de exilio y gobierno nacionalista de distintas maneras. La primera es el esfuerzo de la propia RASD por legitimar el carácter democrático de su gobierno en antiguas instituciones del orden kabilar, como es el consejo intertribal de notables conocido como ait arbain. La aplicación, durante los primeros tres lustros, de la ley tribal frente a la ley islámica, para regular de ciertos ámbitos sociales, también nos habla de las continuidades prerrevolucionarias apacibles.

Otras maneras más conflictivas en las se expresa el orden tribal es la reaparición, en diversos espacios sociales, de lealtades y redes personales generadas en torno a las kabilas. La autora estudia con detenimiento las dinámicas sociales en los mercados que han ido surgiendo desde el cese del fuego entre Marruecos y el Frente POLISARIO a principios de los años 1990. También trata de entender cómo juega el factor tribal durante las elecciones al Consejo Nacional Saharaui (capítulo 7), tras las reformas políticas de lo que se ha denominado la perestroika saharaui. A este respecto, el libro aporta material muy valioso para la reflexión más amplia sobre la democracia, y sobre cómo el principio participativo se combina inevitablemente con instituciones y principios no democráticos: en este caso no sólo el peso de las lógicas tribales en la decisión del voto, sino también la inexistencia de partidos políticos, las limitaciones que genera el exilio para cualquier proyecto político.

El análisis de las relaciones políticas a partir de un trabajo de campo siempre se enfrentará a serios límites debido al secretismo y los múltiples planos, formales e informales, en que a menudo se desarrollan. Wilson nos muestra diversas variados momentos en los que tuvo que quedarse en el umbral de situaciones que podrían haber sido muy explicativas. Por eso en su libro, el movimiento-estado aparece demasiadas veces como una caja gris, cuya composición, no ya institucional sino personal, y los ineludibles conflictos internos, apenas se vislumbran. Las relaciones entre los gobernantes saharauis y sus donantes y socios políticos externos tampoco son abordados en profundidad, aunque sí se proporcionan interesantes reflexiones sobre el papel fundamental que esta relación tiene en las políticas y la forma que adopta el contrato social entre los primeros y los refugiados.

Por último, no he quedado convencida del uso analítico que la autora da al concepto de soberanía, referido a los dos órdenes políticos en tensión que representan las kabilas y el POLISARIO-RASD. La coexistencia misma de los diferentes imaginarios y prácticas que ambos representan, así como su superposición con el estado argelino, las organizaciones internacionales dedicadas a los refugiados, y el propio reconocimiento de la ley islámica, nos habla más bien de la disolución o cuestionamiento de la idea misma de soberanía, entendida como principio jurídico-político que establece una autoridad única y última sobre la población de un territorio.

Estas últimas apreciaciones son algunas de las cuestiones que quedan abiertas al debate, y que en nada desmerecen una magnífica obra que avanza sin duda la reflexión, no sólo sobre la situación que se vive en el Sáhara atlántico, sino también sobre las formas políticas contemporáneas más allá del estado. Nos queda la curiosidad de ver cómo sigue transformándose un proyecto, el del nacionalismo saharaui, en las cambiantes circunstancias de los campos de refugiados y del Magreb en su conjunto. Seguro que la autora nos seguirá iluminando al respecto.

Alicia Campos Serrano
Universidad Autónoma de Madrid

THÈSES SOUTENUES (RÉSUMÉS)

Enrique Bengochea Tirado

Políticas imperiales y género. La Sección Femenina en la provincia de Sahara (1961-1975)

dirigida por Francesco Correale y Ana Aguado Higón.
Tesis leída en la Universitat de València, 2016.

En 1961 la Sección Femenina de la FET (la Falange Española Tradicionalista) y de las JONS (las Juntas de Ofensiva Nacional Sindicalista), empezó a llevar a cabo en las colonias españolas en África las funciones que venía desempeñando en la metrópolis desde 1939. Esta institución, nacida como ala femenina de la Falange Española, funcionaba dentro de la dictadura franquista como dispositivo de encuadramiento de las mujeres en el Estado. De este modo, cuando en 1958 las colonias de Sahara, Ifni, Rio Muni y Fernando Poo pasaron a ser consideradas provincias "tan españolas como la de Cuenca", su presencia ayudó a ofrecer una imagen de "hispanización" de estos territorios.

Al poco se abrió la primera escuela de hogar en El Aaiún, creando una red institucional que fue creciendo poco a poco. Para 1975 la organización contaba con escuelas de hogar tanto en la capital como en Villa Cisneros (actualmente Dajla) y Smara; cátedras ambulantes entre Daora, La Güera y Bu Craa; varios círculos de juventudes; un internado y una cooperativa textil además de organizar campamentos de verano y varias asignaturas en los colegios públicos. La intensa actividad llevada a cabo en la provincia valió al gobierno como tarjeta de visita de cara a las crecientes críticas internacionales respecto a su permanencia *sine die* en la colonia africana.

Pero la instrumentalización no fue unidireccional. Las propias falangistas usaban un discurso de entrega que las fortalecía de cara a negociar su propia agenda en el entramado de poder franquista. Además, la Sección Femenina se convirtió en la voz autorizada para hablar sobre las mujeres saharauis llegando incluso a participar en la elaboración de trabajos de investigación científica. En este contexto, la organización de mujeres buscó llevar a cabo su propia agencia, justificando su labor en una imagen proyectada sobre las mujeres saharauis, retratadas como dependientes. Un relato que se quebró en los años setenta gracias a la masiva participación de estas últimas en las movilizaciones anticoloniales.

Todo este proceso es analizado a partir de la documentación de archivo de la organización falangista con el objetivo de entender la construcción del imperio desde su textualidad. Se entiende la Sección Femenina como una intermediaria entre la administración colonial y "las mujeres saharauis". Una situación que explotaron para acomodarse al entramado de poder franquista y que tuvo consecuencias a la hora de desarrollar políticas sobre la población colonizada.

María López Belloso

Procesos de verdad, justicia y reparación a las víctimas de desaparición forzada en el Sahara occidental

Carlos Martín Beristain (dir. tes.), Felipe Gómez Isa (dir. tes.). Universidad de Deusto / Deustuko Unibertsitatea, 2017.

Este trabajo, galardonado con el Premio Brunet a la mejor tesis doctoral a la promoción de los derechos humanos, aborda el fenómeno de la desaparición forzada en el contexto del conflicto del Sahara Occidental desde el enfoque de la justicia transicional.

La obra analiza desde esta óptica la respuesta dada por parte de la Instancia de Equidad y Reconciliación (IER), primera comisión de la verdad en el mundo árabe, a las demandas de las víctimas saharauis de desaparición forzada de: verdad, justicia y reparación. Además, este trabajo examina en detalle las obligaciones derivadas de la ratificación en 2013 por parte de Marruecos, potencia ocupante del territorio, de la Convención Internacional para la protección de todas las personas contra las desapariciones forzadas.

Además de las distintas fuentes jurídicas y doctrinales, este trabajo utiliza los testimonios directos de las víctimas saharauis de desaparición forzada, fruto del trabajo de campo recogido en el libro *El oasis de la memoria.*

Randi L. Irwin

Derivative States : Property rights and claims-making in a non-self-governing territory

Defended : 2019 at The New School for Social Research, New York, USA, 318 pages.
Supervisor Janet Roitman (committee chair), Committee Members: Miriam Ticktin, Ann Stoler, Victoria Hattam.

Exiled to a refugee camp in Algeria for more than forty years, Saharawi refugees continue to struggle for the decolonization of Western Sahara. In particular, this dissertation considers how natural resources have been used to facilitate Saharawi claims to Western Sahara while simultaneously challenging Morocco's utilization of the territory's resources. This dissertation considers how property, finance, and territory are intertwined and enable Saharawi political leaders and activists to make use of the territory from which they are displaced in new and unexpected ways. Each chapter of this dissertation takes up a different component of the larger Saharawi struggle for decolonization, each offers a different vantage point from which to recognize how the resources, property, and territory of Western Sahara are configured, claimed, and utilized across Saharawi communities. This dissertation is driven by two, intertwined questions: How has the territory of Western Sahara been modified by a range of actors within the refugee camp and beyond so as to become a financially and politically viable entity making claims to sovereignty? What might the Saharawi struggle tell us about the future of decolonization struggles and the knowledge we produce about them?

Vivian Solana

Regenerating Revolution : Gender and Generation in the Sahrawi Struggle for Decolonisation

Supervisor Andrea Muehlebach.
Department of Anthropology in a Collaborative with the Women and Gender Studies Institute University of Toronto, 2017.

This dissertation investigates the forms of female labour that are sustaining and regenerating the political struggle for the decolonization of the Western Sahara. Since 1975, the Sahrawi national liberation movement — known as the POLISARIO Front — has been organizing itself, while in exile, into a form commensurable with the global model of the modern nation-state. In 1991, a UN mediated peace process inserted the Sahrawi struggle into what I describe as a colonial meantime. Women and youth — key targets of the POLISARIO Front's empowerment policies — often stand for the movement's revolutionary values as a whole. I argue that centering women's labour into an account of revolution, nationalism and state-building reveals logics of long *duree* and models of female empowerment often overshadowed by the more "spectacular" and "heroic" expressions of Sahrawi women's political action that feature prominently in dominant representations of Sahrawi nationalism. Differing significantly from globalised and modernist valorisations of women's political agency, the model of female empowerment I highlight is one associated to the nomadic way of life that predates a Sahrawi project of revolutionary nationalism. I speak of a labour of "regeneration" rather than one of "reproduction" to foreground the political agency inherent to women's daily work whilst also attending to intergenerational differences in political habitus. Enquiring into how Sahrawi women reckon with the contradictions produced by the conditions of a colonial meantime, I examine transformations in women's labour of love, collective remembrance, hospitality, institutional participation, and practices of marriage/reproduction, to trace the inchoate ways in which Sahrawi women are contributing to multiply the possible futures of a revolutionary process initiated more than forty years ago.

Joanna Christian Allan

Doves of Fire : Women, Gender and Resistance in Western Sahara and Equatorial Guinea.

Supervisors : Professor Manuel Barcía Paz and Professor Richard Cleminson.
Department of Hispanic Studies, University of Leeds, 311 pages, 2016.

My thesis focuses on indigenous women's intersectional resistance in Western Sahara and Equatorial Guinea, from the onset of Spanish colonialism until the present day. Resistance has received scant academic attention and is under-theorised. The gendered aspects of resistance are even more deeply in shadow. Furthermore Spain's former African colonies are themselves often ignored in Hispanic Studies. Taking these gaps as a starting point, I query, in this thesis, the relationship between gender and resistance to oppressive regimes. I focus on constructions of gender and how they influence both the tactics of resistance that women employ and the punishments dealt to activists. I also look at how women's participation in resistance activities challenges hegemonic gender norms. Drawing on Spanish government colonial archives and fieldwork conducted in Equatorial Guinea, the Saharawi refugee camps in Algeria and the occupied zone of Western Sahara, and amongst the Saharawi and Equatoguinean diaspora in Europe, I argue that not only is gender central to understanding resistance to dictatorial regimes and colonialism, but also that scholars of authoritarianism must consider gender when assessing how such regimes maintain power. Secondly, I contend that globally hegemonic constructions of gender and particularly of 'gender equality' are essential to the international geopolitics that allow the continuation of the Obiang dictatorship in Equatorial Guinea and the Moroccan occupation of Western Sahara.

Mark Drury

Disorderly Histories : An Anthropology of Decolonization in Western Sahara

Advisor: Professor Gary Wilder.
Ph.D., The Graduate Center, CUNY, 2018, 369 pages.

This dissertation situates the disputed geopolitical territory of Western Sahara in a broader, regional history of decolonization. Eschewing the conceptual framework of methodological nationalism, and pushing beyond the period of Moroccan-Sahrawi political conflict, it examines how decolonization has generated multiple, unresolved political projects in this region of the Sahara, dating back to the 1950s. These formations, encompassing southern Morocco, Moroccan-occupied Western Sahara, Sahrawi refugee camps in Algeria, and northern Mauritania, include a zone of militarized occupation, a movement for nation-state sovereignty based in refugee camps, and the borderlands in between. By considering the overlapping processes that emerge through these unresolved political projects, this study considers how the “disorderly histories” of decolonization have produced multiple forms of political space, time and subjectivity in the Sahara, from the late 1950s, through the 1970s, and to today. The ongoing effects of these projects in the Sahara bring several tensions underlying post-World War II political formations – between borders and belonging, dependence and autonomy, sovereignty and international law – into particularly sharp relief.

SAHARA
AUX ÉDITIONS L'HARMATTAN

Dernières parutions

PRÉHISTOIRE DU SAHARA ET DE SES ABORDS
Tome 2
Le Néolithique ou le temps des producteurs
Ginette Aumassip, Michel Tauveron

Après le premier volume traitant du Paléolithique, ce second volume sur le Néolithique se développe en neuf chapitres abordant les questions d'environnement, de populations, mettant en relief les diverses expressions matérielles et spirituelles du nouveau mode de vie. Le dernier chapitre évoque les premières grandes concentrations humaines qui ont conduit aux organisations urbaines et le rôle des deux grands fleuves africains, le Nil et le Niger.

(652 p., 49 euros)
ISBN : 978-2-343-17452-5, EAN EBOOK : 9782140127502

PRÉHISTOIRE DU SAHARA ET DE SES ABORDS
Tome 1
Le Paléolithique ou de temps des chasseurs
Ginette Aumassip
avec la collaboration de Yasmina Chaïd-Saoudi

Plus qu'en d'autres régions, la Préhistoire est marquée au Sahara par d'innombrables questions dont l'énumération, tout en dessinant les insuffisances de la recherche, en souligne aussi les nombreux apports. Cet ouvrage est construit autour des interrogations de plusieurs générations d'étudiants de diverses universités. Il tente de réunir l'essentiel des données disponibles et d'élaborer la construction qu'elles permettent aujourd'hui. Certaines hypothèses sont confortées, d'autres balayées. Ce premier volume s'articule en huit chapitres présentant le contexte environnemental, les hommes, les grandes phases de la Préhistoire telles qu'elles sont perçues à travers les vestiges matériels, et l'émergence de la spiritualité.

(640 p., 39 euros)
ISBN : 978-2-343-17007-7, EAN EBOOK : 9782140127168

SAHARA SECRET
Quelques éléments d'histoire et de conjectures concernant les peuples nomades du Sud saharien
Didier Cazelles

Cet ouvrage tente d'approcher les réalités sociales, économiques et politiques qui régissent les territoires du Sahara. Conflits d'usage, problèmes politiques et ethniques, zones grises, intérêts maffieux, rébellions, intérêts et enjeux concernant les ressources du sous-sol, complexité de certaines situations liées aux mouvances islamistes sont quelques-uns des thèmes abordés. Au-delà des constats présentés apparaît la brûlante question de la sûreté qui est sous-jacente à celle des enjeux et aux modifications des champs de force concernant l'espace saharien.

(190 p., 19,5 euros)
ISBN : 978-2-343-17366-5, EAN EBOOK : 9782140122910

LA DERNIÈRE CARAVANE

Alexine Tinne au sahara, 1867-1869

L'odyssée d'une exploratrice hollandaise au XIXe siècle

Jean-Charles Humbert

Le Sahara de la seconde moitié du XIXe siècle semble un continent dangereux réservé à de courageux explorateurs. Pourtant, une femme va tenter de relever le défi, Alexine Tinne. Née à La Haye en 1835, elle est surtout connue pour ses voyages entre 1861 et 1865 en Egypte et au Soudan, en particulier pour ses découvertes en botanique. En 1866, elle réalise une circumnavigation en Méditerranée avant de rejoindre l'Algérie. Mais l'insécurité du pays l'oblige à se rendre ensuite en Libye où elle croise, à Tripoli, les explorateurs sahariens Rohlfs et Nachtigal. Seule pour conduire sa caravane vers Ghât, elle meurt d'un coup d'épée le 1er août 1869.

(200 p., 24 euros)

ISBN : 978-2-343-16881-4, EAN EBOOK : 9782140122156

LEXIQUE ARABE MAGHRÉBIN / BERBÈRE NORD-AFRICAIN ET SAHARIEN / FRANÇAIS

Brahim Djouhri

Ce lexique inédit rassemble aussi bien des verbes et des noms communs que des noms propres de lieux et de personnalités historiques, ainsi que des noms d'arbres et de plantes médicinales. Le public pourra découvrir les langues nord-africaines et sahariennes. Cet ouvrage est précédé d'une introduction historique qui essaie de remonter aux origines de l'arabe maghrébin en confrontant trois hypothèses possibles qui peuvent situer approximativement dans le temps la naissance de la langue ici étudiée.

(223 p., 23,5 euros)

ISBN : 978-2-343-16488-5, EAN EBOOK : 9782140107979

LE FILS DU HASARD

Roman

Alain Cervoni

Mathieu est né d'un adultère entre une domestique, et le maître de maison, homme politique et avocat renommé, qui ne le reconnaîtra jamais. Mathieu fait une dernière randonnée dans les collines et les massifs provençaux de son enfance avant de partir pour le nord du Tibesti.. Mais lors de l'excursion, il pense être la victime d'une tentative de meurtre et ne peut empêcher ses soupçons de se porter sur son vrai père. C'est dans ce climat, tendu et inquiétant, qu'il va, initier une longue descente en lui-même.

(Coll. Rue des écoles, 200 p., 19,5 euros)

ISBN : 978-2-343-14789-5, EAN EBOOK : 9782140091049

POÈMES FRACTALS

Walid Amri

Ceci n'est pas un recueil de poèmes, c'est un essai de physique poétique, un vadémécum de chimie mystisque, bref, les carnets d'un chercheur du coeur. Voici donc une invitation à enfiler nos scaphandres, à revenir aux racines, au sud fondateur et fondamental [...] à cet âge de pureté et de complétude où le seul vrai jihad est d'amour et se mène à la quête de soi microscopique et macroscopique.

(Coll. Poètes des cinq continents, 102 p., 14,5 euros)

ISBN : 978-2-343-09838-8, EAN EBOOK : 9782140016608

L'AFRIQUE, BERCEAU DE L'ÉCRITURE. VOLUME 1

Et ses manuscrits en péril

Des origines de l'écriture aux manuscrits anciens (Egypte pharaonique, Sahara, Sénégal, Ghana, Niger)

Sous la direction de Jacques Habib Sy

Ce livre collectif en 2 volumes est un cri d'alarme de l'Afrique pour éveiller ses dirigeants et le monde à la nécessité de sauver les manuscrits en péril de l'Afrique et de les tirer de l'oubli et de l'abandon. Ce premier volume a trait à l'évolution historique de l'Afrique du point de vue scripturaire, et à l'examen des collections existantes de manuscrits anciens portant sur l'astronomie, le droit, la médecine, l'architecture, la philosophie, la grammaire, etc.

(428 p., 42 euros)

ISBN : 978-2-296-99884-1, EAN EBOOK : 9782336360478

ET J'AURAI DES YEUX RONDS COMME LE MONDE

Carnets de voyage intimes d'un jeune géologue poète

Michel Paul Meyer

Préface de Jean Meyer

Un homme mûr, qui a beaucoup voyagé sur tous les continents de par son métier de géologue, se confie au lecteur à travers un florilège de courts textes autobiographiques échelonnés sur la période 1960-1990. Chaque exploration est pour lui une occasion nouvelle d'évocations littéraires et de réflexions sur la recherche du sens de la vie.

(80 p., 11,5 euros)

ISBN : 978-2-343-03348-8, EAN EBOOK : 9782336346311

PASSIONS DU DÉSERT

Nouvelles

Zakiyatou Oualett Halatine

A travers ces récits qui magnifient la femme, les habitants, la nature, se révèlent les passions au Sahara qui, tel un jardin, fleurissent le désert. Ce recueil est un regard intérieur des hommes, de leur environnement et de leurs croyances. Une rencontre, dans toutes les dimensions, avec le Sahara, l'un des plus grands déserts du monde. Il introduit la notion d''ehaf'', lien social entre les hommes, entre les hommes et la nature.

(134 p., 14 euros)

ISBN : 978-2-343-01952-9, EAN EBOOK : 9782336335636

Structures éditoriales du groupe L'Harmattan

L'Harmattan Italie
Via degli Artisti, 15
10124 Torino
harmattan.italia@gmail.com

L'Harmattan Hongrie
Kossuth l. u. 14-16.
1053 Budapest
harmattan@harmattan.hu

L'Harmattan Sénégal
10 VDN en face Mermoz
BP 45034 Dakar-Fann
senharmattan@gmail.com

L'Harmattan Cameroun
TSINGA/FECAFOOT
BP 11486 Yaoundé
inkoukam@gmail.com

L'Harmattan Burkina Faso
Achille Somé – tengnule@hotmail.fr

L'Harmattan Guinée
Almamya, rue KA 028 OKB Agency
BP 3470 Conakry
harmattanguinee@yahoo.fr

L'Harmattan RDC
185, avenue Nyangwe
Commune de Lingwala – Kinshasa
matangilamusadila@yahoo.fr

L'Harmattan Congo
67, boulevard Denis-Sassou-N'Guesso
BP 2874 Brazzaville
harmattan.congo@yahoo.fr

L'Harmattan Mali
Sirakoro-Meguetana V31
Bamako
syllaka@yahoo.fr

L'Harmattan Togo
Djidjole – Lomé
Maison Amela
face EPP BATOME
ddamela@aol.com

L'Harmattan Côte d'Ivoire
Résidence Karl – Cité des Arts
Abidjan-Cocody
03 BP 1588 Abidjan
espace_harmattan.ci@hotmail.fr

L'Harmattan Algérie
22, rue Moulay-Mohamed
31000 Oran
info2@harmattan-algerie.com

L'Harmattan Maroc
5, rue Ferrane-Kouicha, Talaâ-Elkbira
Chrableyine, Fès-Médine
30000 Fès
harmattan.maroc@gmail.com

Nos librairies en France

Librairie internationale
16, rue des Écoles – 75005 Paris
librairie.internationale@harmattan.fr
01 40 46 79 11
www.librairieharmattan.com

Librairie l'Espace Harmattan
21 bis, rue des Écoles – 75005 Paris
librairie.espace@harmattan.fr
01 43 29 49 42

Lib. sciences humaines & histoire
21, rue des Écoles – 75005 Paris
librairie.sh@harmattan.fr
01 46 34 13 71
www.librairieharmattansh.com

Lib. Méditerranée & Moyen-Orient
7, rue des Carmes – 75005 Paris
librairie.mediterranee@harmattan.fr
01 43 29 71 15

Librairie Le Lucernaire
53, rue Notre-Dame-des-Champs – 75006 Paris
librairie@lucernaire.fr
01 42 22 67 13

www.ingramcontent.com/pod-product-compliance
Lightning Source LLC
LaVergne TN
LVHW011950220826
846092LV00001B/145